레고 창작가를 위한
비공식 레고® 안내서

THE UNOFFICIAL LEGO® BUILDER'S GUIDE, 2ND EDITION
By Allan Bedford

Copyright © 2013 by Allan Bedford

THE UNOFFICIAL LEGO® BUILDER'S GUIDE, 2ND EDITION, ISBN 978-1-59327-441-2,
published by No Starch Press
Korean-language edition copyright © 2014 by Insight Press. All rights reserved.
The Korean edition was published by arrangement with No Starch Press through Agency-One, Seoul.

이 책의 한국어판 저작권은 에이전시 원을 통해 저작권자와의 독점 계약으로 인사이트에 있습니다.
저작권법에 의해 한국 내에서 보호를 받는 저작물이므로 무단전재와 무단복제를 금합니다.

레고 창작가를 위한 비공식 레고® 안내서

초판 1쇄 발행 2014년 1월 1일 **2쇄 발행** 2018년 10월 26일 **지은이** 앨런 베드포드 **옮긴이** 나경배 **펴낸이** 한기성 **펴낸곳** 인사이트 **편집** 김강석 **본문 디자인** 신병근 **제작·관리** 박미경 **표지출력** 소다미디어 **용지** 월드페이퍼 **인쇄** 현문인쇄 **제본** 자현제책 **등록번호** 제10-2313호 **등록일자** 2002년 2월 19일 **주소** 서울시 마포구 잔다리로 119 석우빌딩 3층 **전화** 02-322-5143 **팩스** 02-3143-5579 **블로그** http://blog.insightbook.co.kr **이메일** insight@insightbook.co.kr **ISBN** 978-89-6626-096-6 책값은 뒤표지에 있습니다. 잘못 만들어진 책은 바꾸어 드립니다. 이 책의 정오표는 http://www.insightbook.co.kr에서 확인하실 수 있습니다. 이 도서의 국립중앙도서관 출판시도서목록(CIP)은 서지정보유통지원시스템 홈페이지(http://seoji.nl.go.kr)와 국가자료공동목록시스템(http://www.nl.go.kr/kolisnet)에서 이용하실 수 있습니다.(CIP제어번호: CIP2013027757)

레고 창작가를 위한
비공식 레고® 안내서

앨런 베드포드 지음 | 나경배 옮김

인사이트
insight

오늘은 무엇을 만들어볼까?

차례

- 추천의 글 x
- 옮긴이의 글 xiv
- 이 책에 대한 레고 커뮤니티 성원들의 평가 xvi
- 감사의 글 xviii
- 들어가는 글 xx

1 레고의 체계: 끝없는 가능성   1

브릭 용어 2
부품의 크기 2 스터드 4 튜브 4 브릭 5 플레이트 7 경사 브릭 8 특수 부품 9 아치 10 타일과 패널 10 원통 브릭과 원뿔 브릭 11 원통 플레이트 12 베이스 플레이트 12 장식용 부품 13

정밀도와 기하학적 구조 그리고 색상 13
정밀 공업의 중요성 13 흥미로운 레고 기하학 14 색상 17 필요한 색상이 없다면? 18

마무리: 레고의 체계 20

2 기본으로 돌아가자: 기법과 요령   21

선택의 연속: 브릭을 결합하는 최선의 방법 22
단순 쌓기 22 포개 쌓기 24 계단 쌓기 26

벽 세우기 27
벽끼리 연결하기 27 네모난 브릭으로 둥근 벽 만들기 29

버팀대: 숨은 공로자 31
버팀대 = 기둥 + 보 31 보 32 기둥 35

부품을 분해하는 방법 38

마무리: 기본적인 조립 원칙 41

3 미니피겨 스케일: 앙증맞은 미니피겨의 세계   43

스케일 맞추기 43

미니피겨 스케일로 건물 만들기 45
두 가지 버전의 기차역 46   부품 목록: 기차역을 만들기 위해 필요한 부품들 46   단계별 기차역 조립 순서 48   부속 모델: 탈착 가능한 기차역 지붕 57

대용: 이가 없으면 잇몸으로 61
벽의 대용 61   아치의 대용 61   창문의 대용 62   지붕의 대용 63

마무리: 조립 기법과 대용 기법 66

4 미니랜드 스케일: 우리 세상의 축소판   67

미니랜드 스케일: 크지만 충분히 작은 68

기본적인 형태의 미니랜드 피겨 만들기 69
미니랜드 피겨를 만드는 데 필요한 핵심 부품들 70   기본적인 형태의 미니랜드 피겨 71

개성적인 피겨 만들기 72
머리카락과 모자 73   셔츠와 치마 74   다리 75   팔과 액세서리 76   동작: 살아 움직이는 미니랜드 피겨 77

미니랜드 건물 78
파사드 78   도시의 거리: 미니랜드 스케일로 만들어 본 간단한 길거리 풍경 78   무대의 이면 82   파사드 보강하기 82

마무리: 미니랜드 스케일, 커다란 가능성   84

5 점보 브릭: 크게 놀아보자   85

점보 브릭 만들기 87
점보 브릭 옆면의 두께 89   다른 부품, 같은 방법: 그밖의 점보 브릭 91

점보 브릭으로 점보 모델 만들기 94
기법은 단순할수록 좋다 95

최적의 스케일 찾기 95
근사치로 만들기 97

마무리: 점보 브릭은 시작에 불과합니다 98

6 마이크로 스케일로 만들기: 눈에 보이는 것이 전부는 아니다 101

모든 것을 다 표현하려고 하지 말라 102

아이디어를 브릭으로 표현하기 105
마이크로 스케일 기법 정리 107

일반 부품을 마이크로 스케일 부품으로 대체하기 107
마이크로 스케일 바퀴 107 마이크로 스케일 창문 108

마이크로 스케일 전원주택 만들기 109

마무리: 마이크로 스케일로 만들 수 있는 것들 112

7 조형물: 대상의 형태 잡기 113

구: 둥글게 둥글게 114

구를 만드는 두 단계 115

두 번째 조형 과제: 스핑크스 123
특징적인 부분 찾아내기 124 머리 만들기 124 주요 기법 125 몸통 만들기 128

마무리: 잘 봐야 잘 만든다 129

8 모자이크: 브릭으로 만드는 패턴과 그림 131

스터드아웃 모자이크를 만들기 위한 준비물 133
기하학적 무늬 134 사진을 모자이크로 137

스터드업 모자이크 만들기 145
스터드업 모자이크에 적합한 디자인 격자 146 모자이크 세우기 146

마무리: 모자이크의 크기와 형태 149

9 지금부터가 진짜: 아이디어를 현실로　　151

모델 디자이너다운 사고방식 151
표현 범위를 제한하라 152　주제를 잘 정하라 154　작업 순서를 정하라 155　실제 대상에서 실마리를 찾아라 158　다른 각도에서 보라 160　스케일을 정하라 161　색상을 고민하라 162

디자인의 구성 요소 163
형태 163　색상 164　비율 164　반복 165

트리톤의 조립 순서 166

마음에 들지 않는 부분이 있습니까? 다시 만드는 것은 부끄러운 일이 아닙니다. 174

다 만들었습니다. 그럼 이제부터 뭘 하면 좋을까요? 175

마무리: 당신은 모델 디자이너입니다 175

10 단순한 조립을 넘어서: 레고를 즐기는 또 다른 방법　　177

여러분만의 조립 설명서 만들기 177
사진으로 만드는 방법 178　컴퓨터로 만드는 방법 179

재미있는 레고 게임 181
레고 체커스와 레고 체스 181　사목 182

마무리: 레고를 최대한 즐겨라 186

A 브리코피디아　　187

브리코피디아 보는 법 188
표 A–1 레고 부품의 범주와 하위 범주 189　표 A–2 브릭 범주에 속하는 대표적인 부품들 191　표 A–3 플레이트 범주에 속하는 대표적인 부품들 195　표 A–4 경사 브릭 범주에 속하는 대표적인 부품들 203　표 A–5 특수 부품 범주에 속하는 대표적인 부품들 213　표 A–6 아치 범주에 속하는 대표적인 부품들 220　표 A–7 타일과 패널 범주에 속하는 대표적인 부품들 223　표 A–8 원통 및 원뿔형 부품 범주에 속하는 대표적인 부품들 227　표 A–9 베이스 플레이트 범주에 속하는 대표적인 부품들 229　표 A–10 장식용 부품 범주에 속하는 대표적인 부품들 229

B 디자인 격자: 계획을 잘 세우면 결과물도 좋다   239

디자인 격자 다운로드 239

디자인 격자의 종류 240
디자인 격자 #1 240   디자인 격자 #2 240   디자인 격자 #3 241   디자인 격자 #4 243

디자인 격자를 효과적으로 사용하는 방법 244
색 입히기 244   제목과 날짜 적기 245   디자인 격자 #1 사용법 245   디자인 격자 #2 사용법 249   디자인 격자 #3 사용법 249   디자인 격자 #4 사용법 250

마무리: 모눈을 브릭으로 옮기기 251

- 찾아보기 253

추천의 글

레고 창작의 한류를 기대하며

장난감이 게임에 밀려 아이들의 관심에서 멀어져 다시는 재기할 수 없는가 싶더니 어른들의 장난감 열풍이 불고 있는 지금, 장난감이 다시 아이들의 곁으로 돌아오고 있고 그 중심에는 레고®가 있습니다. 2012년은 아이들에게 '레고® 닌자고' 열풍이 불어 닥친 한 해였다고 해도 과언이 아닐 정도였습니다.

 2013년에는 국내 대표 레고 커뮤니티들이 힘을 합쳐 개최한 '2013 브릭코리아 컨벤션'을 통해 다양하고 수준 높은 레고 창작품들이 소개되었고, 행사 이후로 레고 블록을 이용한 창작 활동에 많은 관심을 불러일으키기도 하였습니다.

 보통 일반인의 경우 블록을 이용해 창작을 할 때 블록들을 위로만 쌓는 것으로 생각하지만 그렇게만 해서는 좋은 작품이 나올 수 없습니다. 필요에 따라서는 블록을 옆으로, 때로는 아래로도 조립할 수 있어야 좀 더 아름답고 유려하게 설계할 수 있는데 이를 위해서는 블록 조립의 기초를 충분히 다져야 합니다.

 본 책은 이런 레고 블록의 기본적인 용어와 단위, 형태적인 특징, 조립 시 유의사항, 다각적인 조립 예 등을 시각적인 예제를 통해 매우 상세히 설명하고 있어서 레고 창작을 위한 기본 지침서로서 부족함이 없습니다. 책 후반부에는 작품 제작 시 고려해야 하는 비율 문제와 디자인 격자 등의 활용도 언급하고 있는 등 중/고급 수준의 창작가에게도 충분히 도움을 줄 수 있는 내용을 포함하고 있습니다.

 이 책의 역자인 나경배씨는 국내의 대표적인 레고 커뮤니티인 브릭인사이드에서 매우 두각을 나타내고 있는 레고 창작가로서 타의 추종을 불허하는 독특하고 창의적인 조립 기법과 미술적으로도 뛰어난 조형미로 인해 해외에서도 그의 작품이 다수 거론될 정도로 상당한 실력가입니다. 지금은 레고 모형 전문 제작 업체인 '하비앤토이'에서 레고 디오라마 및 조형물 제작을 전문으로 맡고 있는 그가 레고 조립의 기초를 국내에서 가장 충실히 설명할 수 있는 적임자라 생각합니다. 나경배 씨는 이 책에서 어렵게 느껴질 수 있는 영문 내용을 수천 가지 블록의 활용과 창작 경험을 토대로 한글로 쉽게 풀어서 이해하기 쉽게 설명해주고 있습니다.

    레고 블록을 이용하여 창작을 시작하시려는 분, 기초가 부족하여 블록 활용에 어려움을 겪으시는 분, 기본 개념을 다시 정리하고자 하는 분들께 본 책을 추천드립니다.

김성완
브릭인사이드 운영자
레고 엠버서더
www.brickinside.com

추천의 글

물감이 될 수 있는 레고

"과연 레고는 성인이 되어서도 좋은 놀이 친구가 될 수 있을까요?"라고 물으면 이제까지는 "레고는 아이들이나 가지고 노는 장난감일 뿐이지 않나요?"라고 반문하는 사람들이 대부분이었을 겁니다. 하지만 이런 생각은 한 번도 레고 브릭을 가지고 자신의 생각을 표현해 보지 못했던 사람들의 선입관에 의해 만들어진 잘못된 생각이라고 생각합니다.

어른이 되어서도 아이와 같은 왕성한 호기심으로 나만의 놀이를 즐길 수 있는 것이 레고입니다. 유럽이나 미국의 예를 보면 많은 성인 레고 동호인들이 자신만의 창작품을 만들고 전시하면서 다른 사람들과 공유하며 즐기는 모습을 어렵지 않게 찾아볼 수 있습니다. 단순하게 어릴 때 가지고 놀았던 장난감에서 이제는 자신을 표현하는 수단으로 성인이 되어서도 레고 브릭을 이용할 수 있다는 것을 보여줍니다.

레고는 아이들의 전유물에서 벗어나 나무 한 조각, 물감, 종이와 같이 누구나 자신의 생각을 표현할 수 있는 도구로 변모하였습니다. 레고라는 이 도구를 어떻게 하면 잘 이해하며 다룰 수 있는지에 대한 고민과 호기심이 이제 우리나라에서도 생기기 시작하였습니다.

현재 갓 이해되기 시작한 레고라는 도구, 어떻게 하면 잘 다룰 수 있을까요?

이 책은 레고 브릭에 집중하여 다양한 창작의 기본적인 지식들을 상세하고 친절하게 전달해 주고 있습니다. 창작의 호기심을 채워줄 수 있는 기본 입문서 형식의 이 책은 레고에 막 흥미를 가진 레고 동호인 또는 레고를 체계적으로 이해하고 싶은 창작가에게 꼭 필요한 책입니다. 이 책을 읽음으로써 독자는 레고 브릭을 단순한 조각에서 체계적인 조합물의 재료로 이해할 수 있게 되며 레고 브릭을 이용한 창작이 결코 어렵지 않으며 가능성이 풍부한 놀이라는 걸 깨닫게 될 것입니다.

책을 읽고 나면 자신만의 개성을 지닌 다양한 모양의 레고 브릭들이 아주 특별하게 보이게 될 것이라 확신합니다. 레고 브릭을 이용한 창작에 관심을 가진 모든 이들이 두고두고 읽을 만한 필독서로 이 책을 자신 있게 권해드립니다.

역자인 나경배 님은 국내 최고의 창작가 중 한 명으로서 레고가 장난감 수준을 넘어 자신의 생각뿐만 아니라 더 나아가 추상적인 세계도 표현할 수 있다는 것을 지금까지의 작품들 속에서 증명해주었습니다. 해외에도 많은 레고 창작가들이 있지만 단순한 브릭에 대한 이해도를 넘어 브릭을 활용하는 방법과 작은 부품 하나에도 자신의 생각을 표현할 수 있는 창작가로는 이만한 분이 없기에 풍부한 지식과 경험을 바탕으로 해설한 이 책을 강력히 추천드릴 수 있습니다.

황선미
레고 창작가
브릭인사이드 아이디: **올리브**

옮긴이의 글

레고 창작가가 갖춰야할 착실한 기본기

많은 사람들이 레고로 비행기나 로봇, 우주선, 자동차 등을 조립 설명서에 구애받지 않고 자유롭게 만들며 즐거운 시간을 보냅니다. 상상력을 마음껏 펼쳐 자신만의 레고 작품을 만들어 보면 어른 아이 할 것 없이 누구나 창작의 뿌듯함을 경험할 수 있습니다.

대중매체를 통해서도 레고로 만든 아름다운 작품을 종종 접할 수 있습니다. 레고로 만든 문화유산이나 거대한 조형물, 앙증맞은 캐릭터들을 보노라면 레고로 어떻게 저런 예술 작품을 만들었을까 싶은 생각에 감탄사가 절로 나오기 마련입니다.

예로 든 비행기나 로봇, 그리고 대중매체에 등장하는 레고 예술품처럼, 조립 설명서를 따르거나 다른 사람의 것을 베끼지 않고 자신이 표현하고자 하는 것을 독창적으로 만들어낸 작품, 그것을 '레고 창작품'이라고 부릅니다. 그리고 그렇게 레고로 창작품을 만드는 활동을 '레고 창작'이라고 하고, 레고 창작을 꾸준하게 하는 사람을 그 사람의 나이나 작품 수준에 상관없이 모두 '레고 창작가'라고 일컫습니다.

레고 창작에 관심을 갖고 있는 사람이라면 누구나 다음과 같은 고민을 한 번쯤 해보았을 것입니다. "다른 사람들은 어떤 식으로 레고를 조립하고 있을까?" "레고 조립에 뭔가 정석이라는 것이 있지 않을까?" "레고로 할 수 있는 것 중에 내가 아직 시도해보지 못한 것은 무엇일까?"

앨런 베드포드Allan Bedford의 『레고 창작가를 위한 비공식 레고® 안내서』는 그러한 고민을 갖고 있는 레고 창작가와 예비 창작가를 위한 창작 지침서입니다.

이 책은 레고라는 재료가 가진 기본적인 특성과 레고를 제대로 다루는 방법 그리고 아이디어를 레고로 형상화시키는 요령 등을 초보자도 바로 이해할 수 있도록 쉬운 글로 꼼꼼하게 설명하고 있습니다. 또한 아주 기초적인 내용에서부터 고급 기법에 이르기까지 레고 시스템 브릭으로 할 수 있는 거의 모든 것을 폭넓게 담고 있기 때문에 처음부터 끝까지 한차례 읽고 나면 레고 창작에 대한 기본기는 완벽하게 갖추게 되었다고 생각해도 좋습니다.

저자가 부록으로 수록한 브리코피디아는 레고 부품에 아직 익숙하지 않은 초보 창작가에게 특히 유용한 자료입니다. 브리코피디아를 한두 번 훑어보면 레고에 어떤 부품들이 있는지 대략 파악할 수 있음은 물론, 어떤 부품을 어떻게 활용할 수 있을지 궁리하다보면 자신도 모르게 창작에 대한 자신감이 생길 것입니다.

제가 이 책을 처음 접했을 때 가장 인상 깊었던 것은 저자가 예시로 수록한 기차역, 우주 왕복선 등의 레고 작품이었습니다. 꾸밈이나 과장이 없는 소박하고 아름다운 작품들을 보며 저자의 성품과 미적 감각, 그리고 풍부한 창작 경험을 짐작해 볼 수 있었습니다. 이런 사람이 쓴 책이라면 누구나 한 번 읽어볼만 하겠구나 하는 생각도 그때 하였습니다.

무엇보다 '필요 이상으로 복잡하게 만들지 말 것' '원하는 결과물이 나올 때까지 포기하지 말고 계속 도전해 볼 것' '한 가지 생각에 얽매이지 말고 다양한 실험을 해볼 것'이라는 저자의 세 가지 조언은 레고 창작을 하는 사람이라면 초보자나 숙련자 상관없이 모두가 마음에 새겨두면 도움이 될 만한 값진 격언일 것입니다.

2013년 10월

나경배

이 책에 대한 레고 커뮤니티 성원들의 평가

"앨런과 이 책은 나의 은인과도 같다. 이 책을 보고 나는 레고라는 예술의 매력을 알 수 있었고, 결국 직업으로까지 삼게 되었다."
–제이슨 폴란드JASON POLAND, 2006 레고랜드 모델 빌더 서치 우승자

"최고! 저자는 경이롭고 무한한 레고의 세계로 우리를 차근차근 안내해준다. 모든 레고 창작가들의 필독서!"
–팀 코트니TIM COURTNEY, LDRAW.ORG, 『VIRTUAL LEGO』 공동 저자

"레고 창작의 초보자와 전문가 모두에게 귀중한 자산. 강력 추천!"
–조 메노JOE MENO, 《BRICKJOURNAL》 편집장, 『컬트 오브 레고』 공동 저자

"평생 이런 괜찮은 레고 서적이 나오길 학수고대 했다. 작업대 위에 놓고 두고두고 볼 생각이다."
–제이콥 H. 맥키JACOB H. MCKEE, 북미 레고 커뮤니티 담당자, 『GETTING STARTED WITH LEGO TRAINS』 저자

"이 책을 보지 않고 레고 조립에 관해 논할 수 있을까? 레고를 갓 시작한 사람에게나 새로운 분야를 개척하고자 하는 전문가 모두에게 필요한 머스트 해브!"
–키스 존슨KEITH JOHNSON, UNITED SPACE ALLIANCE의 항공우주공학자

"미래의 건축가나 레고 도락가를 위한 훌륭한 입문서다. 자세한 조립설명서는 당신에게 귀중한 영감을 줄 것이다."
–게리 이스톡GARY ISTOK, 레고 창작가, 레고 수집가, 레고 역사가

"레고 창작을 시작하거나 레고 창작가로서 자신의 기량을 성장시키는 데 필요한 내용을 쉽고 간결한 언어로 설명하고 있다. 모두에게 잠재되어 있는 '레고 마스터 모델 빌더'로의 숨은 능력을 일깨워 줄 친절한 멘토!"
–빌 볼브레히트BILL VOLLBRECHT, 前 레고랜드 캘리포니아 마스터 빌더, WWW.BRICKCREATIONS.COM

"쉽고 유익한 참고서다. 어른 아이 할 것 없이 장차 브릭의 거장이 되고자 하는 모든 이들을 위한 필수 교양서."
–존 베이치틀JOHN BAICHTAL, WIRED'S GEEKDAD 블로거, 『컬트 오브 레고』 공동 저자

어머니와 아버지,
그리고 내 여동생에게.

눈부시고 변함없는 사랑과 지지에 감사드립니다.
여러분이 없었다면
이 책을 출간하지 못했을 것입니다.

감사의 글

먼저 『레고 창작가를 위한 비공식 레고® 안내서』 초판의 독자와 팬 여러분에게 무한한 감사의 말을 먼저 드리지 않을 수 없습니다. 들리는 이야기를 통해서나 여러분이 보내주신 이메일을 통해서 여러분이 늘 저의 곁에 있다는 것을 느낄 수 있었습니다. 지인에게 추천하거나 주변 분들에게 책을 선물하기도 하고 간혹 지역 서점에 구비해줄 것을 요구하면서 입소문을 내주셨습니다. 여러분 모두가 이 책의 전도사이고, 여러분이 계시지 않았다면 이 책이 이렇게 성공하지는 못했을 것입니다. 고맙습니다.

다음으로는 수년간 저와 함께 이 책을 아낌없이 지원해주신 No Starch Press 출판사 여러분께 감사하다는 말씀 드리고 싶습니다. 이 책의 개정 및 컬러판 출간을 위해 갖은 고생을 하신 세레나 양 님, 해야 할 일을 잊지 않도록 저를 늘 채찍질해 주셔서 고맙습니다. 릴리 호프만과 앨리슨 로 님, 새로운 디자인과 레이아웃을 만들어주시고 수많은 변경 사항들을 일일이 신경 써주셨습니다. 컬러판 출간에 착수하도록 격려해주시고 그 후로도 많은 조언과 제안을 해주신 빌 폴락 님과, 초판 발간 시 고생 많으셨던 캐롤 주라도 님께도 감사드립니다. 그리고 리 폴러 님, 수년간 쏟아지는 이메일 질의에 답변을 해주셨습니다. 언제나 믿음직스러운 모습으로 그 자리를 지켜주셔서 감사합니다.

또 이 자리를 빌려 다시 한 번 부모님께 감사하다는 말씀을 드리고 싶습니다. 부모님이야말로 이 세상 최고의 팬입니다. 두 분께서 부단히 친구 분과 주변 분들에게 소문을 내주신 덕분에 지금처럼 많은 팬이 생긴 것이라고 생각합니다. 엄마, 아빠, 고맙습니다.

이 책에 대한 리뷰를 작성해주실 레고 마니아 블로거 분들을 섭외하기 위해 갖은 방편을 생각해내신 패트리샤 위트킨 님께도 감사드립니다. 이 책의 전도사를 양산하는 데 일조하셨습니다.

사적으로나 《브릭저널》을 통해서 지속적으로 지원해주신 조 메노 님께 감사드립니다. 책에 대한 리뷰를 작성해주시느라 시간과 에너지를 아끼지 않으신 조를 비롯한 존 피알라와 프레더릭 시바 님께도 감사의 말씀 전합니다. 솔직하고 날카로운 피드백, 고맙습니다.

여기까지 읽으면서 『레고 창작가를 위한 비공식 레고® 안내서』가 컬러판이라는 것을 모르는 분은 없을 것입니다. 이 책의 모든 피겨들을 컬러로 재창조하기 위해 필요한 수백 장의 이미지들을 랜더링하는 수개월 간의 작업을 저와 같이 해주신 에릭 알브레히트 님께 특별히 심심한 감사의 말씀 드립니다. 멋진 작업이었습니다. 에릭, 감사합니다!

그리고 온라인 레고 커뮤니티의 각종 소프트웨어와 부품 데이터의 저작자 분들께도 감사드립니다. 이 책의 많은 이미지들이 그분들이 제작하신 툴로 만들어졌습니다. 그분들이 없었다면 이 책이 지금처럼 근사한 모습으로 만들어질 수가 없었을 것입니다. 컴퓨터를 이용해 가상 레고 모델을 만들고자 하는 분이라면 http://ldraw.org/에 꼭 한 번 가보시길 바랍니다.

힙스타매틱Hipstamatic의 친구 분들께, 여러분들의 사랑과 지지에 감사드립니다!

우리 재키에게 따로 말이 필요할까요? 언제나 변함없는 재키로 있어줘서 고맙습니다! 우리가 나누는 우정에 깊이 감사하며 제게 주시는 신뢰와 사진에 대한 영감에 또한 감사드립니다.

메간, 당신의 예술적인 귀와 다정한 어깨 그리고 작업 기간 내내 보여주신 세심한 관심에 감사드립니다.

전례 없는 수정 작업 동안 보여주었던 다나님의 인내와 지도 그리고 우정에 감사드립니다.

마지막으로 리사, 우리가 성인이 된 후에 새롭고도 깊은 우정을 진정 우리만의 방식으로 다시 찾게 되어 다행입니다.

들어가는 글

레고는 수십 년간 남녀노소를 막론하고 사람들의 관심을 사로잡아왔습니다. 레고 브릭은 여러 가지 방법으로 결합 가능하며 무수히 많은 것을 창조해낼 수 있습니다. 많은 레고 창작가에게 사실 그 가능성은 부담스러울 정도입니다. 많은 분들이 똑같은 질문을 던집니다. "대체 어디서부터 시작을 해야 하죠?"

이 책이 그 질문에 대한 대답이 될 수 있다면 좋겠습니다. 『레고 창작가를 위한 비공식 레고® 안내서』는 독자 여러분이 레고에 대해 전혀 모른다는 가정하에 아주 기초적인 내용부터 다루고 있습니다.

1장에서는 레고 브릭의 기본적인 특징과 레고 부품을 분류하는 방법 그리고 레고 부품들이 결합을 유지할 수 있는 원리를 설명할 것입니다.

2장에서는 그러한 내용을 기반으로 하여 핵심적인 조립 기법을 소개합니다. 기본적인 원리(예를 들어 튼튼한 기둥을 만드는 방법 등)를 그림과 쉽게 따라할 수 있는 예제로 설명합니다.

3장에서는 스케일이란 개념에 대해 소개하며 '미니피겨 스케일'로 기차역을 만드는 방법을 설명합니다.

4장에서는 전 세계의 레고랜드에 전시되어 있는 미니랜드 마을과 동일한 스케일인 '미니랜드 스케일'의 세계를 소개합니다.

5장에서는 레고 부품의 '점보 버전'을 만드는 원리를 소개함으로써 모델을 크게 확대하는 방법을 살펴봅니다.

6장에서는 최소한의 부품만을 사용해야 하는 '마이크로 스케일'로 모형을 만드는 법을 소개합니다.

레고로 구를 만드는 방법에 대해 궁금했던 적이 있었을 것입니다. **7장**에서는 레고 조형물에 대해 살펴보고, 딱 220개의 부품만으로 완전한 구를 만들어내는 조립 설명서를 공개합니다.

8장에서는 모자이크 분야로 주제를 옮겨서 레고로 아름다운 패턴을 만드는 방법을 알아보고, 기본적인 레고 부품을 이용하여 좋아하는 사진을 모자이크로 만들어내는 방법까지 소개합니다.

9장을 본 후 여러분은 제품 디자이너로서의 모든 소양을 갖추게 될 것입니다. 주제를 찾고 시제품을 만들기까지의 제품 제작에 필요한 모든 과정을 알려드립니다. 우주 왕복선 모델의 완벽한 조립 설명서도 공개합니다.

10장에서는 여러분이 만든 레고 모델의 조립 설명서를 작성하고 공유하는 방법을 알려드립니다. 또한 이 장에서는 레고 브릭을 이용하여 게임을 만들고 즐기는 방법까지도 살펴볼 것입니다.

브리코피디아(부록 A)는 구하기 쉬우면서도 다양한 용도로 활용 가능한 대표적인 레고 부품들을 일람할 수 있는 도표입니다. 지금까지 생산된 모든 부품을 포함하고 있지는 않지만 레고 조립 체계를 보여주기에 충분하다고 생각되는 만큼의 분량을 담았습니다.

부록 B에서는 디자인 격자에 대한 모든 것을 설명합니다. 디자인 격자란 일종의 모눈종이로 레고 모형을 설계하는 데 사용됩니다.

이 책이 레고 제품 설명서만을 보고 따라 만드는 것 이상을 원하는, 그리고 자신만의 레고 모델을 만들고자 하는 모든 레고 창작가들에게 도움이 되길 바랍니다. 이 책은 이제 막 레고를 시작한 분 또는 잊고 있던 조립 기법을 상기해보고 싶다거나 새로운 기법을 개발하고자 하는 숙련된 레고 창작가 분들을 위한 책입니다.

자, 이제 레고 브릭을 한 바구니 쏟아놓고 조립을 시작해볼까요?

1 레고의 체계:
끝없는 가능성

레고가 '상상력' 또는 '창의력'의 대명사라는 것에 많은 분들이 공감할 것입니다. 마룻바닥에 쌓여 있거나 통에 담겨 있는 레고를 뒤적거릴 때 나는 달그락 소리에 사람들은 나이를 불문하고 친근감을 느낍니다.

쌓여 있는 레고 더미를 볼 때마다 참 단순하게 생겼다라고 생각하다가도 동시에 뭔가 기막힌 것이 나올 것 같은 상상을 하게 됩니다. 그것은 레고의 서로 다른 두 가지 모습 때문입니다. 레고는 온갖 자잘한 조각들의 집합일 뿐이지만 그 조각들은 서로 결합하여 커다란 사물을 만들어낼 수 있습니다.

이번 장을 읽으면서 여러분은 레고가 무엇인지, 무엇이 레고를 그토록 놀라운 것으로 만드는지 알게 될 것입니다. 레고를 구성하고 있는 다양한 레고 조각들에는 어떤 것들이 있는지 그리고 그 조각들이 어떠한 방식으로 서로 연결되는지를 살펴보고, 레고의 기하학적 구조와 레고의 색상이 레고를 조립하는 데 어떠한 역할을 하는지도 짚어볼 것입니다.

레고는 무수하게 다양한 종류의 조각, 다른 말로는 '부품'들로 구성되어 있습니다. 모든 조각은 하나의 부품입니다. 모든 부품은 (가끔 예외도 있지만) 다른 부품들과 결합할 수 있으며 그 결합 방법은 무궁무진합니다.

레고 조각 한 움큼으로 벽을 세운 다음 부품 몇 개를 더해서 지붕을 만들어 집 한 채를 완성합니다. 그러고는 자동차와 진입로도 만들어 넣습니다. 내일이 되면 집을 만들었던 부품들을 모두 분해하여 우주탐사선을 만들거나 귀여운

얼룩 고양이를 만들 수도 있고, 아니면 중세 기사와 성을 만들어 볼 수도 있습니다. 레고란 정말 기막히지 않습니까?

브릭 용어

다시 한 번 레고 더미를 살펴보면 그것들이 모두 네모난 벽돌 모양이진 않다는 것을 알 수 있습니다. 어떤 것은 경사진 면을 가지고 있고, 어떤 것은 원통 모양이거나 원뿔 모양입니다. 다른 것들보다 두께가 얇아 보이는 것도 있습니다. 브릭을 잘 다루려면 우선 브릭의 종류와 특징에 대해 잘 알아야 합니다. 이번 절에서는 레고 브릭의 주요 속성을 설명하면서 브릭을 종류별로 분류할 것입니다.

  아래에 소개할 부품 중에는 익숙하거나 이미 갖고 있는 부품도 물론 있겠지만 처음 보는 부품도 더러 있을 것입니다. 새로운 부품을 만나는 것 역시 레고 놀이의 한 부분입니다. 신제품을 구입하거나 중고 부품들을 구입했을 때 처음 보는 부품을 발견했다면 그 부품으로 그때까지 해보지 못한 전혀 새로운 조립을 시도해 볼 수 있습니다.

부품의 크기

이 책을 통해 여러 가지 레고 부품들의 크기와 형태를 언급할 것입니다. 먼저 그림 1-1의 1×1 브릭부터 살펴보겠습니다.

■ 그림 1-1 실제 1×1 브릭은 이 그림보다는 훨씬 크기가 작습니다.

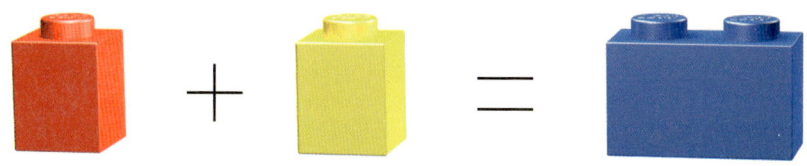

■ **그림 1-2** 1×1 브릭 두 개를 붙이면 1×2 브릭의 크기와 같습니다.

브릭의 모든 치수는 이 1×1 브릭('일 곱하기 일 브릭'이라고 부릅니다)이 기준이 됩니다. 1×1 브릭 두 개를 나란히 붙이면 그림 1-2처럼 그다음으로 큰 기본 브릭인 1×2 브릭과 같은 크기가 됩니다. 어떤 부품이 1×1 브릭과 높이가 같다면 그 부품의 높이를 '한 브릭 높이'라고 말합니다. 1×2 브릭은 높이가 1×1 브릭과 같고 길이는 1×1 브릭의 두 배인 브릭입니다.

보통, 브릭의 짧은 변(폭)의 치수를 긴 변(길이)의 치수보다 앞에 적습니다. 예를 들어 그림 1-3에 그려진 부품은 2×4 브릭입니다. (폭은 1×1 브릭 두 개와 같고, 길이는 1×1 브릭 네 개와 같습니다.) 레고 조립을 많이 하는 사람들은 대개 이런 식으로 브릭의 치수를 말하는데, 이 책에서도 같은 방식을 사용할 것입니다.

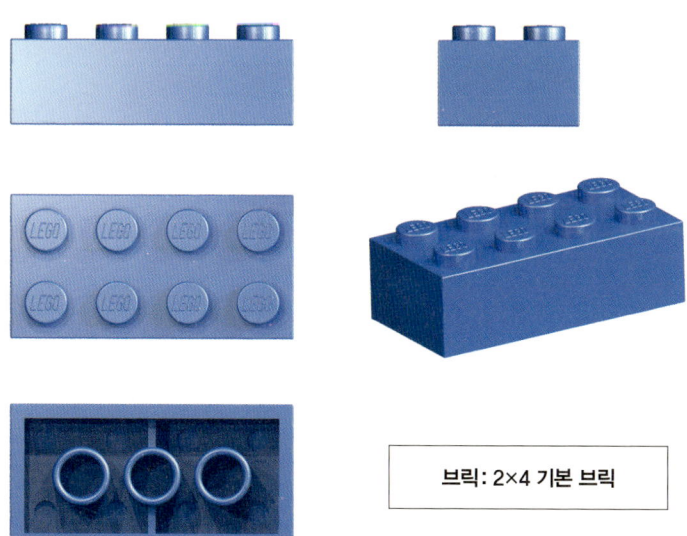

브릭: 2×4 기본 브릭

■ **그림 1-3** 다양한 각도에서 본 2×4 브릭의 모습. 2×4 브릭의 대략적인 크기와 형태를 알 수 있습니다.

또 한 가지 중요한 약속은 알파벳 N의 사용입니다. 브릭의 길이를 표시할 자리에 숫자 대신 알파벳 N을 사용하는 경우가 있는데, 예를 들어 '빌딩의 외벽을 두르는 데 사용한 1×N 브릭 더미'라는 표현에서 알파벳 N은 1×2, 1×4, 1×8 등의 가능한 모든 길이를 포괄한 의미로 사용된 것입니다. 브릭의 종류를 일일이 나열하는 대신 마지막 숫자를 N으로 바꾸어주면 다양한 길이의 브릭을 표기 하나로 간편하게 표현할 수 있습니다.

스터드

스터드stud(그림 1-4)는 거의 모든 레고 부품에서 볼 수 있으며, 레고 부품의 길이와 폭을 재는 단위로 사용됩니다. 스터드는 레고의 외형적 특징을 결정하는 부분이며 기능적으로도 중요한 역할을 합니다.

그림 1-4의 1×1 브릭은 '한 스터드 폭에 한 스터드 길이'입니다. 그림 1-3에 있는 2×4 브릭은 '두 스터드 폭에 네 스터드 길이'라고 말합니다.

■ 그림 1-4 스터드는 부품의 결합에 필요한 두 가지 요소 중 첫 번째 입니다.

튜브

튜브tube는 부품의 결합력을 높여줍니다. 튜브는 스터드를 단단하게 잡아서 레고 부품들의 결합을 유지시켜 줍니다. 그림 1-5처럼 튜브는 브릭 아래쪽에 있습니다.

그림 1-5를 보면 튜브와 스터드가 어떤 식으로 결합하는지 알 수 있습니다. 부품에 따라 튜브의 모양은 조금씩 다릅니다. 예를 들어 그림 1-5의 맨 위쪽 얇

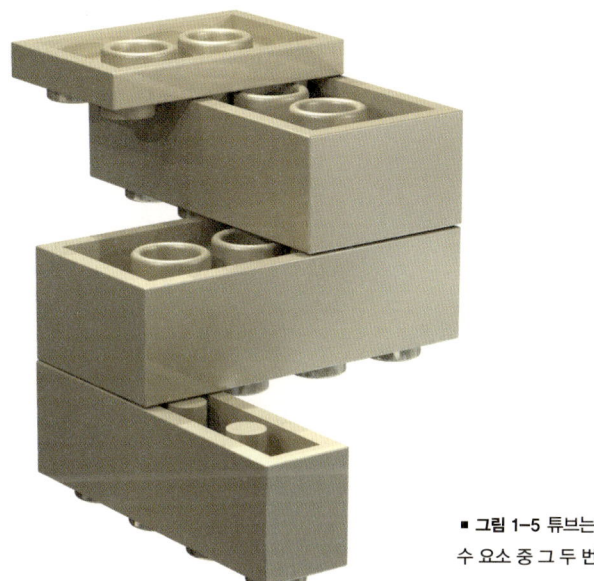

■ 그림 1-5 튜브는 부품 결합에 필요한 두 가지 필수 요소 중 그 두 번째입니다.

은 부품은 튜브가 짧은 반면 그 아래쪽의 2×4 브릭의 튜브는 깁니다. 맨 아래쪽의 1×4 브릭은 속이 빈 튜브 대신 가는 막대를 갖고 있습니다. 이처럼 브릭마다 튜브 모양의 차이는 있지만 그 역할은 같습니다. 바로, 자신과 결합한 다른 부품의 스터드를 적절한 힘으로 잡아서 브릭끼리의 결합을 유지시키는 역할입니다.

브릭

모든 레고 부품을 브릭brick이라고 부르면 편할 것 같지만, 사실 '브릭'이라는 용어는 특정 부품의 이름입니다. 일반적으로 브릭이란 그림 1-6처럼 기본 브릭 1×1과 높이가 같은 레고 부품을 일컫습니다. 브릭은 네모반듯한 직육면체 모양입니다.

    레고 브릭은 실제 집의 벽을 세울 때 사용하는 벽돌과 같아서 레고로 집을 지을 때 역시 벽을 만드는 재료로 사용합니다. 뿐만 아니라 실제 벽돌로는 만들지 못하는 자동차, 도시, 연못, 비행기 등 수많은 것들까지도 레고 브릭으로는 만들 수 있습니다.

■ 그림 1-6 다양한 기본 브릭들

| 브릭 크기에 따른 쓰임새 |

1×1 브릭은 다양한 곳에 사용됩니다. 4장에서 소개할 미니랜드Miniland 스타일의 인형을 만들거나, 8장의 모자이크를 만들 때 또는 작은 동물을 만들 때도 사용할 수 있고, 그밖에도 세부 묘사가 필요한 모든 곳에 사용합니다. 이런 점에서 보면 1×1 브릭은 정말 팔방미인이라고 할 수 있는데 때때로 이 사실이 간과되기도 합니다. 1×2 브릭이나 1×3 브릭은 기둥을 만들 때 유용합니다. 2장에서 소개하겠지만 레고 기둥은 무게를 지탱하는 목적의 기둥일 수도 있고 단순한 장식 목적의 기둥일 수도 있습니다. 그보다 길이가 긴 1×N 브릭들은 건물 제작 시 중요한 역할을 합니다. 정말 다양한 용도로 사용할 수 있겠지만 사실상 모든 작은 건물의 벽체는 1×N 브릭으로 만들어진다고 할 수 있습니다. 실제 건물 벽의 두께와 유사한 비율로 벽을 세우기에는 1×N 브릭의 두께가 적절하기 때문입니다.

폭이 넓은 브릭들 중에서는 2×4 브릭이 그야말로 군계일학이라고 할 수 있습니다. 2×4 브릭은 레고 브릭을 대표하는 상징적인 존재입니다. 2×4 브릭은 여러분이 상상하는 모형의 크기가 어떠하더라도 그것을 가능케 해줍니다. 대부분의 모형 제작에 있어서 2×4 브릭을 토대로 삼아 그 위에 다른 부품들을 부착시켜 나가게 됩니다. 말 그대로 레고의 '벽돌'이라고 할 수 있습니다.

플레이트

언뜻 보기에 플레이트plate(그림 1-7)는 큰형 격인 브릭에 비해 그 활용도가 떨어질 것 같습니다. 플레이트 세 개를 층층이 쌓아야만 겨우 브릭 한 개의 높이와 같아지기 때문입니다. 하지만 그것이야말로 플레이트가 쓸모 있는 이유입니다. 플레이트의 두께는 브릭 두께의 3분의 1이기 때문에 섬세한 세부 묘사나 내부 보강 또는 모형의 크기를 미세하게 조정할 때 효과적으로 사용할 수 있습니다.

플레이트는 부품의 가장 작은 단위입니다. 플레이트는 1×1, 1×4, 2×2, 2×4 등의 길이와 폭이 같은 브릭들과 짝을 이루고 있습니다.

| 플레이트 크기에 따른 쓰임새 |

1×1 플레이트는 초소형 자동차에서부터 8장에서 소개할 예술적인 모자이크 작품, 또는 7장에서 소개할 거대한 조형물에 이르기까지 거의 모든 곳에 사용할 수 있습니다. 1×2나 1×3 플레이트도 다양한 색상만큼이나 그 쓰임새가 다양합니다.

그보다 긴 1×N 플레이트들은 조그만 구조용 헬리콥터의 날개를 만들거나 기차 옆면의 기다란 줄무늬를 묘사하는 등 많은 용도로 활용할 수 있습니다. 특히 브릭으로 쌓은 기둥이나, 패턴 묘사를 위해 수직으로 쌓아놓은 플레이트들을 서로 단단히 연결해줄 때 사용하면 효과적입니다.

▪ 그림 1-7 다양한 기본 플레이트들

브릭에서 2×N 브릭이 주춧돌 역할을 한다면, 2×2, 2×3, 2×4 플레이트는 머슴이라고 할 수 있을 만큼 활용도가 높으며 소량만 사용해도 그 효과는 무척 큽니다.

경사 브릭

가지고 있는 레고 브릭들을 뒤져보면 마치 자동차용 램프처럼 생긴 부품들이 있을 것입니다. 바로 경사 브릭slope이라고 부르는 부품인데, 한 면이나 그 이상의 면이 비스듬한 모양을 하고 있습니다(그림 1-8). 빗면의 기울기는 18도에서부터 75도까지 다양하지만 33도와 45도의 각도를 가진 것들을 가장 흔하게 볼 수 있습니다.

지붕을 만드는 데 써서 경사 브릭을 때로 '지붕 브릭roof brick'이라고도 부르지만 그것은 경사 브릭의 수많은 용도 중 하나일 뿐입니다. 경사 브릭으로 날카롭게 각진 모서리를 부드럽게 해주거나 비행기 날개의 불룩한 모습을 표현할 수 있고 그럴듯한 침엽수를 만들 수도 있습니다.

빗면이 아래쪽에 있는 경사 브릭도 있는데 역경사 브릭inverted slope이라고 부릅니다. 마치 일반적인 경사 브릭을 거울 위에 놓았을 때 거울에 비춰지는 모양과 같은 형태를 하고 있습니다(그림 1-9). (브릭을 거울에 올려놓더라도 브릭들은 자신들의 모습이 얼마나 아름다운지 알 수 없을 것입니다.)

■ 그림 1-8 경사 브릭은 기울기와 모양이 다양합니다.

■ 그림 1-9 이 두 개의 경사 브릭은 서로 거울에 비친 모습과 같습니다. 대부분의 경사 브릭은 이처럼 빗면이 거꾸로 되어 있는 짝을 갖고 있습니다.

특수 부품

그림 1-10에 있는 부품처럼 레고 부품 중에는 분류하기가 좀 까다로운 부품들이 있습니다. 이런 부품은 뭔가 특별한 점이 있어서 이들만을 모아 '특수 부품'이라는 이름으로 별도로 분류할 필요가 있습니다. 특수 부품에 속하는 부품들은 모양이 독특하거나 스터드가 일반적인 곳에 위치하지 않는 경우가 많은데 저마다 독특한 기능을 갖고 있어서 다양한 곳에 유용하게 활용할 수 있습니다.

분류 방식(특히 온라인 레고 부품 판매 사이트 사용자들에게 익숙한 방식)에 따라서는 특수 부품들을 따로 구분하지 않고 일반 부품에 포함하여 분류하는 경우가 있습니다. 그러나 그렇게 하면 특수 부품을 찾기가 무척 어렵습니다. 예를 들어 '턱 플레이트offset plate'(그림 1-10의 제일 왼쪽)는 중앙에 한 개의 스터드가 있는 플레이트인데 종종 '변형 플레이트modified plate' 또는 '점퍼 플레이트jumper plate'로 분류합니다. 또는 표면이 플레이트보다는 타일에 가깝다는 이유로 '중앙에 스터드가 한 개 있는 타일'이라고 이름 붙여서 타일로 분류하는 경우도 있습니다.

    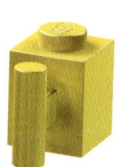

■ 그림 1-10 특수 부품도 모양과 크기가 다양합니다.

이와 같은 혼선을 줄이기 위해서는 특수 부품이라는 분류를 따로 두어 관리하는 것이 좋습니다.

아치

아치arch(그림 1-11) 부품은 건물 제작 쪽에 지나치게 특화된 것으로 여겨질 수도 있지만 건물뿐만 아니라 모든 종류의 모델 제작 시 형태와 개성을 살리는 데 없어서는 안 되는 중요한 부품입니다.

아치 부품 한 개로 아치 한 개를 만드는 것은 어려울 것이 없지만 다양한 크기와 형태의 아치 부품을 동시에 사용하는 것은 생각만큼 쉽지 않습니다. 가장 좋은 방법은 모방하고자 하는 건물이나 원하는 모양의 구조물을 참고하여 생각하고 있는 이미지를 그림으로 그려보는 것입니다. 실제 건물의 다양한 아치 구조를 레고로 재현하는 것은 복잡한 퍼즐을 푸는 일과도 같습니다.

■ 그림 1-11 아치 부품은 레고 부품 중에서도 가장 우아한 모양을 하고 있습니다. 형태와 크기에 따라 몇 가지 모양을 하고 있습니다.

타일과 패널

타일tile(그림 1-12)은 스터드가 없는 플레이트 모양을 하고 있어서 알아보기 쉽습니다. 원형 타일은 작고 매끄러운 맨홀 뚜껑처럼 생겼습니다.

패널panel은 모양과 크기가 타일보다 다양합니다(그림 1-13). 패널은 타일 한

■ 그림 1-12 타일 아래쪽에는 가느다란 홈이 있어서 떼어내기가 쉽습니다.

■ 그림 1-13 패널은 모양과 크기가 다양합니다.

개에 또 다른 타일 한두 개가 수직으로 붙어 얇은 벽을 이루는 모양을 하고 있습니다. 패널은 스터드가 있는 것도 있고 없는 것도 있습니다.

원통 브릭과 원뿔 브릭

원통 브릭cylinder은 깡통이나 드럼통 같은 원통형 모양입니다. 반면 원뿔 브릭cone은 아이스크림콘을 뒤집어 놓은 모양을 하고 있습니다. 원통 브릭과 원뿔 브릭에 속하는 부품의 종류는 얼마 되지 않지만 그 유용성은 가짓수의 부족을 채우고도 남을 만합니다.

나무줄기에서부터 가로등 그리고 물총의 노즐에 이르기까지 원통 브릭과 원뿔 브릭을 쓸 수 있는 곳은 무척 많습니다.

■ 그림 1-14 원통 브릭의 옆면은 수직이고 원뿔 브릭의 옆면은 비스듬합니다.

원통 플레이트

원통 플레이트cylinder plate는 원통 브릭의 플레이트 버전입니다. 1×1 원통 플레이트('씨앗pip'이라고 부르기도 합니다)와 2×2 원통 플레이트 그리고 4×4 원통 플레이트가 가장 흔하게 볼 수 있는 대표적인 원통 플레이트입니다.

■ 그림 1-15 1×1, 2×2, 4×4 원통 플레이트는 대표적인 원통 플레이트입니다.

베이스 플레이트

일반 플레이트와 베이스 플레이트baseplate를 구별하기가 가끔 애매한 경우가 있습니다. 그렇다면 플레이트와 베이스 플레이트를 나누는 기준은 무엇일까요? 편의상, 가로세로 길이가 8×16 스터드 이상이고 두께가 한 브릭 두께인 부품, 또는 밑바닥이 와플 모양을 하고 있어서 다른 브릭이 결합할 수 없는 형태의 부품을 베이스 플레이트라고 부르기로 하겠습니다. 후자의 경우 일반 플레이트보다 두께가 얇은데(그림 1-16), 윗면에 스터드만 있는 것도 있고 도로 모양 등의 그림이 인쇄되어 있는 것도 있습니다.

건물이나 기계 또는 조형물 등의 모형을 만들고자 할 때 베이스 플레이트를 밑판으로 사용하며, 무언가를 안정되게 고정할 필요가 있거나 나중에 전시를 위해 작품을 이동해야 할 경우 유용합니다.

■ 그림 1-16 1×1 플레이트와 와플형 베이스 플레이트와의 두께 비교

장식용 부품

실감나는 창문이나 대문 또는 나무 등의 장식용 부품을 사용하면 창작품의 특징적인 부분을 좀 더 수월하게 살릴 수 있습니다. 이러한 부품은 한 개 만으로도 원하는 바를 표현해내기에 충분합니다. 그림 1-17처럼 다양한 종류의 장식용 부품이 있습니다.

■ 그림 1-17 울타리, 창문, 나무, 깃발 외에도 장식용 부품의 종류는 다양합니다.

정밀도와 기하학적 구조 그리고 색상

이제 어느 정도 레고의 기본적인 용어와 분류 방식에 익숙해졌으리라 생각합니다. 지금부터는 레고의 정밀도와 기하학적 구조 그리고 색상의 중요성에 대해 살펴보겠습니다.

정밀 공업의 중요성

레고 부품에 가장 중요하게 요구되는 점이 정밀함이라는 것은 어렵지 않게 생각해 볼 수 있습니다. 모든 레고 부품은 비행기 부품을 제작할 때와 같은 수준의 높은 정밀도로 제작됩니다. 브릭을 단순히 몇 개 쌓는 경우라면 작은 오차 정도는 대수롭지 않을 수 있고 정밀도에 대해서도 심각하게 고민할 필요가 없을 것입니다. 하지만 만약 그보다 더 많은 브릭을 쌓아야 하는 경우라면 문제가 달라집니다.

그림 1-18을 예로 들어 보겠습니다. 출입구를 만든다고 상상해보길 바랍니

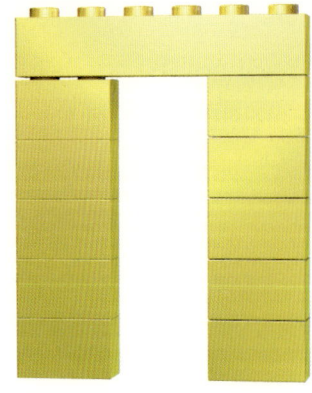

■ 그림 1-18 작은 오차가 모여 큰 격차를 만들어냅니다.

다. 오른쪽 문설주는 정밀한 규격으로 제대로 제작한 브릭을 쓰고 왼쪽 문설주는 규격에 맞지 않는 브릭을 사용합니다. 왼쪽 문설주에 사용한 브릭은 오른쪽 문설주에 사용한 브릭에 비해 아주 조금 작은데, 그 오차는 연필 자국 두께 정도밖에 되지 않습니다. 하지만 보는 바와 같이 구조물은 엉망이 되고 말았습니다. 길이가 다른 문설주 두 개로 과연 안정적인 출입구를 만들 수 있을까요?

 부품의 높이는 모든 부품이 갖고 있는 세 가지 치수 중 하나일 뿐이지만, 모두 같아야 합니다. 길이와 폭에 오차가 있다면 아래 부품과 위 부품이 제대로 결합할 수 없기 때문에 벌어진 틈새를 누구나 바로 알 수 있습니다. 설령 그리 대단히 크지 않은 모델이라도 스터드가 제 위치에 있지 않은 상태로 조립한다는 것은 불가능합니다.

 레고 사LEGO Group는 스터드의 높이와 폭, 튜브의 높이와 두께, 브릭과 플레이트 벽의 규격 등을 세세한 부분까지 세심하게 고려합니다. 레고 부품을 생산하는 데 들어가는 정성을 생각해보면 수십 년간 레고 부품을 만들어온 레고 사가 어떤 회사인지 짐작할 수 있습니다.

흥미로운 레고 기하학

레고의 기본 단위라고 할 수 있는 1×1 브릭을 보면 그림 1-19처럼 가로세로비가 5:6인 세로로 긴 직육면체라는 것을 알 수 있습니다.

 이 비율은 곧, 1×1 브릭 5개를 일렬로 쌓으면 그림 1-20처럼 그 높이가 1×6

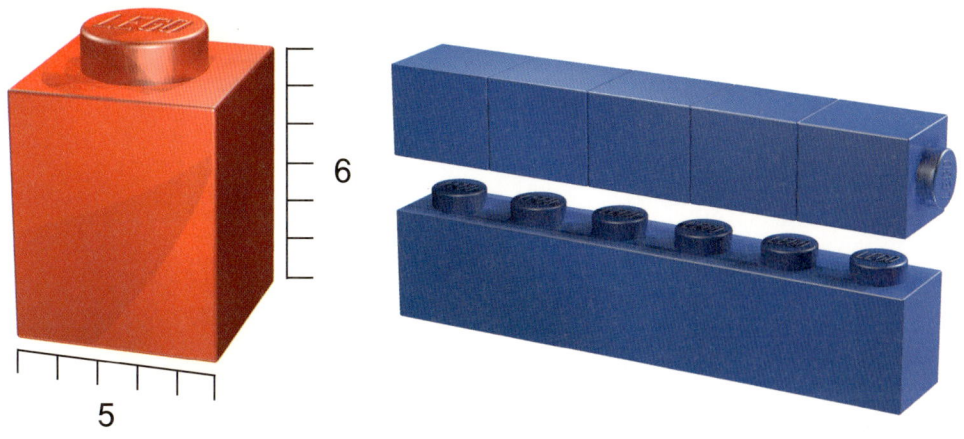

- 그림 1-19 레고의 모든 기본 브릭은 가로세로비가 5:6입니다 (왼쪽).
- 그림 1-20 브릭 5개의 높이는 스터드 6개의 길이와 같습니다 (오른쪽).

기본 브릭의 길이와 같다는 것을 의미합니다.

왜냐하면 5개의 1×1 브릭은 각각 6눈금만큼의 높이를 갖고 있으므로 5곱하기 6은 30이고, 같은 방식으로 1×6 브릭의 각각의 스터드는 5눈금만큼의 폭을 갖고 있으므로 5눈금 곱하기 6스터드는 역시 30으로 같기 때문입니다. (브릭의 높이를 말할 때는 스터드 높이는 생각하지 않고 오직 브릭 옆면의 높이만으로 높이를 따집니다.) 이러한 비율은 8장에서 다룰 모자이크 제작에서도 중요한 역할을 합니다.

레고에는 또 다른 재미있는 기하학적 특징이 숨어 있습니다. 예를 들어 기본 브릭이나 플레이트 밑에 있는 튜브와 튜브 사이의 간격은 스터드와 스터드 사이의 간격과 같고, 튜브의 안쪽 지름은 스터드의 지름과 같습니다. 따라서 튜브의 개수가 결합할 브릭이나 플레이트의 스터드 개수와 같거나 그보다 많은 경우라면 그림 1-21처럼 두 부품의 튜브와 스터드는 결합이 가능합니다.

이러한 결합 방식은 턱 플레이트의 도움 없이 어떤 부품을 한 스터드 간격이 아닌 그 절반 정도의 간격만큼 떨어뜨려 위치시키고 싶을 때 응용할 수 있습니다.

그림 1-22처럼 기본 플레이트와 기본 브릭의 높이 사이에 존재하는 비율도 음미해 볼 필요가 있습니다.

플레이트 세 개가 브릭 한 개의 높이와 같다는 것에 주목하길 바랍니다. 이는

■ 그림 1-21 스터드를 튜브에 바로 끼울 수 있습니다.

■ 그림 1-22 플레이트 세 개를 포개어 결합하면 그 높이는 브릭 한 개의 높이와 같습니다.

■ 그림 1-23 플레이트로 표현한 소방차의 줄무늬

필요한 경우 플레이트 세 개를 쌓아서 브릭 대신 사용할 수 있다는 것을 뜻합니다. 또한 이러한 특징을 이용하여 벽이나 다른 구조물에 일종의 착시 효과를 만들어낼 수 있습니다. 예를 들어 그림 1-23에 있는 소방차의 흰 줄무늬를 보면 몇 개의 층에 걸쳐 플레이트를 비스듬히 쌓아 올려서 줄무늬가 구부러진 것처럼 보이도록 했습니다.

색상

수년간 레고 브릭은 주로 빨간색, 노란색, 파란색 위주로 생산되었습니다. 실제로 1958년에 레고 사가 기본 부품 디자인에 대한 최초의 특허권을 취득하였을 당시에는 흰색, 검정색, 빨간색, 파란색, 노란색, 녹색, 투명, 이렇게 7가지 색상만 있었습니다. 물론 오늘날의 레고 제품은 훨씬 다양한 색상으로 생산되고 있습니다. 예를 들어 이끼색이나 적갈색, 옅은 파란색, 짙은 회색, 밝은 주황색 그리고 분홍색까지도 생산됩니다.

아무튼 색상의 제한을 극복하기 위해서 레고 창작가들은 가지고 있는 부품을 응용하여 새로운 색상을 직접 만들어냅니다. 요령인즉슨 서로 다른 색상의 부품을 나란히 놓아 일종의 병치 혼합을 꾀하는 것입니다. 예를 들어 그림 1-24처럼 흰색 브릭을 검정색 브릭 비로 옆에 두면 흰색 브릭이 연한 회색 빛깔로 보입니다. 또는 그림 1-25처럼 노란색 브릭을 빨강 브릭 옆에 두면 살짝 주황빛을 띄게 됩니다.

색상은 모델의 사실성과 개성, 심지어는 유머 감각과도 관계가 있습니다. 예를 들어 소방차를 만들 때 파란색과 회색으로 만들기보다는 빨간색과 노란색으로 만드는 것이 당연히 더 사실적일 것입니다. 눈사람을 사실적으로 만들고 싶다면 흰색을 선택해야 할 것입니다. 하지만 빨간색 뿔을 머리 위에 단다면 익살맞고 짓궂은 느낌을 지어낼 수 있습니다. 놀이기구를 빨강, 파랑, 노랑 등의 다양한 색상으로 재미있게 꾸민다면 좀 더 신나고 흥미진진할 것입니다. 색상은 이처럼 여러분이 만드는 거의 모든 작품에서 중요한 역할을 합니다.

- 그림 1-24 어두운 회색이나 검정색 브릭 옆에 놓인 흰색 브릭은 엷은 회색빛을 띠게 됩니다. 너무 튀는 밝은 색상을 조금 부드럽게 하고 싶을 때도 이러한 기법을 사용할 수 있습니다.

- 그림 1-25 노란색 브릭을 빨간색 브릭 옆에 놓으면 주황색 느낌을 줄 수 있습니다.

필요한 색상이 없다면?

레고를 갓 시작한 분이나 나이가 어린 분들은 특정 색상의 브릭을 충분히 보유하고 있지 못한 까닭에 모델을 일관된 색상으로 만들기 어려운 경우가 많습니다. 쉽게 좌절감을 느낄 수 있는 상황이긴 하지만 그렇다고 세련된 모델을 만들고자 하는 계획을 포기할 필요는 없습니다.

가지고 있는 브릭을 십분 활용할 수 있는 두 가지 방법이 있습니다. 보유한 브릭이 무슨 색상이든 상관없고 비용도 들지 않는 방법입니다.

- 가지고 있는 브릭에 맞추어 모델을 제작합니다. 한두 가지 색상으로 만들 수 있는 작은 모델을 만듭니다.
- 보유하고 있는 브릭을 최대한 활용할 수 있도록 다양한 색상을 일부러 섞어 사용하면서 그것을 디자인적 요소로 승화시킵니다. 실제 자동차, 건물, 동물도 한 가지 색이 아닌 여러 색상으로 되어 있는데, 레고로 모델을 만들면서 굳이 특정한 색상만을 고집할 필요는 없습니다.

레고 사에서 출시하는 제품 역시 한정된 색상으로 최대한의 효과를 내고 있습

- 그림 1-26 제한된 색상 안에서 가지고 있는 것을 최대한 활용해야합니다(왼쪽).
- 그림 1-27 두 가지 색상의 브릭을 섬세하게 쌓아서 등대의 줄무늬를 만들었습니다. 빨간색과 하얀색 그리고 받침대로 사용할 갈색과 어두운 회색 부품들을 이용하여 여러분도 직접 한번 만들어보길 바랍니다(오른쪽).

니다. 어떤 제품은 단지 몇 종류의 색상만으로 되어 있기도 한데, 그런 제품을 통해 제한된 색상을 어떻게 효과적으로 사용하는지 배울 수 있습니다. 또 그러한 제품을 구입하면 한두 가지 색상의 부품을 단번에 다량 확보할 수도 있습니다. 흰색과 빨간색 부품이 많은 제품을 구입했다면 제품 조립 설명서대로만 만들기보다는 명절에 맞춰서 그림 1-26과 같은 사탕 지팡이를 만들어 봐도 좋을 것입니다. 아니면 1-27과 같은 등대를 만들어볼 수도 있습니다.

> **노트** 특정 색상의 부품을 많이 보유하기 위해선 제품을 구입할 때 적어도 두 개 이상씩 구입하는 것이 좋습니다. 가능하다면 세일 기간을 노리시길 바랍니다.

마무리: 레고의 체계

이번 장에서는 실질적인 레고 조립 기법에 대해서는 별로 다루지 않았는데 그에 대한 내용은 이제부터 본격적으로 살펴볼 것입니다. 이번 장에서 언급한 레고에 대한 기본 개념과 용어는 다음 장부터 소개할 각종 조립 기법 설명에 바로 사용됩니다. 미니피겨 스케일의 기차역을 만들거나 3차원 구를 만들 때 또는 작은 우주왕복선을 만들 때, 브릭과 플레이트를 구별할 줄 아느냐 모르느냐는 적지 않은 차이입니다.

2 기본으로 돌아가자:
기법과 요령

여러분은 나이와 상관없이 레고 브릭 더미를 앞에 두고 앉으면 언제나 똑같은 충동을 느낄 것입니다. 바로 브릭 몇 개를 결합해보고 싶은 충동입니다. 레고 브릭이란 마치 바닷가의 모래와도 같아서 어떻게든 결합되어야 할 운명인 것 같습니다.

그런데 브릭을 과연 어떻게 결합해야 제대로 결합했다고 할 수 있을까요? 그것은 물론 여러분이 무엇을 만들고자 하느냐에 따라 다르겠습니다만, 레고 사는 브릭을 결합할 수 있는 다양한 방법을 제시하고 있습니다. 예를 들어 2×4 브릭 여섯 개로 102,981,500개의 조합이 가능하다고 합니다. (레고 사의 어떤 분이 기하학과 수학에 뛰어난 재능을 갖고 있었거나, 아니면 그냥 무척 심심했던 것이었는지도 모르겠습니다.) 모든 조합을 다 살펴보자면 수천 페이지를 할애해도 모자랄 것 같아서 그림 2-1에 그중 3개만 골라 보았습니다.

■ 그림 2-1 2×4 브릭 6개를 다양한 방식으로 결합할 수 있습니다.

선택의 연속: 브릭을 결합하는 최선의 방법

브릭을 결합할 수 있는 그 수많은 가짓수보다 중요한 것은 아마도 그것들을 결합하는 방법 뒤에 숨어 있는 기본 원리일 것입니다.

예를 들어 그림 2-2에서 2-4처럼 2×4 브릭이 결합하는 방식에는 기본적으로 단순 쌓기stacking, 포개 쌓기overlapping 그리고 계단 쌓기staggering, 이렇게 세 가지가 있습니다.

아래 그림들은 브릭을 결합하는 대표적인 결합 방식입니다. 결합 방식이란 브릭들을 배열하고 연결하는 방식을 말합니다. 각각의 결합 방식을 살펴보고 어떠한 장단점이 있는지 알아보겠습니다.

■ 그림 2-2 단순 쌓기　　■ 그림 2-3 포개 쌓기　　■ 그림 2-4 계단 쌓기

단순 쌓기

단순 쌓기는 일반적으로 잘 사용하거나 튼튼한 결합 방식이 아니지만 조립을 하다보면 브릭을 다른 브릭 위에 똑바로 쌓아야 할 경우가 있습니다. 예를 들어 건물 옆면에 수직으로 줄무늬를 넣고 싶다거나 비행기 꼬리 날개에 다양한 색상으로 줄무늬를 넣고 싶은 경우입니다.

일반적으로 단순 쌓기는 구조적인 이유보다는 심미적 이유로 사용됩니다. 왜냐하면 그림 2-5에서 볼 수 있는 바와 같이 단순 쌓기로 쌓은 구조물은 주변 부품들의 지지가 없는 한 무척 취약하기 때문입니다.

단순 쌓기를 해야 할 경우라면 반드시 위와 아래를 긴 브릭이나 플레이트로 지지해주어야 합니다. 예를 들어 그림 2-6을 보겠습니다. 1×1 브릭을 단순 쌓

■ 그림 2-5 꽝! 지지될 만한 것이 없다면 단순 쌓기로 쌓은 벽은 쉽게 쓰러집니다.

기 방식으로 결합하여 비행기 꼬리날개에 수직의 줄무늬를 만들었습니다. 꼬리날개는 몇 개의 턱 플레이트에 결합되어 있는데, 턱 플레이트 아래의 2×8 플레이트가 단순 쌓기로 쌓인 부품들을 하나로 연결해주고 있습니다. 또한 날개 꼭대기 부분을 보면 단순 쌓기로 쌓은 브릭들을 1×4 플레이트를 사용하여 이어주고 있습니다.

■ 그림 2-6 단순 쌓기를 했을 경우 부서지지 않도록 잘 고정해야합니다.

포개 쌓기

포개 쌓기는 가장 튼튼한 결합 방식입니다. 실제의 건물 벽을 만들 때와 마찬가지로 그림 2-7처럼 브릭들을 서로 포개며 결합했을 때 가장 튼튼한 벽을 만들 수 있습니다. 포개 쌓기로 만든 구조물은 좀처럼 쉽게 부서지지 않습니다.

포개 쌓기 기법은 구조물을 견고하게 해 줄뿐만 아니라 부품끼리 서로 맞물려 결합할 수 있는 레고 부품의 특징을 최대한 활용하는 결합 방식이기도 합니다. 기본 브릭이나 기본 플레이트로 모델을 만든다면 최소한 한두 번은 반드시 포개 쌓기 방식을 사용하기 마련입니다. (이번 장 후반에 포개 쌓기 기법을 이용하여 벽을 만들고 벽들끼리 서로 연결하는 방법을 소개할 것입니다.)

브릭이나 플레이트 이외의 다른 부품에도 포개 쌓기 방식을 적용할 필요가 있습니다. 그림 2-8처럼 창문이나 출입문 역시 벽에서 제멋대로 분리되지 않도록 포개 쌓기 기법을 이용하여 벽과 단단히 연결해주어야 합니다.

그림 2-8에서 맨 꼭대기의 1×8 브릭이 창문과 벽에 걸쳐 길게 결합하여 모든 부품들을 하나로 연결해주고 있는 것에 주목하길 바랍니다. 이러한 결합을 통해 단단한 벽을 완성할 수 있습니다.

포개 쌓기 방식을 최대한 적용하고 싶다면 단순 쌓기를 최소화해야 합니다.

■ 그림 2-7 다양한 방식으로 포개 쌓기 한 예

단순 쌓기를 반복하게 되면 그림 2-9처럼 세로로 긴 이음새가 생기게 됩니다.

그림 2-9에서 왼쪽의 벽은 단순 쌓기로 만들었습니다. 출입문 위의 1×4 브릭이 다른 브릭과 전혀 결합하고 있지 않기 때문에 출입문을 열고 닫을 때 그 부분이 무척 불안정할 것임을 짐작할 수 있습니다. 오른쪽 벽의 경우 1×8 브릭이 그림 2-8에서와 마찬가지로 출입문과 함께 출입문 양쪽에 위치한 브릭과도 동시에 결합하고 있습니다. 그 덕분에 출입문이 단단히 고정되어 절대 쉽게 부서지지 않습니다.

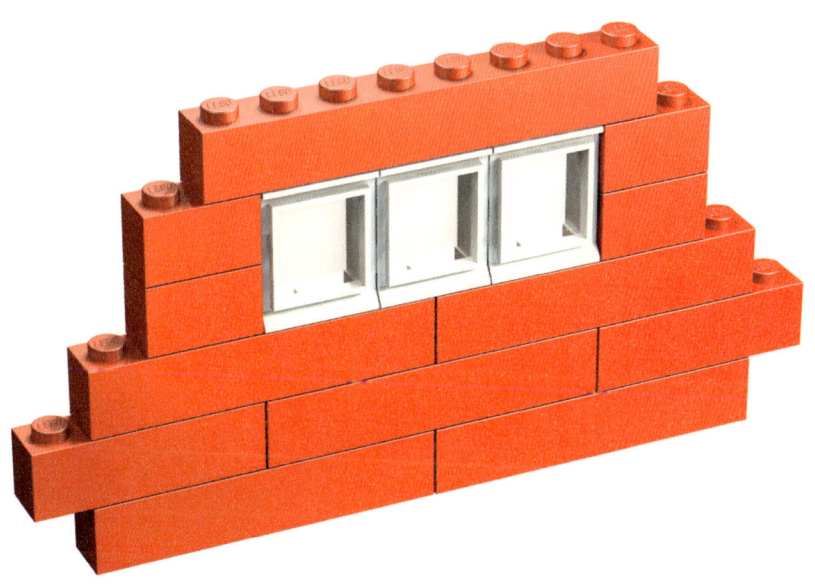

■ 그림 2-8 적재적소에 사용한 브릭 한 개가 튼튼한 벽을 만듭니다.

■ 그림 2-9 잘못 만든 벽(왼쪽)과 제대로 만든 벽(오른쪽)

계단 쌓기

계단 쌓기란 그림 2-10처럼 브릭을 후퇴시키며 쌓아올리는 기법으로 계단과 같은 모양을 만들어냅니다.

계단 쌓기는 7장에서 다룰 조형물 제작에 특히 중요한 기법입니다. 브릭은 기본적으로 정사각형 또는 직사각형이어서 자연스러운 곡면을 만들기 위해서는 계단 쌓기가 필수적이기 때문입니다.

그림 2-10처럼 계단 쌓기를 함으로써 경사 브릭 없이 기본 브릭만으로도 지붕을 만들 수 있습니다.

그림 2-11은 그림 2-10의 지붕을 만드는 데 사용한 계단 쌓기 기법을 보여주고 있습니다. 계단 쌓기 요령을 보여주기 위해 각 층의 색상을 서로 다르게 하였습니다. (보는 바와 같이 계단 쌓기 기법을 쓰기에 2×N 브릭만큼 효과적인 브릭은 없습니다.) 경사진 지붕의 모습을 만들기 위해 계단 쌓기 기법을 사용하면서도 견고함을 위해 포개 쌓기 기법도 동시에 적용하고 있는 것에 주목하길 바랍니다.

■ **그림 2-10** 다양한 모델에 응용할 수 있는 간단한 계단식 지붕 만들기 기법

- 그림 2-11 계단 쌓기를 하면서 포개 쌓기도 동시에 해야 합니다.

벽 세우기

레고로 무엇을 만들자면 거의 항상 벽을 만들어야 합니다. 소방서의 벽, 병원의 벽, 경찰서의 벽, 중세 성의 벽뿐만이 아니라, 멀고 먼 우주의 외계인 기지에도 벽은 있습니다. 포개 쌓기 기법을 살펴보면서 견고한 벽 한 개를 만드는 법을 배웠다면, 이제부터는 그렇게 만든 벽과 벽들을 서로 연결하는 방법을 알아보겠습니다.

벽끼리 연결하기

그림 2-7부터 그림 2-9를 통해 포개 쌓기 기법을 이용하여 단순한 벽 하나쯤은 만들 수 있게 되었습니다. 하지만 사실적인 건물을 만들려면 달랑 벽 하나만으로는 부족합니다. (물론, 폐허를 만드는 경우를 제외하고 말이지요!) 여러분의 레고 마을에 사는 주민들에게 무너지지 않는 벽과 방 그리고 출입구가 있는 건물을 만들어준다면 그들의 삶은 훨씬 윤택해질 것입니다.

하지만 두 개의 벽을 따로 따로 만든 다음 그 둘을 단순하게 연결하여 튼튼하길 기대할 수는 없습니다. 둘을 동시에 쌓아올리면서 두 벽이 서로를 의지하는 구조를 만들어줘야 합니다. 먼저 그림 2-12처럼 두 벽의 제일 아랫부분을 서로 맞붙여 놓습니다.

다음 층에서는 그림 2-13처럼 포개 쌓기 기법을 이용하여 두 벽을 연결합니다. 주황색 1×4 브릭이 파란색 1×6 브릭을 1×8 브릭에 고정시킴으로써 두 개

■ 그림 2-12 서로 맞닿은 벽을 만들 때의 첫 번째 층의 배열

■ 그림 2-13 주황색 1×4 브릭은 포개 쌓기를 시작하는 초석 역할을 합니다. 두 개의 파란 벽을 서로 연결하는 동시에 두 번째 층을 시작하고 있습니다.

■ 그림 2-14 두 번째 층을 마저 채웁니다.

■ 그림 2-15 완성한 벽체의 모습

의 파란 벽이 서로 연결하고 있습니다.

　이러한 포개 쌓기 기법이 견고한 벽을 만드는 비법입니다. 그림 2-14를 보면 두 번째 층을 주황색 브릭으로 마저 채웠지만 그 브릭들은 그림 2-13의 주황색 브릭만큼 중요하지는 않습니다. 벽의 일부이긴 하지만 두 벽을 이어주는 역할을 하지는 않기 때문입니다.

　그림 2-15에서는 역시 포개 쌓기 기법으로 두 벽을 연결하였고 각각의 벽을 만들 때도 마찬가지로 포개 쌓기 기법을 사용하였습니다. 즉 세 번째 층의 파란색 1×4 브릭들을 아래층의 주황색 브릭들 사이에 생긴 틈을 덮는 방식으로 결합하였는데, 이것은 두 번째 층이 첫 번째 층과 결합하는 방식과 동일합니다. 이러한 방식으로 브릭들을 서로 포개어 쌓았을 때 비로소 가장 견고한 벽 또는 모형을 만들 수 있습니다.

　층을 몇 개만 쌓아도 두 개의 벽이 서로를 단단히 지지해주는 것을 알 수 있습니다. 각각의 벽을 밀어도 거의 흔들리지 않습니다. 포개 쌓기 방식으로 벽을 만들면 견고합니다. 그리고 그 벽들을 포개 쌓기 기법으로 서로 연결하면 더욱 더 튼튼한 구조물이 됩니다.

네모난 브릭으로 둥근 벽 만들기

물론 늘 완벽하게 똑바르고, 완벽하게 견고한 벽만 만들고 싶지는 않을 것입니다. 때로는 좀 더 유기적인 디자인 또는 그 정도까지는 아니더라도 최소한 네모반듯하지만은 않은 벽을 만들고 싶을 때가 있습니다.

　그렇다면 네모난 브릭으로 어떻게 둥근 벽을 만들 수 있을까요? 재밌는 기법 한 가지를 소개하겠습니다. 1×3 브릭을 최대한 긁어모아서 그림 2-16처럼 연결해보길 바랍니다.

　이런 방법을 사용하면 구부러진 벽은 물론 거의 완벽한 원형 벽도 제작할 수 있습니다. 농장의 축사 울타리나 로켓 몸통을 만들 때 또는 집에 담장을 두를 때 사용해보길 바랍니다.

　1×3 브릭 사이에 생긴 빈 공간에 1×1 원통 브릭을 끼워주면 그림 2-17처럼 외관을 좀 더 매끈하게 할 수 있습니다. 이럴 경우엔 벽이 그림 2-16처럼 많이

■ 그림 2-16 1×3 브릭을 이런 식으로 연결하면 구부러진 벽은 물론 완벽하게 동그란 벽도 만들 수가 있습니다.

■ 그림 2-17 작은 부품을 추가했을 뿐인데 외관상 큰 변화를 주었습니다.

■ 그림 2-18 둥근 세상과 네모난 세상의 만남. 1×1 원통 플레이트(동그라미 안)를 이용하여 둥근 벽을 평평한 곳에 결합할 수 있습니다.

구부러지지는 않지만 매끈한 외관 덕분에 여러모로 쓸모가 있습니다.

    기존의 네모난 구조의 건물에 둥글게 만든 벽을 연결할 수 있습니다. 예를 들어 성벽 두 개를 둥근 벽으로 연결하여 모서리를 둥글게 만들거나, 90도 각도로 꺾어지는 일반적인 벽으로 이루어진 기존 성 위에 둥근 망루를 세워 올릴 수도 있습니다. 1×3 브릭 아래에 1×1 원통 플레이트를 적절한 곳에 끼워주면 둥근 벽을 다른 모델에 결합할 수가 있습니다(그림 2-18).

버팀대: 숨은 공로자

버팀대brace는 주로 모델의 안쪽에 모델을 견고하고 안정적으로 만들기 위해 추가하는 보강용 구조물입니다. 만드는 모델이 작다면 기다란 브릭 한두 개도 충분히 좋은 버팀대가 될 수 있지만, 모델이 조금 크다면 기둥column과 보beam를 동원해야 할 수도 있습니다. 큰 모델의 경우 자체 내구성도 문제지만 모델을 이동하기 위해서라도 버팀대는 꼭 필요합니다.

버팀대 = 기둥 + 보

그림 2-19는 일반적인 건물 벽 또는 커다란 괘종시계, 어쩌면 가늘고 높은 공항 관제탑일 수 있는 평범한 벽의 모습입니다. 그리고 A와 B로 표시된 브릭들이, 마주보는 두 벽을 연결하고 있습니다. 버팀대는 이렇게 중앙의 기둥과 두 개의 보로 이루어지며 모델을 견고하게 지지해줍니다.

    버팀대가 어느 정도 필요한가는 경우에 따라 다릅니다. 모델의 크기가 작다면 아예 필요가 없을 수도 있고 큰 건물이나 탑의 경우에는 많이 필요할 것입니다. 버팀대를 잘 대어 주면 모델이 무척 견고해지기 때문에 공공장소에 전시를 하기 위해 모델을 옮겨야 한다거나 아니면 친구 집에 들고 갈 때, 또는 그냥 평소에 가지고 놀기에도 참 편리합니다.

    그렇다면 그냥 내부를 브릭으로 꽉 채우면 되는 것 아니냐고요? 작은 모델일 경우에는 그런 방법이 통할 수도 있지만 크기가 어느 정도 이상 되는 경우라면 모델이 필요 이상으로 무거워지고 사용되는 브릭의 양도 어마어마해질 것입니

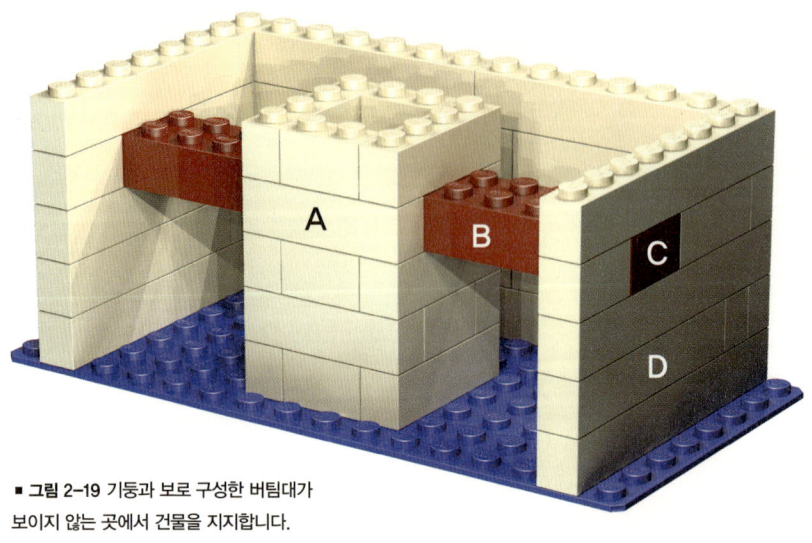

■ 그림 2-19 기둥과 보로 구성한 버팀대가 보이지 않는 곳에서 건물을 지지합니다.

다. 귀한 브릭을 보이지 않는 곳에 불필요하게 낭비할 필요는 없습니다. 필요한 만큼의 브릭만 버팀대에 사용하고 남는 브릭은 다른 곳에 유용하게 사용하는 것이 바람직합니다.

버팀대는 그 기능에만 충실하면 되므로 보기에 예쁠 필요는 없습니다. 버팀대가 좋은 점은 어떤 브릭을 사용해도 무방하다는 점입니다. 밖에서는 보이지 않는 모델의 안쪽이나 아래쪽에 들어갈 것이기 때문에 색상을 고려할 필요가 없습니다.

그림 2-19를 보면 기둥(A)을 벽에서 떨어진 곳에 세운 후 보(B)를 기둥에서부터 바깥쪽의 벽(D)까지 연결하였습니다. 그늘진 부분의 사각형(C)은 보(B)의 끝 부분입니다. 이처럼 보(B)는 벽(D)에 붙박여서 A와 D를 단단하게 잇고 있습니다.

그럼 기둥과 보에 대해 좀 더 자세히 알아보겠습니다.

보

앞서 그림 2-5를 통해 기둥의 한 예를 보여드렸습니다. 하지만 일반적으로 그런 식으로 기둥을 나란히 붙여놓는 일은 거의 없습니다. 대개는 건물의 모서리나 출입문의 양쪽 또는 넓은 바닥이나 지붕을 받치는 용도로 사용됩니다.

그림 2-5의 기둥이 쉽게 쓰러졌던 이유는 그 기둥들이 서로 연결되어 있지 않았기 때문입니다. 보가 필요한 이유가 바로 그것입니다. 보는 '수평으로 놓인 기둥'과 같은 것으로서 기둥과 함께 사용하면 튼튼한 구조물을 만들 수 있습니다.

보는 간단하게는 그림 2-20에서 볼 수 있는 것과 같이 브릭 한 개일 수도 있지만 훨씬 크고 복잡한 하나의 '부속 모델submodel'일 수도 있습니다. 부속 모델이란 만들고 있는 모델의 일부로서 '주 모델main model'에 부착하기 전에 따로 제작해야 하는 모델을 의미합니다. (예를 들어 그림 2-21의 보나 소방차의 사다리 같은 것을 말합니다.) 부속 모델을 다른 말로 부속 구조물substructure이라고도 합니다.

합성보composite beam는 브릭과 플레이트들을 여러 겹으로 쌓아 만든 보로서 길고 견고한 보를 만들 수 있습니다.

그림 2-21에서 검정색 플레이트로 노란색 브릭들의 틈을 덮으며 포개 쌓기한 것에 주목하길 바랍니다. 포개 쌓기 기법은 부품에 상관없이 한 부품을 다른 부품 위에 결합할 때면 언제나 적용할 수 있습니다. 부품을 쌓을 때는 늘 아래 층 부품들 사이의 틈을 찾아서 그 틈을 덮는 방식으로 포개 쌓기를 해야 합니다.

■ **그림 2-20** 보는 간단하게는 2×8 브릭 하나일 수도 있습니다(위쪽).
■ **그림 2-21** 브릭과 플레이트로 만든 합성보(아래쪽)

| 잘못 쌓은 보 |

그림 2-22처럼 브릭을 쌓아보길 바랍니다. 그리고 화살표 부분을 한 번 눌러보면 살짝 눌렀을 뿐인데도 두 기둥을 가로지르고 있는 브릭들은 쉽게 부서지고 말 것입니다. 이것은 잘못된 구조물로서 모델을 만들 때는 이런 구조를 만들지 않도록 주의해야 합니다.

| 제대로 쌓은 보 |

이번에는 그림 2-23처럼, 앞에 것과 모양은 비슷하지만 결합 방식은 조금 다른

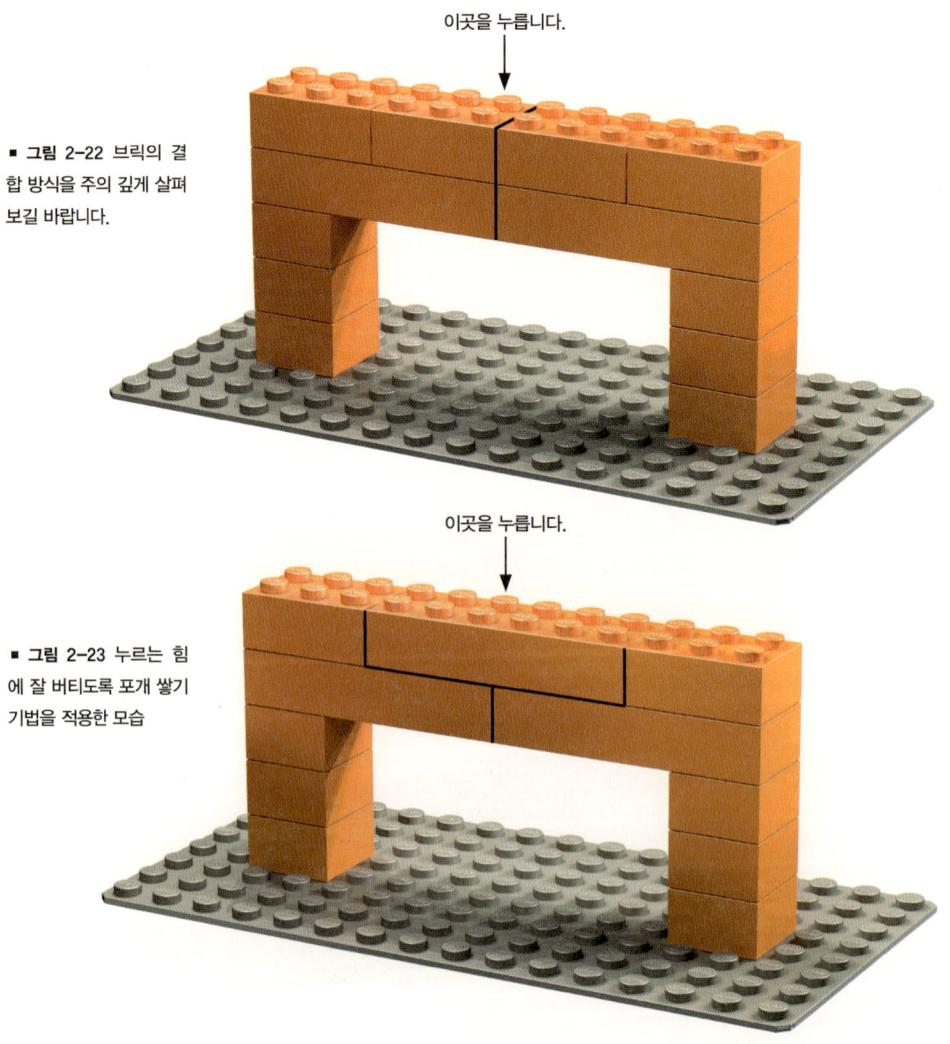

■ 그림 2-22 브릭의 결합 방식을 주의 깊게 살펴보길 바랍니다.

■ 그림 2-23 누르는 힘에 잘 버티도록 포개 쌓기 기법을 적용한 모습

구조물을 쌓아보겠습니다. 브릭들의 위치와 포개 쌓기한 모습을 잘 살펴보길 바랍니다. 화살표 부분을 눌러보면 브릭들을 부서뜨리기가 거의 불가능하다는 것을 알 수 있습니다. 포개 쌓기가 중요한 이유를 잘 보여주는 예입니다.

그림 2-23과 같은 보는 커다란 건물의 외벽들을 연결하거나 비행기 격납고의 입구를 지지하기에도 충분할 정도로 튼튼합니다.

기둥

기둥은 보와 함께 구조물이 좌우로 흔들리는 것을 막거나 건물의 층과 층 사이를 떠받쳐서 빈 공간을 만들어줍니다. 예를 들어 우주선을 만들 때 갑판과 갑판 사이에 기둥을 적절히 사용하면 거침새 없이 원하는 높이만큼의 공간을 만들어 줄 수 있습니다. 그림 2-24에서 2-27이 보여주는 바와 같이 기둥은 그 형식이 다양합니다.

| 단순 기둥 |

그림 2-24는 2×2 브릭들을 단순 쌓기로 똑바로 쌓아올린 단순 기둥simple post의 모습입니다. 이러한 기둥이 필요한 경우도 물론 있겠지만 단순 기둥은 다음에 소개될 기둥들과 비교해 볼 때 내구성이 무척 취약합니다.

비단 2×2 브릭뿐만 아니라 2×3, 2×4를 비롯해서 어떠한 크기의 브릭으로도 단순 기둥을 쌓을 수 있습니다.

| 복합 기둥 |

그림 2-25는 2×4 브릭 몇 개를 나란히 하여 포개 쌓기로 쌓아올린 복합 기둥compound post입니다. 단순 기둥에 비해 좀 더 견고한 기둥으로서 브릭 역시 많이 소요됩니다. 2×2 브릭으로 만든 단순 기둥과 비교해 볼 때 2×4 브릭으로 만든 복합 기둥은 기둥의 어느 쪽에서 가해지는 힘에도 제법 잘 버텨냅니다. 또한 만들기도 쉬워서 짧은 시간 안에 몇 개의 기둥을 뚝딱 만들어내야 할 때나 임시적으로 사용할 기둥이 필요할 때 유용합니다.

| 굴뚝 모양 기둥 |

그림 2-26의 굴뚝 모양 기둥chimney pattern은 복합 기둥만큼 견고하면서도 무게와 브릭 절약 측면에서 이점이 있습니다. 기둥 내부가 비어 있기 때문에 2×4 브릭으로 만든 복합 기둥만큼 잘 부러지지 않으면서도 무게는 25% 가볍습니다. 큰 모델을 만들어 다른 곳으로 이동해야 할 경우 경량화는 특히 중요한 문제입니다.

단점이 하나 있다면 기둥을 쌓으면서 내부의 모양을 계속 정사각형으로 유지해야 한다는 것인데, 2×2 브릭 예닐곱 개로 만든 단순 기둥을 임시로 구멍 안에 중간 중간 넣어주는 것이 요령이라 할 수 있습니다.

| 열쇠 구멍 모양 기둥 |

1×2 브릭이 많다면 열쇠 구멍 모양 기둥keyhole pattern을 만들어보길 바랍니다. 그림 2-27과 같은 열쇠 구멍 모양 기둥은 다양한 크기와 모양으로 만들 수 있습니다. 그림 2-27은 작은 브릭들(1×3 브릭이나 그보다 작은 브릭)로 만들 수 있는 열쇠 구멍 모양 기둥의 한 가지 예입니다. 브릭들의 결합 방식을 조금 바꾸거나 사용 목적에 맞도록 크기를 키울 수 있습니다.

굴뚝 모양 기둥을 만들 때와 마찬가지로 중앙 구멍에 임시 기둥을 중간 중간 넣어주면서 기둥 단면의 모양을 일치시키길 바랍니다. 열쇠 구멍 모양 기둥은 자잘한 부품들을 많이 사용하기 때문에 쌓아가는 과정에서 휘거나 비틀어지기 쉽습니다. 그 점만 주의한다면 기능적으로나 심미적으로 뛰어난 기둥이라고 할 수 있습니다.

| 하이브리드 기둥 |

복합 기둥과 굴뚝 모양 기둥을 섞으면 그림 2-28처럼 흥미로운 양식의 기둥을 만들 수 있습니다.

이러한 하이브리드 기둥hybrid column은 속이 비어 있는 굴뚝 모양 기둥이 갖고 있는 고질적인 문제점을 해결해 줄 수 있습니다. 즉, 몇 개 층마다 2×4 브릭을 한두 층 쌓아줌으로써 1×2 브릭과 1×4 브릭들을 반듯하게 정렬시킬 수 있

■ 그림 2-24 단순 기둥

■ 그림 2-25 복합 기둥

■ 그림 2-26 굴뚝 모양 기둥

■ 그림 2-27 열쇠 구멍 모양 기둥

그림 2-28 하이브리드 기둥은 가볍고 튼튼합니다(왼쪽).
그림 2-29 하이브리드 기둥의 단면을 보여주는 분해도(오른쪽)

습니다.

갖고 있는 브릭이 한정된 대부분의 레고 창작가들에게 이 하이브리드 기둥은 다른 기둥에 비해 좀 더 현실적이라고 할 수 있습니다. 만들고자 하는 모델의 규모가 크다면 2×4 브릭으로만, 또는 1×2나 1×4 브릭 한 가지로만 무엇을 만들어내겠다는 엄두를 내긴 어렵습니다. 보통은 갖고 있는 브릭에 맞춰서 다양한 브릭을 적절히 섞어서 사용할 수밖에 없습니다. 한 종류의 부품을 다량 갖고 있지는 못하더라도 세 가지 종류의 브릭들을 종류별로 어느 정도는 갖고 있을 것입니다.

모든 모델에 내부 보강을 해줘야 하는 것은 아니지만, 이번 장에서 배운 건축 기법들은 다방면에 걸쳐 활용도가 높습니다. 3장을 보면 단순 기둥이 작은 건물을 만들 때 얼마나 유용한지 알 수 있습니다. 보를 이용하여 바닥을 지지하거나 지붕을 견고하게 만드는 방법도 알아볼 것입니다. 이러한 기초적인 건축 기법들은 뛰어난 레고 창작가가 되기 위해 갖춰야할 필수적인 지식입니다.

부품을 분해하는 방법

우리는 지금까지 줄곧 브릭을 결합하는 방법만을 살펴보고 있지만, 언젠가는 만든 작품을 분해하고 싶을 때가 오게 될 것입니다. 장식장에 몇 달 간 고이 모셔 두고 있는 레고 제품이든 아니면 지난주에 창작했던 로봇이든 상관없이 언젠가는 부품 재활용을 위해 분해해야 합니다. 분해의 첫 단계는 큼직큼직하게 떼어내는 것입니다. 그리고는 그것들을 좀 더 작은 단위로 분해하고 종내에는 모든 부품들을 하나하나 떼어내야 합니다.

그러다 보면 부품 한두 개가 정말 손톱도 들어가지 않을 정도로 단단하게 결합이 되어서 떼어내기 어려운 경우가 꼭 있습니다. 십중팔구는, 마치 스터드와 튜브의 결합력이 얼마나 강한지 증명이라도 하겠다는 듯이 작은 플레이트 두 개가 야무지게 결합되어 있는 경우입니다. 비록 그것들의 노력은 가상하지만 분해할 것은 분해해야 하겠지요.

일부 레고 제품 중에는 그림 2-30처럼 생긴 독특한 모양의 플라스틱 덩어리

그림 2-30 브릭 분해기-
모든 레고 창작가의 필수품

그림 2-31 브릭 분해기 두 개를 이용하여 부품을 분리하는 모습. 부드럽게 쥐어주는 것만으로도 대부분의 부품을 쉽게 분리할 수 있습니다.

가 들어 있는 경우가 있습니다. 분명 브릭은 아니지만 스터드가 몇 개 붙어 있습니다. 바로 브릭 분해기brick separator입니다.

브릭 분해기는 종종 쌍으로 사용하기 때문에 만약 브릭 분해기를 구입할 계획이라면 한 쌍으로 구입하는 것이 좋습니다. 레고 제품을 통해 구하기 어렵다면 레고 공식 쇼핑몰(http://shop.lego.com, 제품 번호 630)을 통해 브릭 분해기만 따로 구입할 수도 있습니다. 개당 3,000원 가량인데, 이빨로 분해하다가 치과 치료를 받는 것에 비하면 무척 저렴한 가격입니다.

시험 삼아서 2×2 플레이트 두 개를 힘을 줘서 단단히 결합해보겠습니다. 우선 한 손으로 브릭 분해기를 한 개 쥐고, 분리하고자 하는 2×2 플레이트를 브릭 분해기의 스터드에 끼웁니다. 그런 다음 또 다른 브릭 분해기를 그 위에 다시 끼워서 그림 2-31처럼 집게 모양을 만듭니다. 두 브릭 분해기를 집게 쥐듯이 천천히 쥐어주면 사이에 있는 2×2 플레이트들이 서서히 분리됩니다.

그림 2-32 때로는 그림처럼 넓적한 부품 중간에 붙어 있는 1×2 플레이트를 떼어내야 할 경우가 있습니다.

그림 2-33 브릭 분해기의 독특한 형태 덕분에 넓적한 플레이트 중간에 결합된 작은 1×2 플레이트도 쉽게 분리해낼 수 있습니다.

그림 2-34 일반 브릭으로도 분리 가능합니다.

그림 2-35 1×2 기본 브릭으로 브릭 분해기를 대신할 수 있습니다.

그림 2-32의 4×6 플레이트 가운데에 결합한 1×2 플레이트처럼 큰 부품에 붙어 있는 작은 부품을 떼어내야 할 경우도 있습니다. 이럴 경우엔 브릭 분해기를 한 개 사용하면 됩니다. 그림 2-33은 브릭 분해기가 마법을 부리는 모습을 보여주고 있습니다.

그림 2-34는 브릭 분해기가 없을 때 부품을 분리하는 요령을 보여주고 있습니다. 1×2 플레이트 두 개가 서로 단단히 결합되어 있을 경우 손톱으로 억지로 분리하려고 하지 말고 플레이트 위아래로 1×2 브릭을 끼워보길 바랍니다. 지렛대 효과를 이용하면 단단히 결합된 플레이트 사이에 조금이나마 틈을 낼 수가 있습니다. 그 틈을 이용하면 플레이트들을 완전히 분리해 낼 수 있습니다.

그림 2-32과 같은 경우에도 브릭을 이용하여 분리가 가능합니다. 그림 2-35처럼 1×2 플레이트 위에 브릭을 끼운 후 부드럽게 브릭을 누르면서 한쪽으로 기울여줍니다. 도중에 브릭이 빠지지 않는다면 1×2 플레이트와 4×6 플레이트와의 결합은 손으로 떼어내기 쉬울 만큼 충분히 헐거워질 것입니다.

마무리: 기본적인 조립 원칙

이제 어떤 식으로 브릭들을 결합해야 튼튼한 모델을 만들 수 있는지에 대해 어느 정도 감을 잡았으리라 생각합니다. 이런 지식이나 경험은 모델 제작에 앞서 모델 제작을 계획하는 단계에서부터 중요한 역할을 합니다.

실제 제작에서 문제가 될 법한 소지를 사전에 충분히 고려해 볼 수 있다면 불필요한 시행착오 없이 레고 조립 과정이 무척 순조로울 것입니다. 다음 몇 가지 원칙을 늘 염두에 두길 바랍니다.

1 큰 것을 만들 땐 작은 것으로 쪼개어 생각하라

큰 모델을 만들고자 할 경우에는 그 모델을 작업하기 수월한 작은 부분들로 나누어 진행하는 것이 좋습니다. 그렇게 하면 우선 큰 모델에 대한 막연한 부담감이 많이 줄고 제일 윗부분은 어떻게 만들 것인지 또는 다른 부분과 다른 각도로 만들어야 하는 부분은 어떻게 하는지 등에 대한 해법을 쉽게 생각해 낼 수 있습니다. 예를 들어 하늘을 찌르는 고층빌딩을 만든다면 각 층을 따로 분리하여 제작한 후 나중에 하나로 합치는 방식으로 계획을 짜는 것이 좋습니다.

빌딩이나 자동차 등 실제 존재하는 사물을 대상으로 만들 경우에는 대상의 크기나 형태가 극적으로 변하는 부분이나 색상이 달라지는 부분을 기준으로 삼아 구획을 정할 수 있습니다.

대상에 구분될 만한 기준이 분명할 경우라면 구획 분리는 무척 쉽습니다. 픽업트럭을 예로 든다면 운전석과 짐칸을 따로 제작하는 식입니다.

2 적절한 결합 방식을 선택하라

그림 2-2에서 2-4를 통해 설명한 결합 방식을 모델에 따라 또는 한 모델 안에서도 상황에 따라 적절하게 선택해야 합니다. 견고하다고 해서 무조건 포개 쌓기 기법만 사용하는 것이 능사는 아닙니다. 때로는 단순 쌓기가 필요할 경우도 있고 계단 쌓기를 해야 할 경우도 있습니다. 여러분이 적절한 조립 방식을 상황에 맞게 선택할 수 있는 감을 익히는 데 도움을 주기 위해 이 책 전반에 걸쳐 사용한 조립 방식과 그 방식을 선택한 이유를 그때그때 계속 짚어줄 것입니다.

3

미니피겨 스케일:
앙증맞은 미니피겨의 세계

레고 사는 끊임없이 새로운 부품과 색상 그리고 혁신적인 제품을 선보이고 있습니다. 하지만 그 중에서도 가장 괄목할만한 것은 우리가 흔히 '미니피겨minifig'라고 부르는 작은 인형입니다(그림 3-1).

1978년에 미니피겨가 세상에 등장한 이후로 수십 년에 걸쳐 우주인이나 카우보이에서부터 헬리콥터 조종사와 로봇 그리고 마법사와 마녀에 이르기까지 수많은 미니피겨가 탄생하였습니다.

스케일 맞추기

어떠한 스케일scale(축척)에 맞추어 만든다는 것은 사물을 특정한 비율에 맞게 크거나 작게 만드는 것을 뜻합니다. 즉 미니피겨 스케일에 맞춘다는 것은 미니피겨와 어울리는 크기로 사물을 만든다는 의미입니다.

그림 3-2와 같이 일반적인 미니피겨의 크기는 현실 세계에서 겨우 1.5인치(약 4센티미터) 정도입니다. 하지만 미니피겨 관점에서 본다면 미니피겨의 키를 6피트(약 180센티미터) 정도로 생각할 수 있을 것입니다.

■ 그림 3-1 늘 웃고 있는 이 아이는 누구인가요?

3 미니피겨 스케일: 앙증맞은 미니피겨의 세계 43

■ 그림 3-2 미니피겨는 키가 몇일까요? 현실 세계에서는 1.5인치(약 4센티미터)에 불과하지만 미니피겨 세계에서는 대략 6피트(약 180센티미터) 정도일 것입니다.

그렇다면 이것을 근거로 미니피겨 스케일을 계산해보겠습니다. 미니피겨 스케일 계산 요령은 다음과 같습니다.

1 6피트(미니피겨 세상에서의 미니피겨의 키)를 인치로 환산합니다.

6피트 × 피트당 12인치 = 72인치

2 미니피겨 세상에서의 키를 실제 미니피겨의 키로 나누어줍니다.

72인치 ÷ 1.5인치 = 48인치

3 그렇다면 미니피겨 스케일은 1:48입니다.

('일대 사십팔' 또는 '사십팔 분의 일'이라고 읽습니다.)

스케일은 콜론 기호(:)를 사이에 둔 두 개의 수로 표시합니다. 왼편의 숫자(1)는 현실 세계에서의 크기를 의미하고 오른편의 숫자(48)는 미니피겨 세계에서의 크기를 의미합니다. 즉 현실 세계에서 어떤 사물의 크기가 1인치라면 미니피겨 세계에서는 그 사물의 크기가 48인치라는 뜻입니다.

일단 스케일을 정하게 되면 현실 세계에서의 사물을 미니피겨 세계에 맞게 만들 때 어느 정도의 크기로 만들어야 하는지 계산할 수 있게 됩니다. 예를 들어 현실 세계에서 24피트(약 7미터) 높이의 집을 미니피겨 스케일로 짓고 싶다면 다음 공식에 따라 그 크기를 계산할 수가 있습니다.

현실 세계에서의 크기 ÷ 스케일 값 = 미니피겨 스케일에 맞는 크기

따라서 미니피겨 스케일에서의 집 높이를 계산하려면 현실 세계에서의 실제 높이(24피트)를 스케일 값(48)으로 나누면 됩니다. 방법은 다음과 같습니다.

1 24피트에 12를 곱해서 인치로 환산해줍니다.
   24피트 × 피트당 12인치 = 288인치

2 그 값을 스케일 값(48)으로 나누어서 미니피겨 스케일에서의 높이를 계산합니다.
   288인치 ÷ 48 = 6인치

즉 미니피겨 스케일로 집을 짓는다면 집의 높이를 6인치(약 15센티미터)에 맞춰야 합니다.

미니피겨 스케일로 건물 만들기

지금부터 미니피겨 스케일로 기차역을 만드는 방법을 소개하겠습니다. 기차역을 만드는 데 필요한 부품이 어떤 것인지 살펴보고 여러분이 알고 있는 조립 기법을 어떤 식으로 기차역 제작에 응용해야 하는지 설명할 것입니다.

그런데 지금 만들어볼 건물을 꼭 기차역이라는 용도로 사용해야 할 필요는 없습니다. 기차역뿐만 아니라 아이스크림 가게, 햄버거 판매대 또는 테마파크나 동물원의 매표소 등으로도 사용할 수 있습니다. 레고로 무엇을 만들 때에는 어떤 정해진 틀에 얽매일 필요가 없습니다.

■ 그림 3-3 이 건물에 사용한
디자인적 아이디어는 다른 건물을 만들 때에도 유용하게 활용할 수 있습니다.

두 가지 버전의 기차역

두 가지 방법으로 기차역을 만들 생각입니다. 우선은 기성 레고 제품을 조립할 때처럼 부품의 제약에 구애받지 않고 만들어 볼 것입니다. 세부 묘사를 위해 경우에 따라 특수 부품을 사용할 수도 있습니다. 그런 다음에는 그렇게 완성한 기차역의 각 부분을 구하기 쉬운 부품들, 즉 여러분이 대체적으로 가지고 있을 법한 흔한 부품들로 다시 만들어 볼 것입니다.

  기차역의 외관은 북아메리카의 작은 마을에서 흔히 볼 수 있는 기차역을 참고하여 디자인하였습니다. 그림 3-3처럼 19세기 후반이나 20세기 초반에 지어진 전형적인 기차역의 모습입니다. 경사진 지붕과 아치형 통로 그리고 벽과 대비되는 색상의 창문이 이러한 건물의 일반적인 특징입니다.

  지붕을 비롯하여 기타 세부적인 부분을 만들기 전에 우선 건물의 벽체를 먼저 세워야 합니다. 포개 쌓기 기법으로 건물의 외벽을 만들고 나서 경사 브릭을 사용하여 지붕을 완성하도록 하겠습니다.

부품 목록: 기차역을 만들기 위해 필요한 부품들

그림 3-4는 기차역을 만드는 데 필요한 부품 목록Bill of Materials(BOM)입니다. 목록에 적힌 부품들 중 갖고 있지 않은 부품이 있더라도 미리 낙담할 필요는 없습

■ 그림 3-4 기차역 제작에 필요한 부품들

니다. 부족한 부품이 있더라도 대개는 다른 부품이 그 자리를 대신할 수 있기 때문입니다. 예를 들어 1×8 브릭이 부족하다면 1×4 브릭 2개로 대체 가능합니다. 2×2 브릭이 없다면 같은 색상의 2×2 플레이트 3개를 쌓아서 대신할 수 있습니다. 어떤 부품이 모자랄 때는 그때그때 기지를 발휘해서 그 부품을 대체할 방편을 찾아야 합니다.

단계별 기차역 조립 순서

지금부터 기차역 조립 순서를 단계별로 자세하게 살펴보겠습니다.

| 1단계 |

그림 3-5에서 건물 왼쪽 부분의 1×1 브릭들에 주목하길 바랍니다. 2장에서 살펴봤던 단순 기둥 기법(그림 2-24)을 이용하여 가느다란 기둥들을 세울 자리입니다. 6개의 기둥을 모두 완성하면 그 기둥들은 지붕의 일부를 떠받치는 역할을 하게 됩니다. 기둥 하나하나는 무척 약하지만 여러 개의 기둥을 세워 아치 부품으로 이어주면 보기에도 좋고 구조도 튼튼한 기둥이 만들어집니다.

| 2단계 |

그림 3-6은 두 번째 층을 쌓고 난 후의 모습입니다. 벽은 포개 쌓기 기법으로, 기둥은 단순 쌓기 기법으로 쌓았습니다.

   오른쪽 윗부분에 있는 ㄴ자 모양의 내벽은 접수대입니다. 포개 쌓기 기법으로 쌓았고 1×4 브릭으로 외벽과 연결해서 기차가 지나갈 때의 진동에도 견딜 수 있도록 하였습니다.

   벤치는 총 3개입니다. 첫 번째는 기차역 바깥에 있습니다. 1×2 통나무 브릭 log brick 2개로 받침대를 만들었습니다. 두 번째는 역 안에 팔걸이가 있는 의자입니다. 세 번째는 제일 안쪽에 있는 기다란 벤치입니다. 아이들이 앉아서 기차가 지나가는 것을 구경할 수 있도록 창가에 배치해 놓았습니다.

> **노트** 내부에 들어가는 가구나 시설은 처음부터 만들어 넣는 것이 좋습니다. 나중에 추가하려면 벽이나 지붕을 뜯어내는 번거로움을 감수해야 합니다.

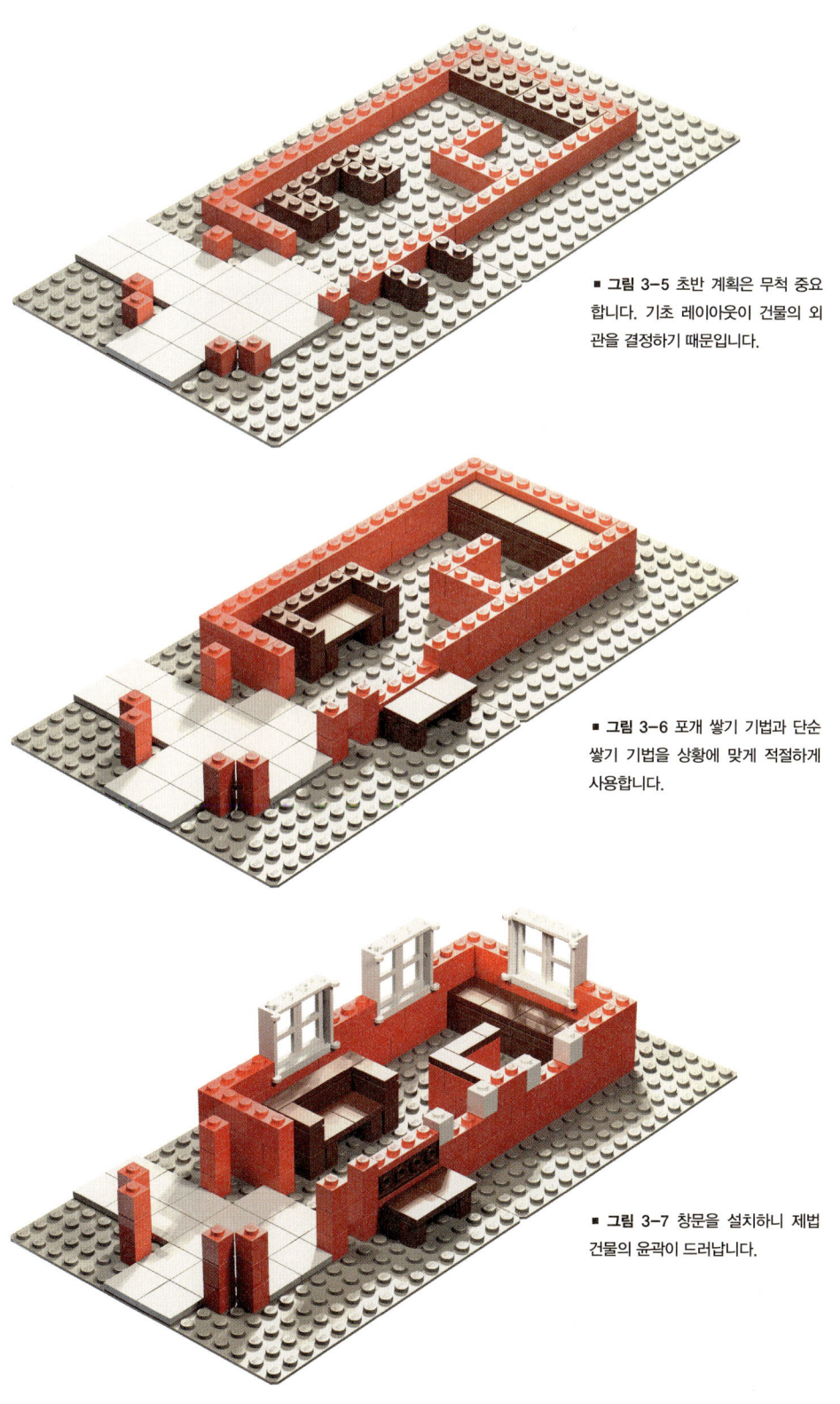

■ **그림 3-5** 초반 계획은 무척 중요합니다. 기초 레이아웃이 건물의 외관을 결정하기 때문입니다.

■ **그림 3-6** 포개 쌓기 기법과 단순 쌓기 기법을 상황에 맞게 적절하게 사용합니다.

■ **그림 3-7** 창문을 설치하니 제법 건물의 윤곽이 드러납니다.

| 3단계 |

그림 3-7은 벽과 기둥을 어느 정도 쌓은 후 커다란 창문들을 설치한 모습입니다. 벽이 어디에서 꺾어지고 창문이나 출입문은 어디에 둘 것인지 등은 미리 미리 계획하고 결정해 두어야 할 사항들입니다.

그림 3-7의 중간쯤에 보면 벤치 위에 갈색 스터드 네 개가 건물 바깥을 향하고 있습니다. 그 스터드들의 정체는 나란히 늘어놓은 네 개의 헤드라이트 브릭headlight brick입니다. (213쪽의 표 A-5에 나열된 특수 부품 중 하나입니다.) 이 1×1 브릭은 브릭 상단에 붙는 일반적인 스터드 외에 옆면에 스터드 한 개가 추가로 붙어 있습니다. 이 스터드 네 개를 어디에 사용하는지는 다음 단계에서 알 수 있습니다.

> **노트** 그림과 똑같은 창문 부품이 없다고 당황할 필요는 없습니다. 간단한 부품으로 대체할 수 있는 방법을 뒤에서 소개하겠습니다.

| 4단계 |

건물이 점점 모양을 갖춰가고 있습니다. 출입문을 설치하여 손님들을 받아들일 준비를 마쳤고 작은 아치형 창틀과 격자 모양의 창문을 바깥쪽 벤치 오른편에 설치하였습니다. 그 오른쪽으로 뚫어 놓은 구멍은 매표원이 손님을 맞는 창

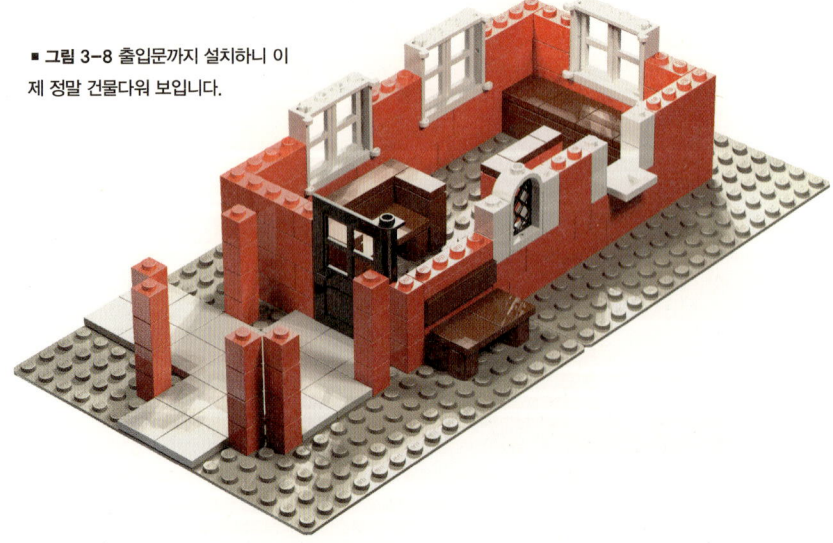

■ **그림 3-8** 출입문까지 설치하니 이제 정말 건물다워 보입니다.

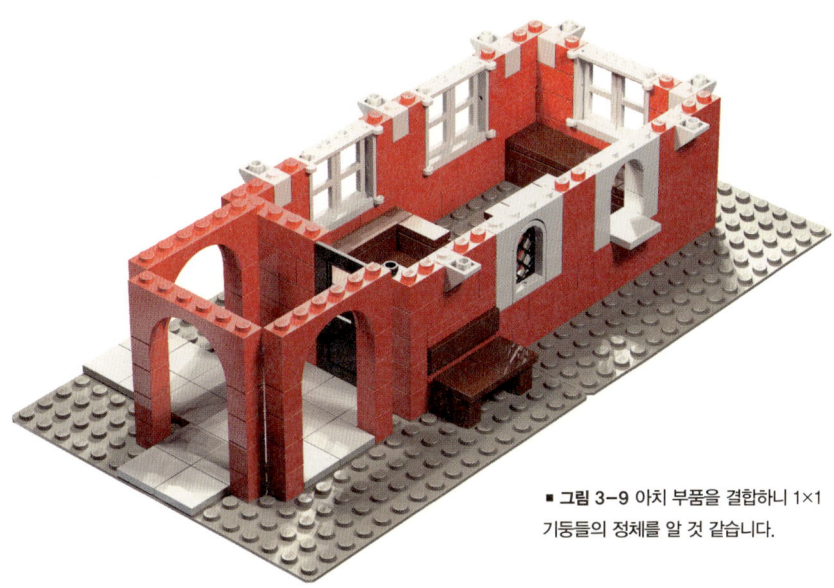

■ 그림 3-9 아치 부품을 결합하니 1×1 기둥들의 정체를 알 것 같습니다.

구입니다. 판매대를 표현하기 위해 2×2 타일을 창구에서 튀어나오도록 결합하였습니다.

외부 벤치 역시 완성하였습니다(그림 3-8). 헤드라이트 브릭의 앞쪽(스터드가 바깥쪽으로 향한 부분)을 갈색 1×4 타일로 덮어서 벤치 등받이를 표현하였습니다.

| 5단계 |

그림 3-9는 1×6×2 아치 부품을 이용하여 기둥을 연결하는 방법을 보여줍니다. 이렇게 만든 기둥 구조물은 지붕을 떠받치는 역할을 맡습니다.

외벽을 거의 다 만들었습니다. 건물 전면의 작은 창문 위에 결합한 1×4 아치 부품을 눈여겨보길 바랍니다. 그 아치 부품이 건물에 고전적인 분위기를 연출해 주고 있습니다. 창문 양 옆으로는 1×1 브릭을 단순 쌓기로 쌓아서 창문 둘레로 하얀 창문틀을 표현하였습니다. (완성된 모습은 그림 3-3을 참고하길 바랍니다.)

| 6단계 |

2×1 역경사 브릭을 한 번 더 올려서 아치 모양의 지붕 지지대를 만듭니다(그림 3-10).

■ 그림 3-10 벽의 꼭대기 층을 쌓을 때는 반드시 긴 브릭을 사용하여 아래층의 브릭들을 하나로 이어줘야 합니다.

그림 3-10에서 맨 윗줄에 결합한 브릭들을 주의 깊게 살펴보길 바랍니다. 맨 윗줄을 쌓을 때에는 아랫줄 브릭들의 빈틈을 최대한 메꾸면서 포개 쌓기를 하도록 합니다. 아치형 창문 두 개 위에 걸쳐진 1×6 브릭이 아치형 창문 두 개 사이에 단순 쌓기로 쌓아 놓은 1×2 브릭들을 쓰러지지 않도록 잡아주는 중요한 역할을 하고 있습니다. (쓰러지지 않도록 지지만 잘 해준다면 단순 쌓기는 절대 나쁜 결합 방법이 아닙니다.)

출입문 위에 결합한 1×6 브릭도 중요합니다. 이 1×6 브릭은 경첩 역할을 함과 동시에 출입문 양쪽의 벽을 서로 연결해주고 있습니다. 정말 책임이 막중한 1×6 브릭이 아닐 수 없네요!

> **노트** 레고 부품 중에는 이런 경우에 사용할 수 있는 역반아치 inverted half arch 부품(222~223쪽의 표 A-6)이 있지만, 여기에 그 부품을 사용하면 한 스터드 정도 지붕 바깥으로 튀어나오기 때문에 사용하지 않았습니다.

| 7단계 |

드디어 지붕을 쌓을 차례입니다. 정확하게는 지붕의 일부분입니다. 1×6 아치 부품 위에 결합한 검정색 플레이트에서부터 출입구 부분의 지붕을 쌓을 것입

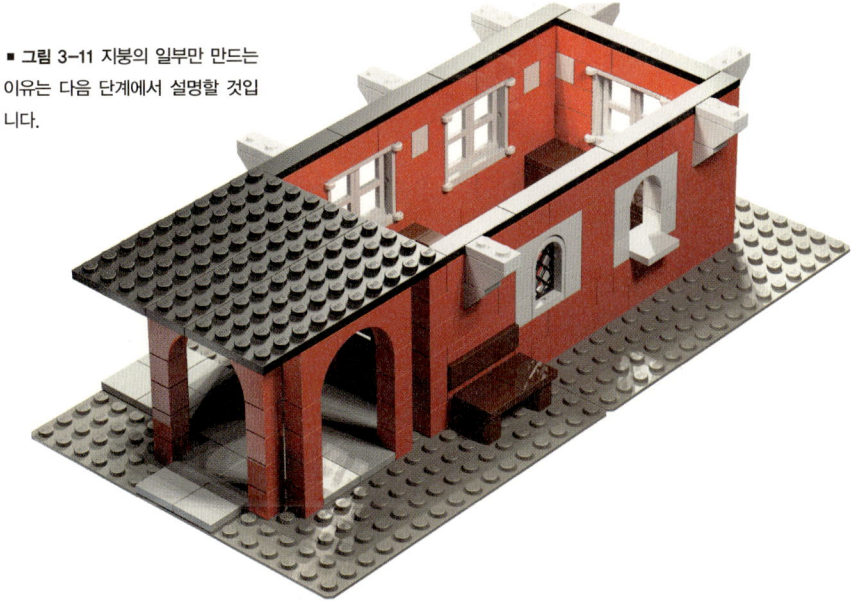

■ 그림 3-11 지붕의 일부만 만드는 이유는 다음 단계에서 설명할 것입니다.

니다. 기차역의 나머지 지붕의 기초로는 그림 3-11처럼 건물 외벽의 꼭대기를 따라 검정색 타일들을 결합해 놓았습니다. 타일을 사용한 이유는 다음 단계에서 설명할 것입니다.

| 8단계 |

탈착이 가능하도록 만들 지붕과 고정된 채로 있을 지붕의 높이를 맞춰주기 위해 출입구 위로 검정색 플레이트들을 더 쌓았습니다(그림 3-12). 출입구 부분에는 고정되어 움직이지 않는 지붕을 만들고 건물의 나머지 부분에는 탈착이 가능한 지붕을 덮을 것입니다. (탈착이 가능한 지붕에 대해서는 57쪽의 '부속 모델: 탈착 가능한 기차역 지붕'에서 설명할 것입니다.) 앞 단계에서 타일로 마감한 부분은 다름이 아니라 탈착이 가능한 부속 지붕을 올려놓을 곳입니다. 부속 지붕은 실제로는 건물에 결합되지 않고 타일 위에 올라앉게 되는데, 이것이 바로 부속 지붕을 쉽게 분리해낼 수 있는 비결입니다.

| 9단계 |

경사 브릭은 '지붕 브릭'이라고도 불릴 만큼 지붕 만들기에 참 좋은 부품입니

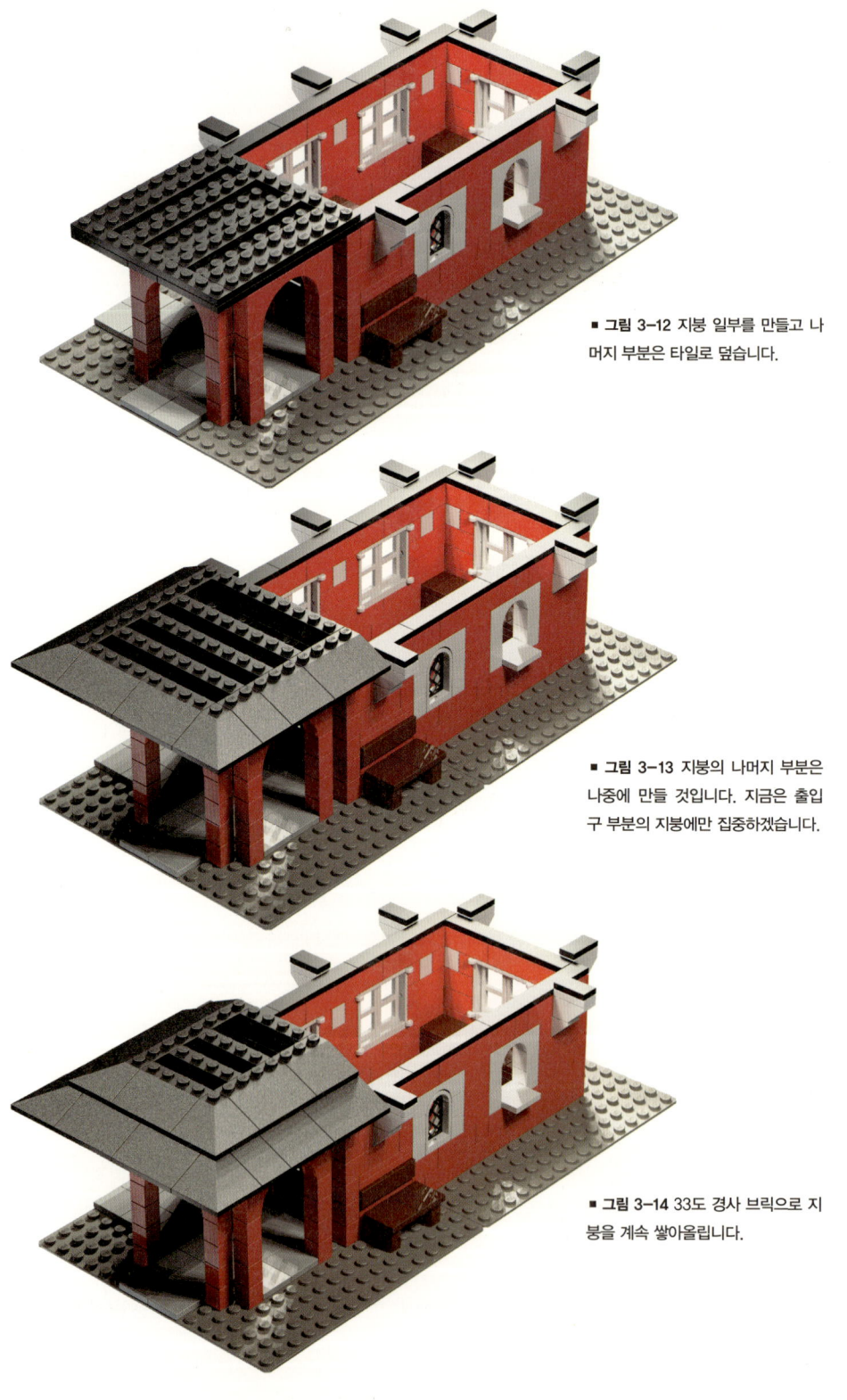

- 그림 3-12 지붕 일부를 만들고 나머지 부분은 타일로 덮습니다.

- 그림 3-13 지붕의 나머지 부분은 나중에 만들 것입니다. 지금은 출입구 부분의 지붕에만 집중하겠습니다.

- 그림 3-14 33도 경사 브릭으로 지붕을 계속 쌓아올립니다.

다. 여기서는 지붕에 완만한 경사를 주고자 33도의 경사를 가진 경사 브릭을 사용하였습니다. 앞 단계에서 출입구 위에 결합했던 플레이트 위로 경사 브릭을 한 층 쌓아줍니다. 경사 브릭 사이를 가로지르고 있는 1×8 브릭은 다음에 쌓을 지붕 층을 지지해주는 역할을 합니다(그림 3-13).

    그런데 잠깐, 어째서 지붕의 절반은 고정시키고 절반은 탈착할 수 있도록 만드는 것일까요? 그것은 지금 제작하고 있는 기차역이 전시해놓기 좋은 것에 그치지 않고 가지고 놀기에도 좋도록 만들기 위해서 입니다. 건물 외벽 꼭대기를 전체적으로 덮은 타일 부품 덕분에 우리는 그 두 마리 토끼를 동시에 잡을 수 있습니다.

    그림 3-13에서 경사 브릭의 끝 부분이 건물 외벽으로부터 정확하게 흰색 2×1 역경사 브릭으로 만든 지붕 지지대만큼 튀어나와 있는 것에 유의하길 바랍니다. 건물을 다 완성하고 부속 지붕을 올려놓았을 때, 건물과 부속 지붕이 실제로는 결합되어 있지 않음에도 불구하고 마치 2×1 역경사 브릭이 부속 지붕의 처마에 단단히 결합하여 지지해주고 있는 듯 보일 것입니다.

| 10단계 |

다음 층 역시 1×N 브릭으로 벽을 쌓을 때와 마찬가지로 포개 쌓기 기법으로 쌓아올렸습니다(그림 3-14).

    그림 3-13의 1×8 브릭과 마찬가지로 그림 3-14의 1×4 브릭 역시 다음에 쌓을 층을 지지해주게 됩니다.

| 11단계 |

색상을 곧이곧대로 맞출 필요가 없다는 것을 상기하길 바랍니다. 여기서는 그림 3-15처럼 지붕을 검정색으로 만들고 있지만 검정색 말고 다른 색으로 만들어도 됩니다. 빨간색이나 파란색 경사 브릭도 괜찮고 벽의 색상 역시 지붕 색상에 어울리는 색으로 바꿔 볼 수 있습니다. 갖고 있는 브릭에 따라 또는 그날의 기분에 따라 색상을 다양하게 조합해보길 바랍니다.

    그림 3-16은 탈착되는 부속 지붕을 제외하고 완성한 주 건물의 모습입니다.

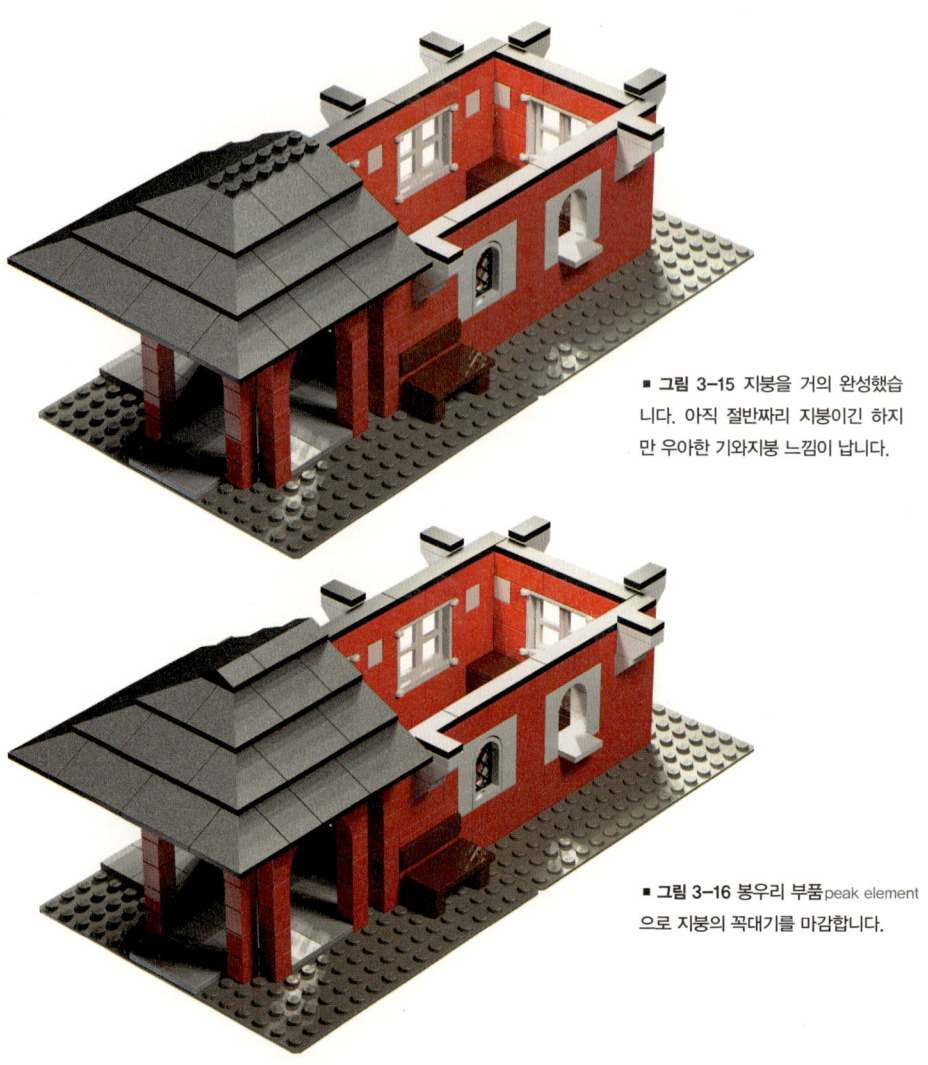

■ 그림 3-15 지붕을 거의 완성했습니다. 아직 절반짜리 지붕이긴 하지만 우아한 기와지붕 느낌이 납니다.

■ 그림 3-16 봉우리 부품peak element으로 지붕의 꼭대기를 마감합니다.

그럼 이제부터 부속 지붕을 만들어 기차역을 마무리해보겠습니다.

  부속 모델이란 주가 되는 모델과는 별도로 제작한 후 주 모델에 결합하는 모델을 의미합니다. 예를 들어 비행기의 경우에는 날개가 부속 모델일 수 있고 자동차의 경우에는 엔진이 부속 모델일 수 있습니다. 자동차의 몸체를 일단 완성한 후 부속 모델(엔진)을 따로 만들어 결합하는 식입니다. 이번 기차역의 경우는 탈착 가능한 지붕이 부속 모델입니다. 지붕이 탈착 가능하기 때문에 손쉽게 지붕을 열어 건물 내부를 들여다볼 수 있습니다.

부속 모델: 탈착 가능한 기차역 지붕

주로 복잡한 모델을 만들 때 조립 과정을 좀 더 수월하게 하고자 부속 모델을 만듭니다. 자동차 엔진을 예로 든다면 자동차 몸체와는 별도로 엔진을 만든 후 나중에 자동차 몸체와 결합하는 것이 자동차 몸체에 직접 엔진을 만들어 넣는 것보다 수월합니다. 또는 탈착 가능한 지붕의 경우처럼 건물 내부를 들여다 볼 수 있도록 하고 싶다든지, 아니면 운반을 위해 모델을 작은 부분들로 쉽게 분리할 필요가 있을 때에도 모델을 여러 개의 분리 가능한 부속 모델로 나누어 만들면 좋습니다.

| 1단계 |

그림 3-16을 상기해보자면 부속 모델로 만드는 부속 지붕의 폭은 출입구 부분을 덮고 있는 지붕과 같아야 하고, 길이는 주 건물의 지붕으로 덮이지 않은 부분과 같아야 합니다. 부속 지붕은 주 건물에 안성맞춤으로 들어맞으면서 지붕으로 덮이지 않은 부분을 모두 덮어주고, 출입구 부분의 지붕과도 자연스럽게 이어져야 합니다. 또한 기차역 내부를 들여다 볼 수 있도록 쉽게 탈착할 수 있어야 합니다.

그림 3-17처럼 플레이트 몇 개를 스터드가 아래를 향하도록 나란히 엎어 놓는 것으로 부속 지붕 제작을 시작해보겠습니다.

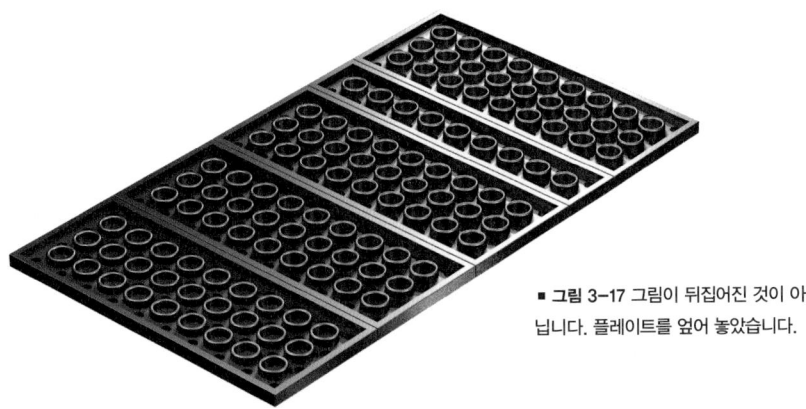

■ 그림 3-17 그림이 뒤집어진 것이 아닙니다. 플레이트를 엎어 놓았습니다.

| 2단계 |

엎어 놓은 플레이트들 위로 그림 3-18과 같이 플레이트 한 층을 더 쌓습니다. 이처럼 조립 1단계에서부터 플레이트를 뒤집어서 조립을 시작하지 않았다면 2단계에 와서는 1단계에서 늘어놓은 플레이트가 시야를 가려서 다음 플레이트들을 정확히 어느 위치에 결합해야 하는지 보여줄 수 없었을 것입니다.

| 3단계 |

두 번째 층까지 쌓은 후엔 다시 똑바로 뒤집어놓고 그림 3-19처럼 경사 브릭을 이용하여 지붕의 모양을 만들어 갑니다.

　중요한 점은 지붕을 만들 때는 늘 한 단계 앞을 내다보며 브릭을 쌓아야 한다는 것입니다. 위에 쌓을 경사 브릭들이 아래에 쌓은 경사 브릭들과 적절하게 포개 쌓기로 결합하는 동시에 중앙을 가로지르고 있는 1×8 브릭과도 빠짐없이 결합할 수 있도록 신경 써야 합니다. 1×8 브릭들은 여기서 일종의 버팀대 역할을 하고 있습니다.

| 4단계 |

그림 3-20은 경사 브릭을 한 층 더 쌓은 모습입니다. 아래층의 1×8 브릭의 역할을 이번엔 1×4 브릭이 맡고 있습니다.

> **노트** 중앙의 1×8 브릭은 지붕이 완성된 후엔 보이지 않을 것이므로 어떤 색상을 사용하든 상관이 없습니다. 아무튼 여기에서도 버팀대가 크게 활약하고 있군요!

| 5단계 |

잘 만든 레고 모델이라면 허투루 결합한 부품은 없는 법입니다. 그림 3-21에서 2×3 브릭이 불쑥 튀어나와 있는 것을 볼 수 있습니다. 실수처럼 보일 수도 있지만 다음 단계에서 요긴하게 사용할 요량으로 일부러 그렇게 결합한 것입니다.

■ **그림 3-18** 부품을 뒤집어 놓은 상태로 조립을 시작해야 다음 층을 결합할 위치를 보여주기 쉬울 때가 있습니다.

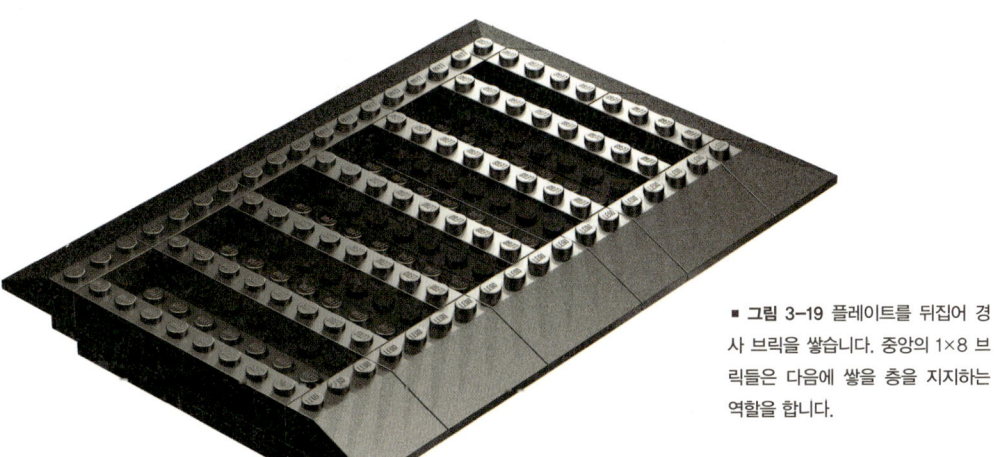

■ **그림 3-19** 플레이트를 뒤집어 경사 브릭을 쌓습니다. 중앙의 1×8 브릭들은 다음에 쌓을 층을 지지하는 역할을 합니다.

■ **그림 3-20** 1×8 브릭의 역할을 이번엔 1×4 브릭이 맡고 있습니다.

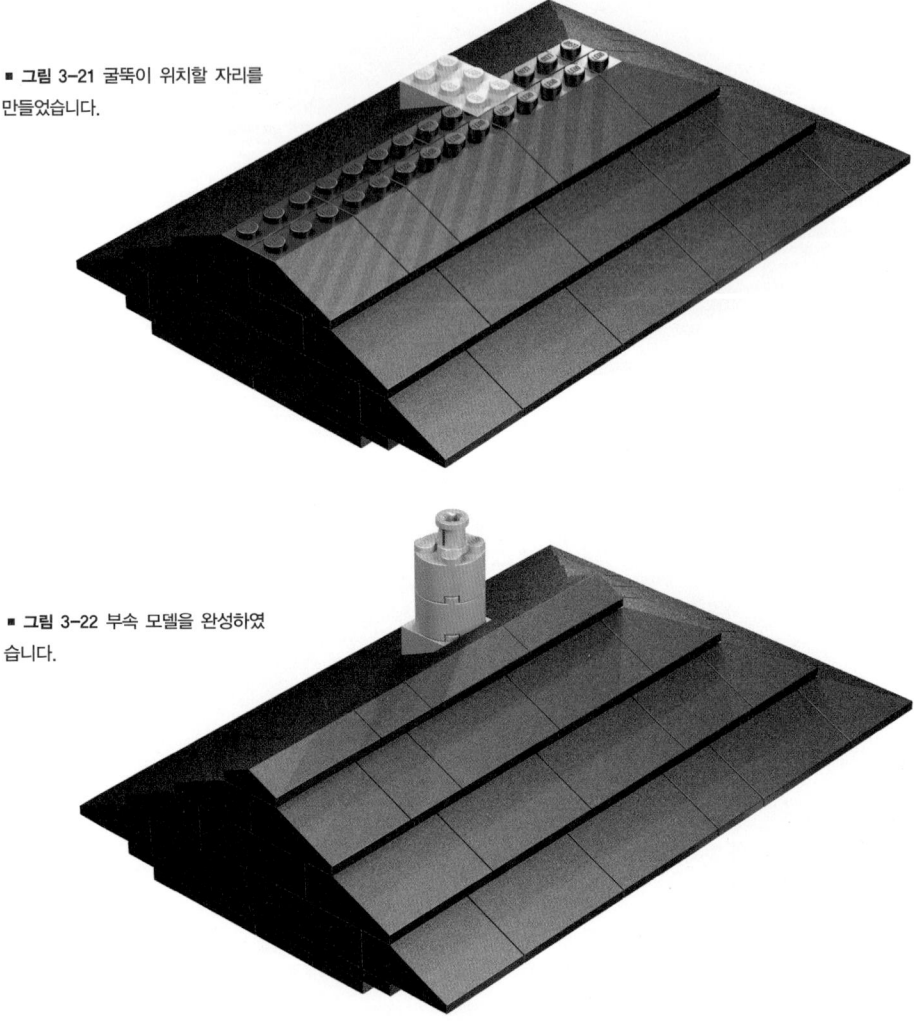

■ 그림 3-21 굴뚝이 위치할 자리를 만들었습니다.

■ 그림 3-22 부속 모델을 완성하였습니다.

| 6단계 |

그림 3-22을 보면 앞 단계에서 2×3 브릭을 그런 식으로 끼운 이유를 알 수 있습니다. 2×3 브릭은 이번 단계에서 굴뚝이 들어서는 단단한 기초가 됩니다. 봉우리 부품으로 2×3 브릭을 일부분 덮어주니 마치 실제 건물이 그렇듯이 굴뚝이 건물 내부에서부터 솟아오른 것처럼 보입니다.

이제 부속 모델을 완성하였으니 주 건물 위에 올려놓도록 하겠습니다. 주 건물 위에 살짝 올려놓으면 고정은 중력이 알아서 해줄 것입니다. 완성된 건물은 그림 3-3과 같습니다.

대용: 이가 없으면 잇몸으로

기차역을 만들고 싶은데 여기에 소개된 부품들을 전부 가지고 있지는 못한 경우라면 어떻게 해야 할까요? 문제없습니다! 어떤 부품이 없다면 그보다 흔한 부품으로 대신할 수가 있습니다. 이것을 다른 말로 '대용substitution'이라고 합니다.

대용이란 단순히 밥이 없으면 빵을 먹으면 된다는 뜻이 아니라 최선을 다해서 가지고 있는 레고 부품을 최대한 활용한다는 의미입니다. 그럼 대용의 예를 몇 가지 살펴보겠습니다.

벽의 대용

기본 브릭으로만 구성된 제품을 몇 개만 구입해도 기차역 벽을 세울 만큼의 기본 브릭을 얼추 갖출 수 있습니다. 물론 필요한 색상의 부품을 필요한 수량만큼 확보하기는 어려울 수 있습니다. 그렇다면 벽의 색상을 과감히 바꾸십시오. 회색이나 갈색 아니면 흰색도 좋은 선택입니다.

아치의 대용

아치 부품은 대개 역경사 브릭으로 대용 가능합니다. 먼저, 대용이 필요한 아치의 경사도가 어느 정도인지 판단을 해야 합니다. 아치의 경사도는 아치의 폭span과 높이rise에 의해 결정됩니다.

그림 3-23처럼, 아치의 폭이란 아치 안쪽의 두 모서리를 잇는 선분의 길이이

■ 그림 3-23 아치의 폭과 높이

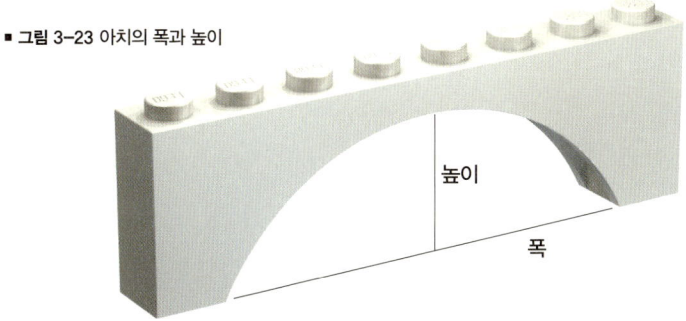

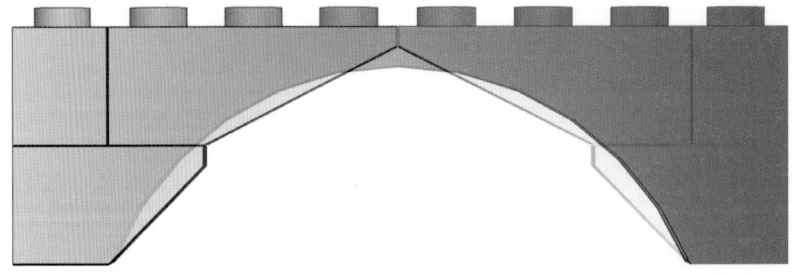

■ 그림 3-24 1×8×2 아치 부품 위에 2×1 및 3×1 경사 브릭을 조합해 만든 아치를 겹쳐보았습니다. 거의 똑같군요.

고, 아치의 높이란 바닥에서부터 아치 안쪽 꼭대기까지의 거리를 말합니다.

아치의 높이는 그대로 둔 채 폭만 늘리는 것을 아치를 넓힌다고 말합니다. 반대로 아치의 폭은 그대로 둔 채 높이만 높이는 것을 아치를 높인다고 말합니다. 높고 좁은 아치는 건물 정면 장식이나 출입구 등에서 흔히 볼 수 있습니다.

그림 3-24처럼, 경사 브릭을 잘 조합하면 아치 부품 없이도 멋진 아치를 만들 수 있습니다. 중간에 기본 브릭이나 기본 플레이트를 삽입해주면 아치의 폭은 그대로 두면서 높이를 높일 수도 있습니다.

창문의 대용

때로는 창문 부품이 부족한 경우도 있을 것입니다. 하지만 간단한 부품만으로도 특징이 살아있는 창문을 만들 수 있습니다. 그림 3-25는 1×4 아치 부품 대신 흔한 경사 브릭을 사용하여 그림 3-3의 아치 모양 창문을 비슷하게 재현한 예입니다. 반대편에 있는 창문을 대용하는 방법은 그림 3-26과 같습니다. 완벽하지는 않지만 창문이 아예 없는 것보다는 훨씬 낫습니다.

그림 3-26은 플레이트 두께의 특징을 아주 잘 이용한 예입니다. 1×1 원통 브릭 두 개와 1×3 플레이트 세 개를 조합하여 정확하게 세 브릭 높이의 창문을 만들었습니다.

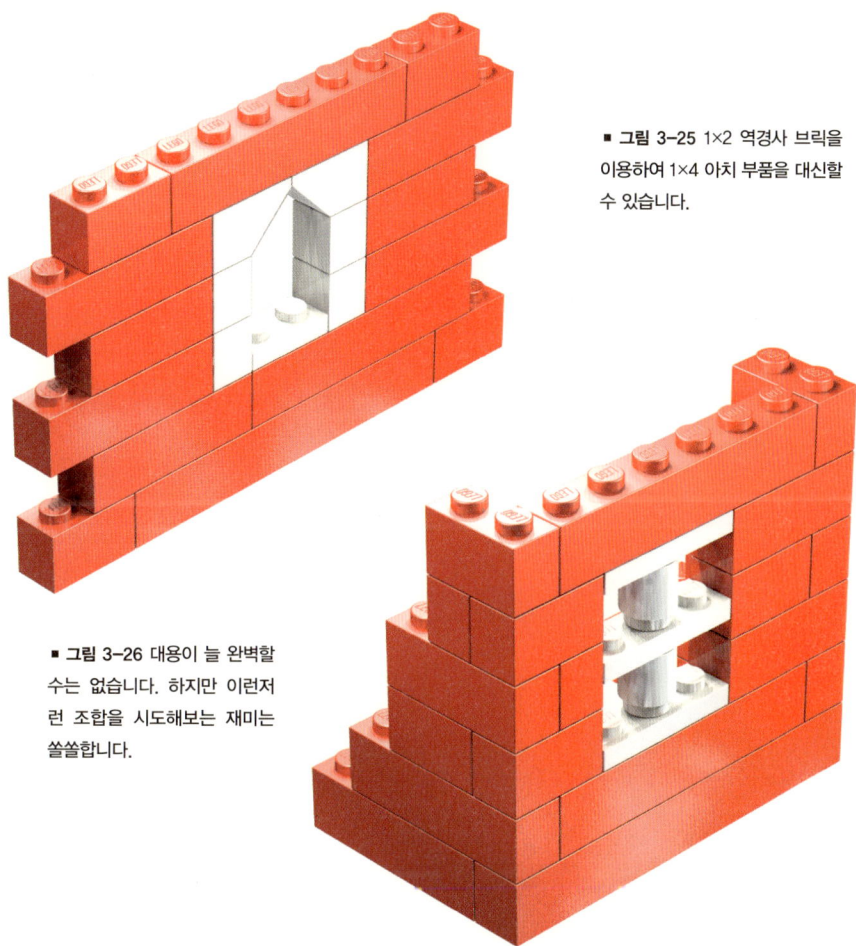

■ 그림 3-25 1×2 역경사 브릭을 이용하여 1×4 아치 부품을 대신할 수 있습니다.

■ 그림 3-26 대응이 늘 완벽할 수는 없습니다. 하지만 이런저런 조합을 시도해보는 재미는 쏠쏠합니다.

지붕의 대용

지붕도 다른 방법으로 만들 수 있을까요? 색상은 바꿔도 상관없기 때문에 검정색 경사 브릭이 없다면 빨간색이나 파란색 경사 브릭을 이용할 수 있습니다. 하지만 만약 경사 브릭이 부족한 경우엔 어떻게 하면 좋을까요? 그림 3-27부터 3-32는 2×N 브릭을 이용하여 경사진 지붕을 흉내 내는 방법을 보여줍니다.

먼저 지붕 면적만큼 브릭을 한 층 깔아놓습니다. 그런 다음 그림 3-30처럼 포개 쌓기 방법으로 두 번째 층을 쌓습니다. 두 스터드만큼 안쪽으로 들어가도록 쌓으면 33도 각도의 경사 브릭을 이용하여 지붕을 쌓은 것과 비슷한 모양을 만들 수 있습니다. 포개 쌓기와 계단 쌓기가 빛을 발하는 순간입니다.

이 기법을 이용하여 그림 3-11부터 3-16까지의 과정을 대신할 수 있습니다.

■ **그림 3-27** 기차역 만들기 7단계 (그림 3-11)와 같은 플레이트 조합입니다. 대용 지붕 제작은 여기서부터 시작합니다.

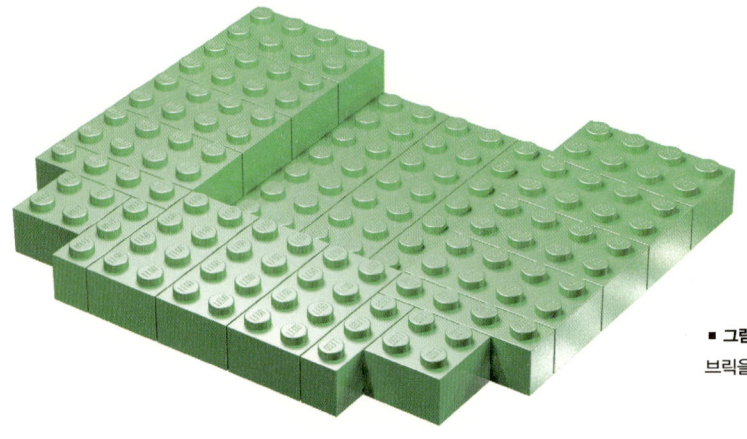

■ **그림 3-28** 경사 브릭 대신에 기본 브릭을 이용합니다.

■ **그림 3-29** 가운데의 2×4 브릭들은 다음 층을 지지해주는 역할을 맡습니다.

■ **그림 3-30** 경사진 지붕의 모양을 표현하기 위해 두 번째 층을 계단 쌓기 기법으로 쌓습니다.

■ **그림 3-31** 2×6 브릭이 아래에 놓인 브릭들을 하나로 이어줍니다.

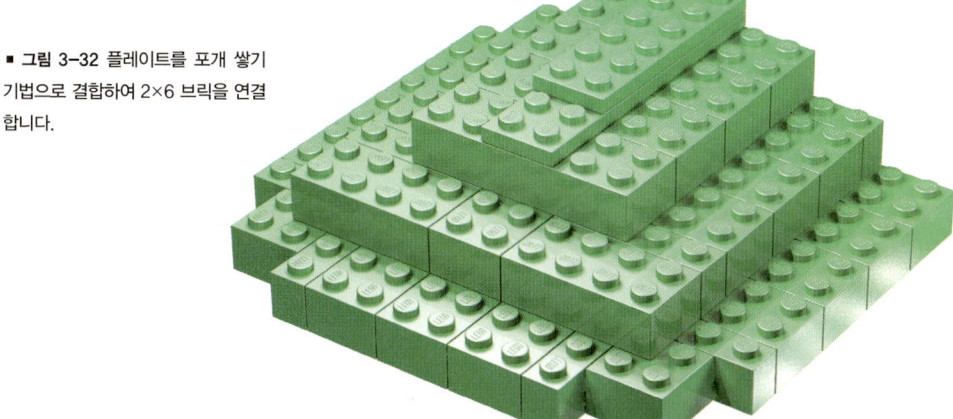

■ **그림 3-32** 플레이트를 포개 쌓기 기법으로 결합하여 2×6 브릭을 연결합니다.

똑같은 방법(그림 3-17부터 3-22까지)으로 부속 지붕 역시 만들 수 있습니다.

마무리: 조립 기법과 대용 기법

기차역 제작을 통해 미니피겨 스케일에서의 기본적인 조립 기법들을 살펴보았고 2장에서 소개했던 포개 쌓기 기법을 실제로 적용해보았습니다. 포개 쌓기 기법은 아마도 여러분이 레고를 조립할 때 가장 자주 사용하게 될 기법일 것입니다. 단순 쌓기나 계단 쌓기도 물론 중요하지만 포개 쌓기야말로 레고 부품을 가장 견고하게 결합하는 왕도라고 할 수 있습니다.

    대용에 대해서도 알아보았습니다. 비록 대용으로 만든 지붕과 창문 그리고 아치는 전용 부품을 사용할 때에 비해서 사실감은 조금 부족할 수 있습니다. 하지만 대용은 상황과 처지에 따라 유연하게 대처할 수 있게 해준다는 점에서 중요합니다. 예를 들어 아치 부품은 크기와 모양이 정해져 있어서 사용에 제한이 있지만 경사 브릭으로 만든 아치는 필요에 따라 크기와 모양을 자유롭게 만들 수 있습니다. 가지고 있는 부품이 조금 부족한 경우에도 대용을 통해 부품 활용을 극대화하고 개성적인 모델을 만들어 낼 수 있습니다.

    대용이라는 이름이 붙여진 특정한 기법이 있는 것은 아닙니다. 대용이란 대상을 분석한 후 가지고 있는 부품 내에서 표현 가능한 대안을 찾는 과정을 의미합니다. 레고란 융통성을 발휘하기 대단히 좋은 표현 도구이기 때문에 여러분의 상상력과 창의력을 적극적으로 동원한다면 특정 부품이나 특정 방법에 얽매여 표현에 어려움을 겪는 일은 없을 것입니다.

4
미니랜드 스케일:
우리 세상의 축소판

1968년은 레고랜드LEGOLAND가 태어난 역사적인 해입니다. 레고랜드란 레고사가 조성한 독특한 테마파크로서 그해 6월 덴마크 레고 본사와 멀지 않은 곳에서 최초로 개장하였습니다.

레고랜드에서는 일반적인 놀이기구와 식당은 물론이고 다른 곳에서 볼 수 없는 일단의 어마어마한 레고 건축물들을 만나볼 수 있습니다. 미니랜드Miniland라고 부르는 이 레고 조형물 단지는 초기에는 주로 덴마크의 유명한 랜드마크와 건물들을 재현하는데 그쳤지만 오늘날에는 세계 여러 나라에 들어서서 거의 모든 종류의 세계적 건물들을 구경할 수 있습니다.

레고랜드의 미니랜드에서 사용하고 있는 축척을 미니랜드 스케일miniland scale이라고 하는데 레고에서 출시하고 있는 일반 레고 제품에서는 미니랜드 스케일로 만든 피겨를 거의 볼 수가 없습니다. 미니피겨의 경우 미니피겨 전용 부품이 없으면 만들 수 없는 반면 미니랜드 스케일 피겨는 일반적인 레고 부품을 조합하여 제작할 수 있습니다. (미니피겨를 만들기 위해서는 미니피겨용으로 특수하게 제작된 머리 부품, 팔 부품, 손 부품, 다리 부품 등이 있어야 합니다.: 옮긴이)

■ 그림 4-1 플로리다 레고랜드의 미니랜드에서 마이애미 풍의 거리를 묘사한 부분입니다. 사진 속 '컬러호텔'의 다채로운 전면 장식과 간판에서 아르 데코(art deco, 1920~30년대에 유행한 장식 미술의 한 양식. 기하학적 무늬와 강렬한 색채가 특징: 옮긴이)의 분위기를 느낄 수 있습니다. (사진, 마이클 허프만 Michael Huffman)

미니랜드 스케일: 크지만 충분히 작은

3장에서 우리는 미니피겨 스케일로 모델을 만드는 과정을 살펴보았습니다. 미니피겨 스케일은 대략 1:48의 축척입니다. 그에 반해 레고랜드의 미니랜드에서는 1:20의 스케일로 모델을 만들고 있습니다. 그래서 미니랜드 주민(그림 4-2의 키 큰 소방관)의 키는 대략 3.5인치(약 9센티미터) 정도입니다.

여기서 스케일 값(스케일에서 오른쪽에 적는 숫자)이 작을수록 모델의 크기는 크다는 것을 알 수 있습니다. 1:48 스케일의 미니피겨의 키가 1.5인치(약 4센티미터)인데 반해 1:20 스케일의 미니랜드 피겨의 키는 그 보다 거의 두 배 이상입니다.

미니피겨의 경우 상체 부품과 하체 부품을 다양하게 조합할 수 있고 머리카락과 액세서리의 종류도 무척 많습니다. 그렇지만 만들어놓고 보면 뭔가 거기서 거기라는 느낌을 받을 때가 있습니다. 하지만 미니랜드 스케일로는 사실상 거의 무한대에 가까울 정도로 다양한 인물을 표현할 수 있습니다.

- 그림 4-2 미니피겨 스케일과 미니랜드 스케일 인형의 크기 비교. 미니랜드 인형이 두 배 이상 큽니다(왼쪽).
- 그림 4-3 미니랜드 피겨는 백화점 마네킹과 같아서 각종 옷과 장식으로 꾸며줄 수 있습니다(오른쪽).

기본적인 형태의 미니랜드 피겨 만들기

다양한 의상과 포즈로 미니랜드 피겨를 만들어보기 전에 미니랜드 피겨를 만드는 일반적인 요령부터 먼저 파악해야 할 것입니다. 그래서 일단은 가장 기본적인 형태(그림 4-3)로 미니랜드 피겨를 만들어보겠습니다.

각진 머리 형태가 조금 재미없지만 나중에 좀 더 세부적으로 꾸며 줄 수 있습니다. 상체는 기본적으로 2×3 스터드 크기이며 작은 부품 몇 개를 이용하여 만듭니다. 팔은 간단히 2×2 경첩 플레이트hinge plate를 사용합니다(손은 표현하지 않습니다). 그런 다음 1×1 브릭을 쌓아 다리를 만들고 45도 각도의 2×1 경사 브릭으로 엉덩이를 표현합니다.

■ **그림 4-4** 미니랜드 피겨의 머리를 만들 때 요긴한 부품들(왼쪽부터 차례대로): 1×1 플레이트, 1×2 플레이트, 턱 플레이트, 2×2 플레이트

■ **그림 4-5** 미니랜드 피겨의 상체를 만들 때 요긴한 부품들(왼쪽부터 차례대로): 2×3 플레이트, 2×3 브릭, 1×2 테크닉 브릭, 1×1 원통 플레이트, 1×2 경첩 플레이트, 1×1 집게 플레이트

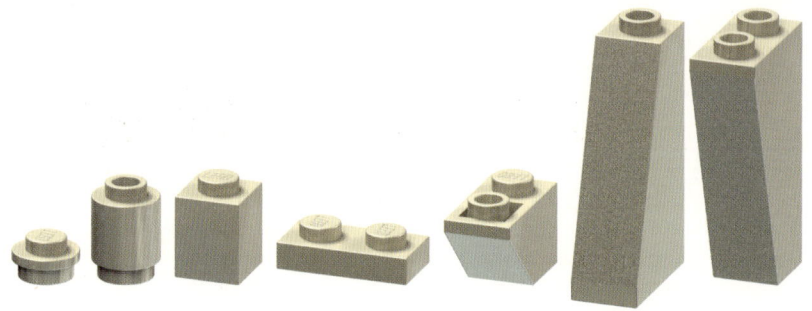

■ **그림 4-6** 미니랜드 피겨의 다리를 만들 때 요긴한 부품들(왼쪽부터 차례대로): 1×1 원통 플레이트, 1×1 원통 브릭, 1×1 브릭, 1×2 플레이트, 2×1 역경사 브릭(45도), 2×1×3 경사 브릭(75도), 2×1×3 역경사 브릭(75도)

미니랜드 피겨를 만드는 데 필요한 핵심 부품들

그림 4-4부터 4-6은 기본적인 형태의 미니랜드 피겨를 만드는 데 사용한 부품입니다. 만들고자 하는 피겨의 형태에 따라 필요한 부품은 매번 조금씩 다르겠지만, 여기 나열한 부품들은 대체로 자주 쓰이는 부품들입니다.

그림 4-4의 작은 부품들은 머리와 목을 만들 때 무척 요긴합니다.

그림 4-5의 테크닉technic 브릭을 이용하여 몸통과 팔을 연결하면 팔을 움직일 수 있습니다. (집게 플레이트clip plate로 손을 표현하기도 하지만 필수적이지는 않습니다.)

> **노트** 테크닉이라는 용어는 특정 종류의 부품군을 지칭하는 말임과 동시에 완제품을 일컫는 말로도 사용합니다. 테크닉 제품은 주로 스포츠카, 건설장비, 비행기 등을 소재로 삼습니다. 일반적인 레고 부품을 회전하도록 만들고 싶을 때 1×2 테크닉 브릭을 사용할 수 있습니다.

다리에 사용한 경사 브릭이나 기본 브릭을 다른 부품으로 바꿔서 다양한 복장을 연출할 수 있습니다. 다리를 표현할 때에는 그림 4-6의 부품을 흔히 사용합니다.

기본적인 형태의 미니랜드 피겨

이제 실제로 기본적인 형태의 미니랜드 피겨를 만들어보겠습니다. 그림 4-7처럼 조립 순서는 6단계로 되어 있고 쉽게 따라할 수 있습니다. 일단 한 개 만들어보고 나서 머리 모양이나 의상, 자세들을 어떻게 바꿔볼 수 있는지 살펴보겠습니다.

부품 목록은 따로 준비하지 않았지만 그림 4-4에서 4-6을 보면 어떤 부품이 필요한지 대략 알 수 있을 것입니다.

> **노트** 그림 4-7을 보면 조립 단계마다 두 층 이상의 부품들을 쌓고 있습니다. 간단한 모델이기 때문에 이런 식으로 축약해서 보여줘도 쉽게 이해할 수 있습니다.

■ 그림 4-7 기본적인 형태의 미니랜드 피겨를 만드는 순서

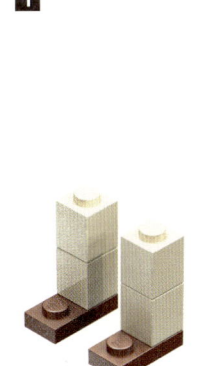
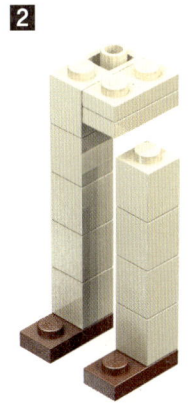

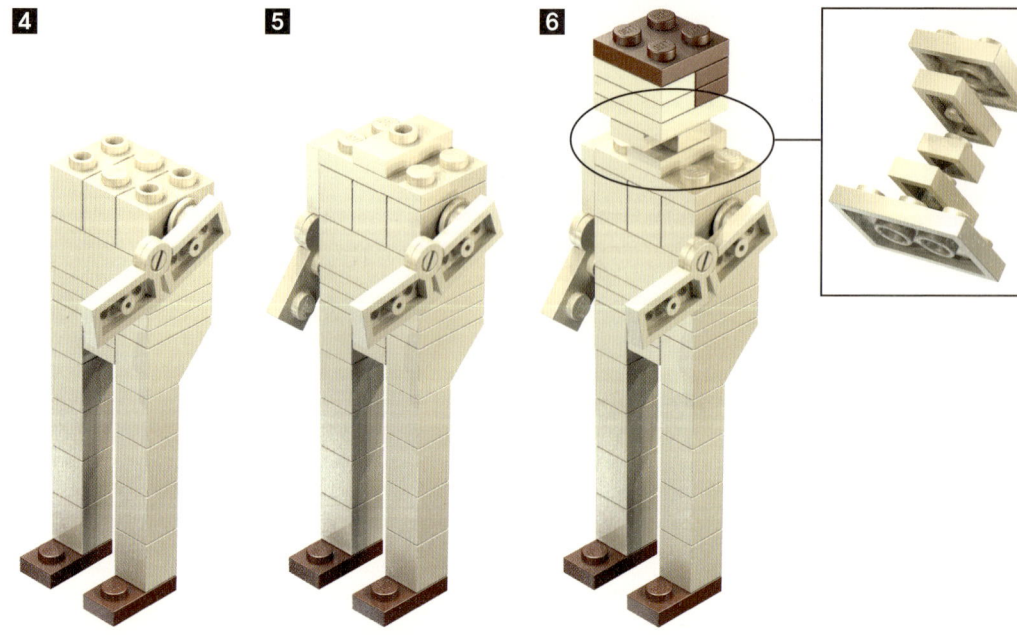

■ 그림 4-7 기본적인 형태의 미니랜드 피겨를 만드는 순(계속)

지금 만들어본 미니랜드 피겨의 특징은 팔을 움직여서 자세를 취할 수 있다는 점입니다. 그림 4-7에서 보는 바와 같이, 경첩 부품을 1×1 원통 플레이트에 결합한 후 그것을 다시 1×2 테크닉 브릭에 끼웁니다. 경첩 부품의 스터드와 원통 플레이트 사이에 마찰력이 충분히 강하기 때문에 한 번 자세를 잡아 놓으면 그 상태를 계속 유지합니다. 팔을 공중으로 번쩍 든 자세도 가능합니다!

턱 플레이트를 이용해서 머리를 몸통 가운데에 결합하였습니다.

개성적인 피겨 만들기

그렇다면 지금부터 머리카락과 팔다리의 모양을 바꿔보고 의상과 기타 액세서리 등으로 꾸며서 피겨에 생명을 불어넣어 보겠습니다.

일단 미니랜드 피겨 만들기에 익숙해지면 여러분만의 개성 있는 미니랜드 피겨를 만들어볼 차례입니다. 다음에 소개할 보기를 참고해 보세요.

머리카락과 모자

미니랜드 피겨들의 얼굴은 다소 추상적이라고 할 수 있습니다. 실제로 눈과 코가 없습니다. 미니피겨의 경우 손이 있고 다리가 움직이며 얼굴에는 표정이 있는 반면 미니랜드 피겨는 인물을 상징적으로 단순하게 표현합니다.

따라서 미니랜드 피겨의 '얼굴'을 만든다는 것은 단지 피부와 머리카락을 구분하는 작업에 지나지 않습니다. 그림 4-8을 통해서 얼굴과 목을 표현하는 데 사용하는 부품들을 파악할 수 있습니다. (부품의 색상을 바꿔서 피부색을 달리 표현할 수 있습니다.)

다양한 부품으로 머리 모양을 실험해보길 바랍니다. 예를 들어 그림 4-9의 가운데 사람은 파란색 야구 모자를 쓴 것을 표현한 것이고 오른쪽 사람은 머리를 곱게 파마한 모습을 표현한 것입니다.

■ 그림 4-8 노란색 부분은 얼굴을 표현할 부분이고, 투명한 부품을 사용한 곳은 머리카락이나 모자 그리고 목을 표현할 부분입니다. 다양한 색상의 부품을 사용하여 피부색을 사실적으로 묘사할 수 있습니다.

■ 그림 4-9 왼쪽부터 차례대로, 붉은색 머리, 모자를 쓴 모습, 곱슬 머리를 표현하고 있습니다.

■ 그림 4-10 옷이 날개입니다.
멋지고 실감나는 옷을 만들려면 세부 묘사에 신경을 쓰고 색상 선택을 신중하게 해야 합니다.

셔츠와 치마

적절한 부품과 색상으로 옷을 만들어 미니랜드 피겨의 직업이나 취미를 표현할 수 있습니다. 그림 4-10은 다양한 의상을 보여주고 있습니다. 첫 번째 것은 축구 심판이 입는 복장이고, 가운데 것은 짙은 분홍색의 칵테일 드레스(cocktail dress, 오후에서 저녁까지의 격식을 갖춘 모임, 또는 칵테일파티에 참석할 때 입는 옷: 옮긴이) 그리고 마지막은 회사원이 주로 입는 소박한 회색 정장입니다.

첫 번째 옷이 축구 심판의 옷이라는 것은 줄무늬 셔츠와 검정 바지를 보면 쉽게 짐작할 수 있습니다. 그림 4-9처럼 모자를 씌워주거나 손에 깃발이나 호루라기를 쥐어준다면 금상첨화일 것입니다.

칵테일 드레스의 경우 75도 각도의 2×1×3 경사 브릭으로 멋지게 치마를 표현하고 있습니다. 턱 플레이트를 이용하여 경사 브릭을 몸통 가운데에 결합하니 허리선이 무척 날씬해 보입니다. 가슴 부위에 결합한 보라색 1×2 브릭의 색상을 피부색과 동일하게 맞추면 드레스의 목 부분이 깊게 파인 듯 보일 것입니다.

회색 정장의 경우에는 빨간색 넥타이를 비스듬하게 결합하였는데, 넥타이

뒤로 흰색 셔츠가 있다는 것을 살짝 보여주면서 붐비는 지하철에서 급하게 내린 듯한 느낌을 표현하기 위해 그렇게 한 것입니다. 이처럼, 사소한 세부 묘사를 통해 인물에 개성을 부여할 수 있습니다.

다리

그림 4-11은 그림 4-3과 같은 기본적인 다리와 신발의 모양을 대체할 수 있는 간단한 예입니다.

긴 바지를 입고 있는 피겨를 만든다면 제일 왼쪽과 같은 다리 모양을 만들면 됩니다. 조금 우습거나 꺼벙한 피겨를 만들고 싶다면 가운데처럼 바지 길이를 짧게 해보도록 합니다. 맨 오른쪽의 다리는 산악자전거에서 방금 내린 MBT 선수를 표현한 것입니다. (1×1 원통 브릭의 색상은 얼굴과 팔에 사용한 피부 색상과 같아야 합니다.)

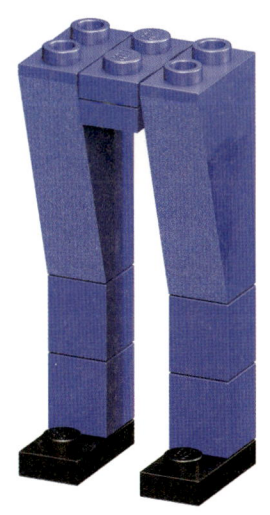 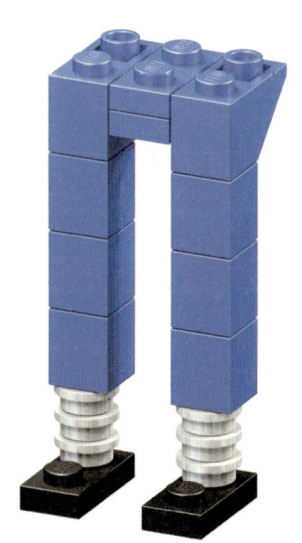 

■ **그림 4-11** 일반적으로 다리를 만들 때는 몸통과 결합하기 좋도록 맨 윗부분을 2×3 스터드 크기로 마무리 합니다.

■ 그림 4-12 택시를 부르는 사람, 경례를 하는 군인,
새를 관찰하는 사람– 미니랜드 피겨는 여러분이 상상할 수 있는 모든 행동을 취할 수 있습니다.

팔과 액세서리

팔에 사용하는 부품의 종류와 결합하는 각도를 바꿔줌으로써 다양한 행동과 몸짓을 묘사할 수 있습니다. 그림 4-12처럼 팔과 손에 솜씨를 좀 부리면 피겨가 한층 생기 있어 보입니다.

왼쪽 사람과 가운데 사람의 경우 손을 표현하기 위해 1×1 집게 플레이트를 사용하였습니다. 맨 오른쪽 사람은 손을 표현하는 대신 턱 플레이트로 팔의 길이를 조금 연장하여 쌍안경을 들 수 있도록 하였습니다. 이처럼, 강박적으로 세부 묘사에 집착하기보다 각각의 피겨에 맞게 표현하고자 하는 느낌과 형태를 살리는 것이 훨씬 더 중요합니다. 그림 4-3의 피겨도 손이 없지만 그래도 분명히 사람처럼 보입니다. 이 점을 명심하길 바랍니다.

동작: 살아 움직이는 미니랜드 피겨

지금까지 미니랜드 피겨를 만들고 옷을 입히는 방법을 살펴보았다면 이제부터는 미니랜드 피겨의 동작을 표현하는 방법을 알아보겠습니다. 미니피겨와 달리 미니랜드 피겨는 다리에 관절이 없기 때문에 걷거나 움직이는 등의 행동을 묘사하기가 까다롭습니다. 요령은 부품을 잘 선택하여 어떠한 행동을 하고 있다는 '인상'을 주는 것입니다.

아래에 나오는 예들에서 알 수 있듯이 피겨의 자세를 통해 피겨의 행동을 표현합니다.

그림 4-13의 경우 팔을 흔들고 있는 모습에서 피겨가 걷고 있다는 것을 알 수 있습니다. (75도 각도의 녹색 경사 브릭을 사용하여 걸음걸이에 맞춰 치마가 출렁이는 것 같은 착각을 일으키고 있습니다.)

그림 4-14의 피겨(오른쪽)는 쭈그리고 앉아 있습니다. 강아지를 부르고 있거나 아니면 볼링공을 굴리는 모습일 수도 있습니다. 그런데 자세히 보면 그림

■ 그림 4-13 팔과 다리를 앞뒤로 튀어나오도록 만들어서 피겨가 걷고 있는 모습을 연출합니다.

■ 그림 4-14 오른쪽 피겨에서 검정색 부품이 왼쪽 피겨와 다른 부분입니다. 부품 몇 개를 바꾸었을 뿐인데 전체적인 느낌이 완전히 바뀌어서 전혀 다른 행동을 취하고 있는 것처럼 보입니다.

4 미니랜드 스케일: 우리 세상의 축소판

4-3의 피겨와 별반 큰 차이가 없는 모습입니다. 앉아 있는 자세를 표현하기 위해서 부품 몇 개(검정색 부품)만 살짝 바꾸었을 뿐입니다.

미니랜드 건물

미니랜드 스타일 창작의 유일한 단점이라면 미니피겨 스케일에 비해 건물을 훨씬 커다랗게 만들어야 한다는 점입니다. 건물을 크게 만들기 위해서는 그만큼 많은 부품이 필요하기 때문에 부담스럽지 않을 수 없습니다. 그렇다고 해서 시도조차 해보지 말란 법은 없겠지요.

파사드

파사드facade란 건물에서 가장 중요한 정면 외벽을 일컫는 말입니다. 파사드를 제외한 건물의 나머지 벽은 단순하게 처리하거나 아예 없는 경우도 있습니다. 영화 촬영장에서는 도시나 서부 마을 등의 세트를 모두 파사드 형식으로 만들고 있습니다. 앞에서 보면 그럴 듯하지만 뒤로 가보면 아무것도 없습니다. 미니랜드 스케일로는 완전한 건물을 만들기보다는 작은 건물의 파사드를 만드는 연습을 해보는 것이 좋습니다.

　파사드 한두 개와 미니랜드 피겨로 작은 풍경을 연출할 수 있습니다. 건물의 앞부분만 정성껏 만들고 옆이나 뒷부분은 신경 쓰지 않아도 됩니다.

　파사드를 만들면 전체 건물을 만드는 것에 비해서 같은 부품으로 훨씬 높고 넓은 건물을 만들 수 있기 때문에 미니랜드 스케일로 건물을 만들 때 효과적입니다. 즉 건물의 절반 정도만 만들어도 충분히 전체 장면을 연출할 수 있다는 뜻입니다.

도시의 거리: 미니랜드 스케일로 만들어 본 간단한 길거리 풍경

분주한 도심 한쪽의 작은 카페와 그 주변의 모습을 단출하게 꾸며보았습니다 (그림 4-15). 건물 오른편으로 남자 한 명이 아이와 함께 현금인출기를 사용하고 있고, 건물 반대편에서는 여성 한 명이 우체통에 편지를 넣고 있습니다.

■ **그림 4-15** 전형적인 도심 거리의 풍경. 익숙한 사물과 행동을 묘사하여 사실감 있게 표현합니다.

■ 그림 4-16 등장인물이 사실적인 행동을 하면 디오라마가 사실적이 됩니다.

■ 그림 4-17 편지를 부치는 행동 역시 실제 거리에서 볼 법한 익숙한 일상 활동 중 하나입니다.

| 이웃 사람들 |

인물부터 시작해서 풍경을 꾸미고 있는 요소들을 하나하나 살펴보겠습니다. 그림 4-16의 어린아이를 잘 보시길 바랍니다. 아이처럼 보이도록 만들려면 어른 피겨의 각 부분(머리, 몸통, 팔, 다리)을 아이 비율에 맞게 축소해야 합니다. 아이를 만들었는데 다리가 길어 보인다면 적당한 길이가 될 때까지 다리 길이를 줄이도록 합니다.

현금인출기를 벽에 내장된 모습으로 만들었습니다. 오래된 건물에 현대적인 기계 장치가 조금 어색할 수 있지만 시대에 맞추어 십수 년 된 건물에도 작은 변화가 있었다고 생각할 수 있습니다.

그림 4-17의 여성은 편지 한 통을 손에 쥐고 이제 막 우체통에 넣으려는 참입니다. (여성이 입고 있는 옷은 그림 4-10의 드레스를 조금 변경한 것입니다.)

> **노트** 피겨들은 탁자 같은 평평한 곳에서는 쉽게 쓰러지기 때문에 그림 4-16이나 4-17처럼 베이스 플레이트에 결합하는 것이 좋습니다.

| 건물 만들기 |

사실적인 건물을 만들고 싶다면 여러분 집 주변의 상점, 은행 또는 학교를 참고하는 것이 좋은 방법입니다. 벽을 만들기 위해 돌과 벽돌을 어떻게 쌓았는지 잘 관찰하도록 합니다. 창문이 몇 개이며 어디에 위치하고 있는지 그리고 창문 사이의 간격은 어떠한지 등을 유심히 살펴봅니다. 큰 건물이라면 출입구가 보통 한 개 이상 있으니 그 점 또한 유의해야 합니다. 레고로 표현할 수 있는 건물의 특징적인 부분은 어떤 것이 있을지 생각하면서 시간이 지남에 따라 증축이나 개축된 부분이 있는지도 찾아봅니다. 오래된 건물에서도 가끔 현대적인 시설물을 볼 수 있습니다.

때로는 한 가지 부품을 반복적으로 사용하는 것도 좋은 방법입니다. 예를 들어 2층의 창문 위로 기본 브릭들을 단순하게 쌓을 수도 있지만 그림 4-18처럼 1×4 아치 부품을 나란히 배치하면 훨씬 재미있는 모양을 만들 수 있습니다.

큰 창문에 사용한 1×8×2 아치 부품 덕분에 건물이 무척 세련돼 보입니다. 그림에서 보는 바와 같이 1×8×2 아치 부품이 다수의 1×2×2 창문 앞에 위치하면서 그 일부를 가려주고 있습니다.

■ 그림 4-18 커다란 창문들 위에 결합한 것과 같은 아치 부품이 없다면 역경사 브릭을 대용해도 괜찮습니다.

■ 그림 4-19 파사드를 뒤에서 본 모습

무대의 이면

파사드는 앞쪽만 그럴듯하다는 것을 기억하는지요? 그림 4-19에서 파사드의 뒷면을 볼 수 있습니다.

뒤에서 보면 건물이 파사드라는 사실을 실감할 수 있습니다. 정확하게 말하자면 벽 두 개와 벽을 지지하고 있는 기둥 한 개라고 해야겠습니다. 지붕도 없고 2층 바닥도 없는데다가 벽은 미완성입니다. 보는 바와 같이 파사드를 만들 때에는 오직 정면에서 보이는 부분을 표현하는 데에만 관심을 두며 내부 표현이나 벽에는 크게 신경 쓰지 않습니다.

파사드 보강하기

이제 건물의 구조적인 부분을 살펴보도록 하겠습니다. 기둥 한 개로 현금인출기(그림 4-15)가 설치된 벽체를 뒤에서 지지하고 있습니다. 이와 같이 기둥을 튼튼하게 만들어 벽의 끝머리에 연결해주면 옆벽과 뒷벽이 없더라도 벽이 쓰러지지 않습니다. 전체 벽을 다 만들 필요가 없기 때문에 브릭도 많이 절약할 수 있습니다.

　기둥을 구성하는 브릭들을 보면 색상을 대중없이 섞어서 사용했다는 것을 알 수 있습니다. 내부 보강용 구조물을 비롯하여 건물이 완성된 후 결국에는 건물에 가려 보이지 않을 부분들을 만들 때에는 색상을 신경 쓰지 말고 남는 브릭이 있다면 아무거나 사용해도 괜찮습니다. 다만 창문 뒤처럼 속이 비쳐 보이는 곳에는 이런 식으로 만들어선 곤란하겠지요?

　그림 4-20의 기둥을 확대한 그림을 보면 간단하게 보를 만들어 기둥과 벽을 연결하고 있는 모습을 볼 수 있습니다. 보는 벽의 내부에 붙박이로 결합되기 때문에 바깥으로 드러나는 부분이 생기므로 외벽과 색상이 동일한 브릭을 사용해야 합니다. 예에서는 옅은 녹색 부품을 사용하였습니다. 벽과 기둥을 연결하는 보로는 2×8 브릭이나 2×10 브릭을 사용해도 되고 합성보(그림 2-21)를 만들어 써도 좋습니다. 보를 설치할 때에는 벽과 기둥에 붙박이로 만들어 넣어야 한다는 점을 유의해야 합니다.

　그림 4-20의 오른쪽 그림은 보로 사용한 2×10 브릭이 어떠한 방식으로 벽과 기둥을 연결하고 있는지 보여주기 위해 위를 덮고 있던 브릭을 몇 개 걷어낸 모습입니다.

■ **그림 4-20** 기둥과 벽을 확대한 모습(왼쪽)과 벽과 기둥을 연결하고 있는 2×10 브릭을 보여주기 위해 브릭을 몇 개 걷어낸 모습(오른쪽)

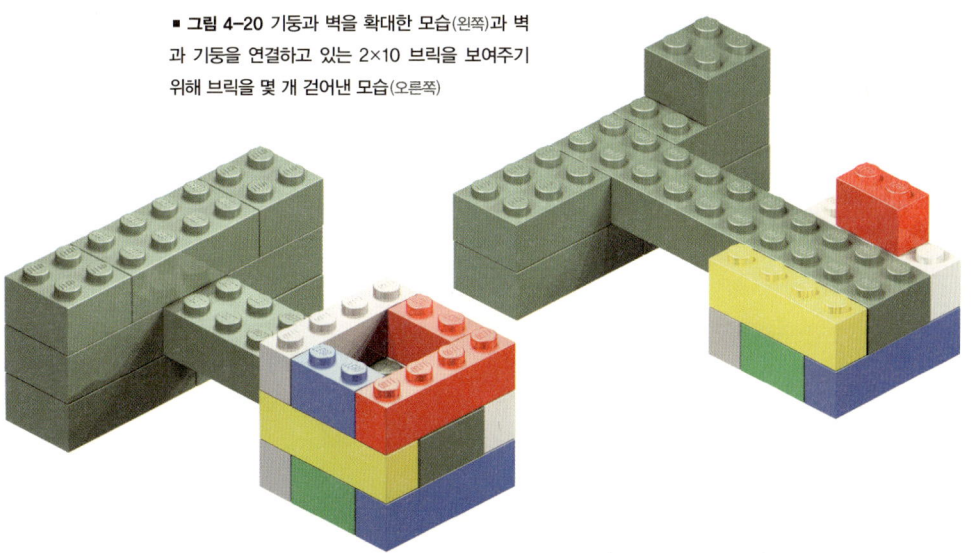

마무리: 미니랜드 스케일, 커다란 가능성

이번 장을 통해 기본적인 부품인 브릭, 플레이트, 경사 브릭을 사용해서 독특한 미니랜드 스케일 피겨를 만드는 방법을 살펴보았습니다. 미니랜드 스케일로 건물의 파사드를 만들어 개성적인 피겨들과 함께 재미있는 풍경을 연출해보기도 했습니다.

다음 장에서는 스케일이란 주제를 전혀 색다른 관점으로 다룰 것입니다. 마치 확대 광선을 쏘인 것 같은 거대한 크기의 레고 부품을 만드는 방법을 살펴보겠습니다.

5 점보 브릭:
크게 놀아보자

3장에서 우리는 스케일에 관해 알아보면서 작은 스케일로 기차역을 만들어보았습니다. 그런데 이번 장에서는 반대로 사물을 실제보다 크게 만드는 기법을 소개할 것입니다.

이 기법을 간단히 설명하자면 보통의 레고 브릭과 모양은 같지만 크기는 몇 곱절이 큰 '점보 브릭'을 만든다는 것으로 요약할 수 있습니다(그림 5-1).

■ 그림 5-1 1×1 브릭을 점보 브릭 옆에 두니 무척 왜소해 보입니다. 오른쪽의 점보 브릭은 1×1 브릭을 10배 확대한 것으로서 높이는 대략 4.5인치(약 11센티미터)입니다.

점보 브릭이란 실제 브릭을 스케일 값만큼 확대한 브릭입니다. (스케일 값에 대해선 3장에서 설명하였습니다.) 3장에서 살펴보았듯이 미니피겨 스케일은 약 1:48입니다. 즉 미니피겨 스케일로 차량을 만들 때에는 실제 차량을 48분의 1 크기로 축소하여 만든다는 뜻입니다. 그에 반해 이번 장에서는 그림 5-1처럼 실제 사물을 10배 크기로 확대하는 매크로 스케일 macroscale 기법에 대해 알아봅니다. 이처럼 10배 크기로 확대하는 경우의 스케일은 10:1, 10배 또는 10×로 표시할 수 있습니다.

매크로 스케일로 모형을 만들 때에는 대상의 모든 치수(폭, 깊이, 높이)를 모두 스케일 값만큼 확대합니다. 그림 5-1의 점보 브릭의 경우 폭과 깊이는 10스터드이고, 높이는 10브릭입니다.

그림 5-2는 1×1 브릭을 4배(4:1 스케일) 확대한 점보 브릭을 보여주고 있습니다. 아무래도 크기가 작으니 스케일 파악하기가 조금 수월합니다. 보다시피 오른쪽의 점보 브릭의 높이가 왼쪽 1×1 브릭의 4배인 것을 알 수 있습니다.

■ 그림 5-2 4:1 스케일이 어느 정도인지 알 수 있습니다.

그림 5-3처럼 별로 어렵지 않게 4× 점보 1×1 브릭을 만들 수 있습니다. 먼저 브릭을 두 층 쌓습니다(1단계). 그런 다음 1×2 브릭과 1×4 브릭을 한 층 더 쌓은 후 2×4 브릭으로 덮습니다(2단계). (점보 브릭을 만들 때에는 빨강이면 빨강, 노랑이면 노랑, 이런 식으로 색상을 하나로 통일하는 것이 보기 좋습니다.) 마지막으로 2×2 원통 브릭을 끼

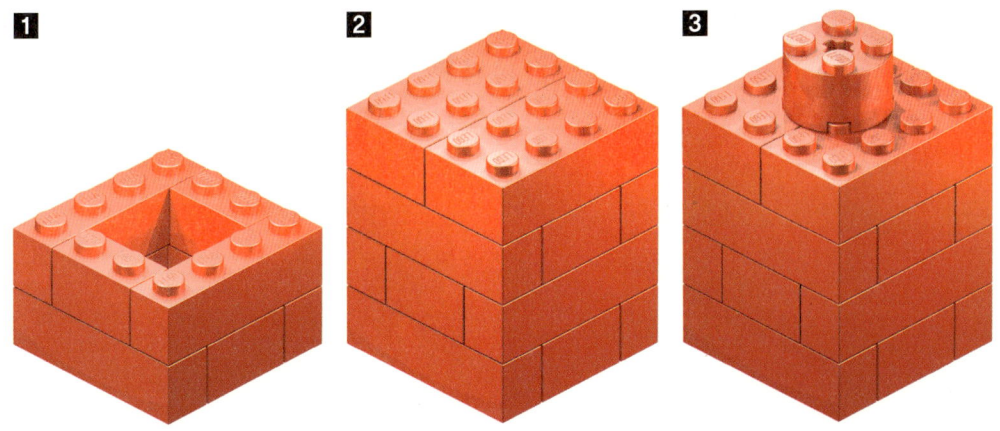

■ 그림 5-3 4× 점보 1×1 브릭을 만드는 과정

위 마무리합니다(3단계). 스터드 표면을 타일로 마감하는 경우도 있습니다만, 그럴 경우 부품 수는 어쩔 수 없이 늘어납니다. 스터드를 타일로 감추지 않고 그냥 놔두면 점보 브릭들을 결합할 때 더 단단하게 결합할 수 있습니다.

점보 브릭 만들기

점보 브릭에 대해 간단히 알아보았으니 실제로 한 번 만들어볼까요? 표 5-1을 참고하여 2×4 브릭을 4× 스케일로 확대해보겠습니다.

	브릭	점보 브릭
폭	2스터드	8스터드
길이	4스터드	16스터드
높이	1브릭	4브릭

■ 표 5-1 2×4 브릭을 4× 스케일로 확대할 때의 치수 변화

표를 보면 점보 브릭의 폭은 8스터드이고 길이는 16스터드, 높이는 4브릭 높이인 것을 알 수 있습니다.

먼저 그림 5-4의 1단계와 같이 8×16 스터드 크기로 첫 번째 층을 배열합니다. (그림에서는 1×8 브릭과 1×6 브릭을 사용하였지만 결과만 같으면 어떤 브릭을 사용하든 상관

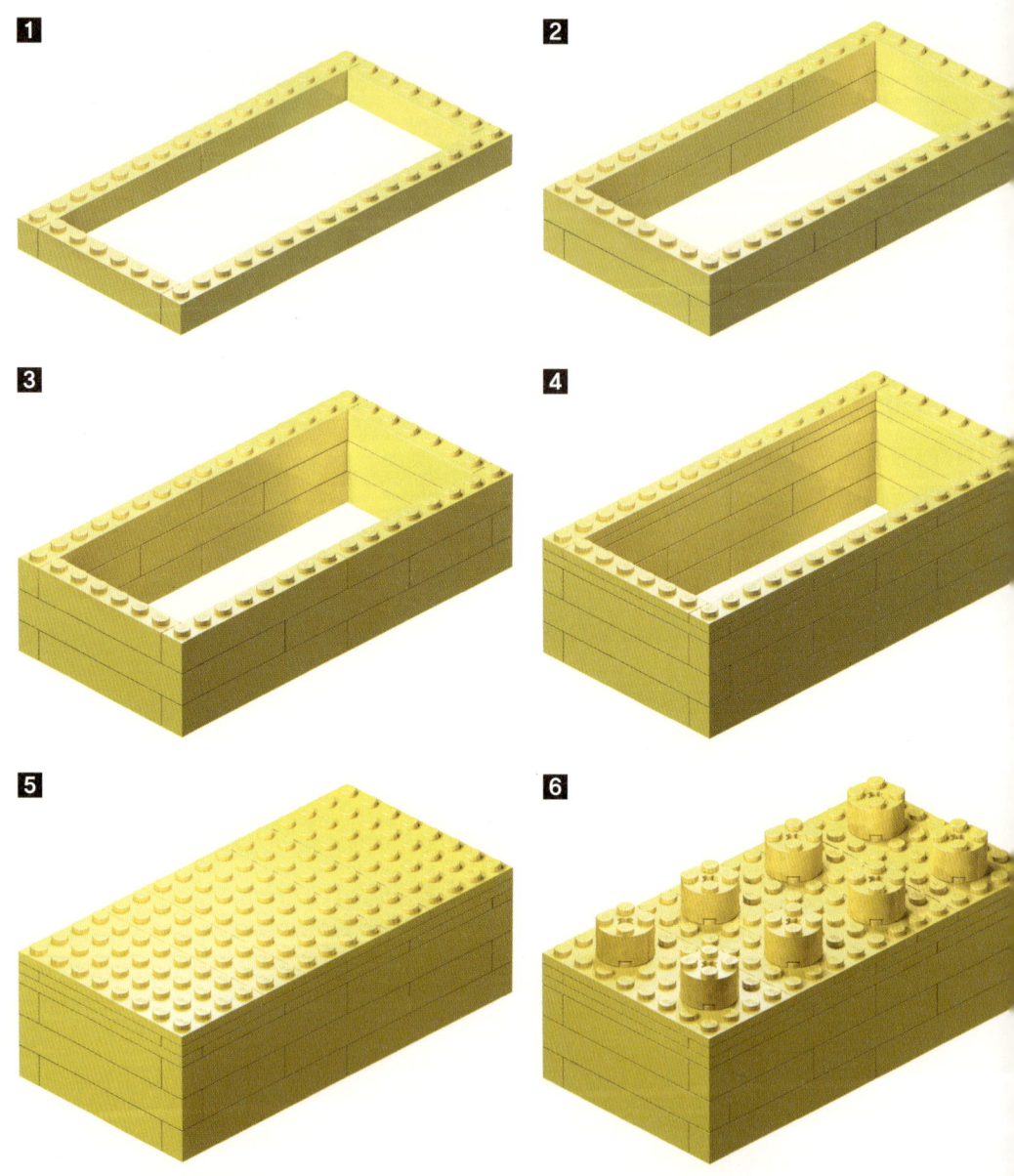

그림 5-4 4× 점보 2×4 브릭을 만드는 과정

없습니다.) 그런 다음 첫 번째 층 위로 두 층을 더 쌓습니다. (브릭을 쌓을 땐 최대한 포개 쌓기로 쌓아야 한다는 것 잊지 않았지요?)

    4, 5단계는 점보 브릭 윗면을 완전히 덮는 과정입니다. 1×N 플레이트를 두

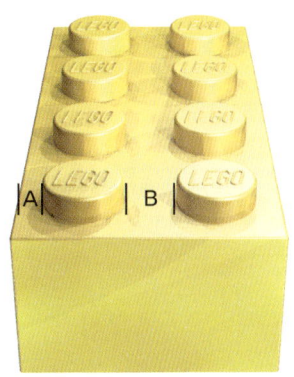

■ 그림 5-5 실제 브릭을 꼼꼼히 관찰하면 점보 브릭을 좀 더 사실적으로 만들 수 있습니다.

층 쌓은 후(4단계) 2×8이나 4×8 플레이트로 덮어도 좋고(5단계), 아니면 플레이트를 사용하지 않고 2×8 브릭으로 전부 덮는 방법도 있습니다.

마지막으로 스터드 8개를 결합할 차례입니다. 그런데 스터드의 정확한 위치는 어디일까요?

실제 2×4 브릭을 한 번 살펴보겠습니다. 스터드가 일정한 간격으로 배치되어 있고 스터드 간의 간격보다 스터드와 브릭 모서리와의 간격이 더 좁다는 사실을 알 수 있습니다. 실제로 그림 5-5처럼 스터드와 브릭 모서리와의 간격(A)은 스터드 간의 간격(B)의 절반 정도입니다.

실제 브릭에서의 스터드 위치를 유념하면서 다시 점보 브릭 조립 과정으로 돌아가 보겠습니다. 스터드로 사용하고 있는 2×2 원통 브릭을 브릭 모서리에서는 1스터드, 원통 브릭끼리는 2스터드 떨어뜨려 결합합니다(그림 5-4의 6단계). 즉 실제 브릭에서처럼 스터드와 브릭 모서리와의 간격을 스터드 간 간격의 절반으로 맞추는 것입니다.

이렇게 완성한 점보 브릭은 따지고 들자면 2×4 브릭과 완벽히 똑같다고는 할 수 없습니다. 하지만 형태와 느낌은 상당히 흡사하기 때문에 매크로 스케일 모형으로서의 소기의 목적은 이룬 셈입니다.

점보 브릭 옆면의 두께

2×4 브릭을 4배 확대할 때나 그림 5-3처럼 1×1 브릭을 4배 확대할 때, 브릭의 종류가 다른데도 브릭의 옆면을 만들 때에는 모두 1×N 브릭을 사용하였습니

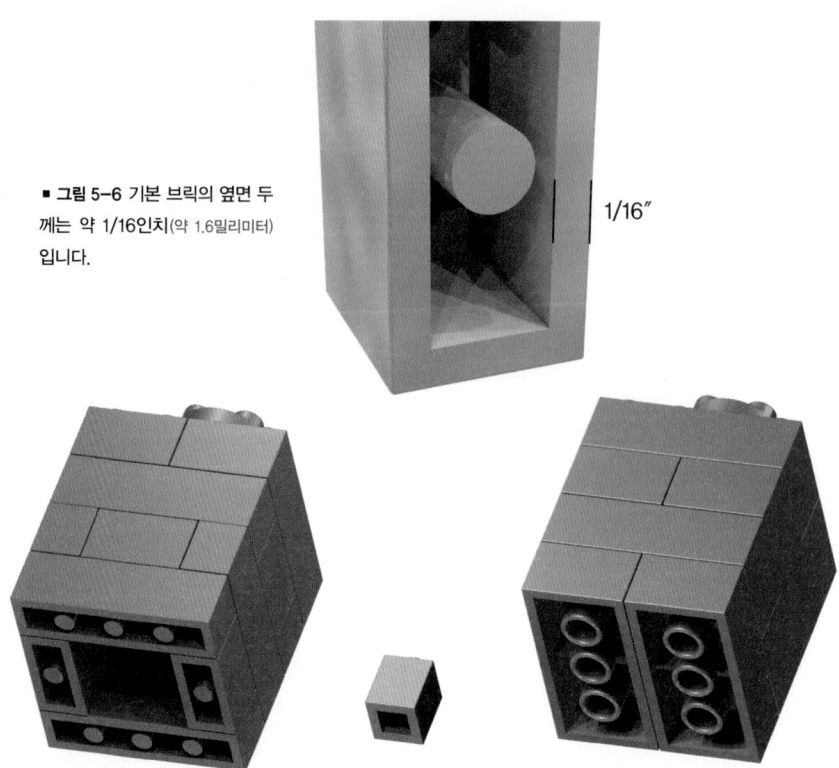

■ 그림 5-6 기본 브릭의 옆면 두께는 약 1/16인치(약 1.6밀리미터)입니다.

■ 그림 5-7 왼쪽 점보 브릭은 가운데에 있는 실제 1×1 브릭처럼 내부가 비어있습니다. 하지만 오른쪽 점보 브릭은 그렇지 못합니다. 브릭을 잘못 선택한 결과입니다.

다. 그것은 브릭의 종류가 달라도 브릭 옆면의 두께는 모두 똑같기 때문입니다. 그림 5-6처럼 실제 브릭의 옆면 두께는 약 1/16인치(약 1.6밀리미터)입니다.

1/16인치에 스케일 값, 4를 곱하면 1/4인치(약 6.4밀리미터)입니다. 그런데 1×N 브릭의 폭이 실제로 1/4인치 정도이기 때문에 4× 스케일로 점보 브릭을 만들 때 1×N 브릭은 옆면 제작용 부품으로 안성맞춤입니다.

그림 5-1에서 10× 스케일을 만들 때 옆면에 2×N 브릭을 사용하였는데, 2×N 브릭을 4× 스케일에도 사용한다면 무척 투박할 것입니다. 그림 5-7에서 왼쪽 점보 브릭은 옆면을 1×4와 1×2 브릭으로 만들었고 오른쪽 점보 브릭은 옆면을 2×N 브릭으로 만들었습니다. 보다시피 오른쪽 것은 옆면이 너무 두꺼워서 브릭의 내부가 실제 1×1 브릭과는 다르게 꽉차버렸습니다.

비단 점보 브릭이 아니더라도 레고 모델을 만드는 과정에서는 늘 이러한 선택의 기로에 놓이곤 합니다. 그럴 경우에는 어떤 방법이 더 좋은지 알아보기 위해 간단히 테스트 모형을 만들어서 시험해보는 것이 좋습니다. 테스트 모형을 통해 간단히 실험을 해보는 것만으로도 번거로운 시행착오를 많이 줄일 수 있습니다.

다른 부품, 같은 방법: 그밖의 점보 브릭

"기본 브릭 외에 점보 버전으로 만들 수 있는 부품들이 있을까?"라고 묻는다면 대답은, "네, 가능합니다"입니다. 다른 많은 레고 부품들도 점보 버전으로 만들 수 있습니다. 그 중에서 경사 브릭과 플레이트는 형태가 단순해서 비교적 만들기가 쉽습니다(그림 5-8).

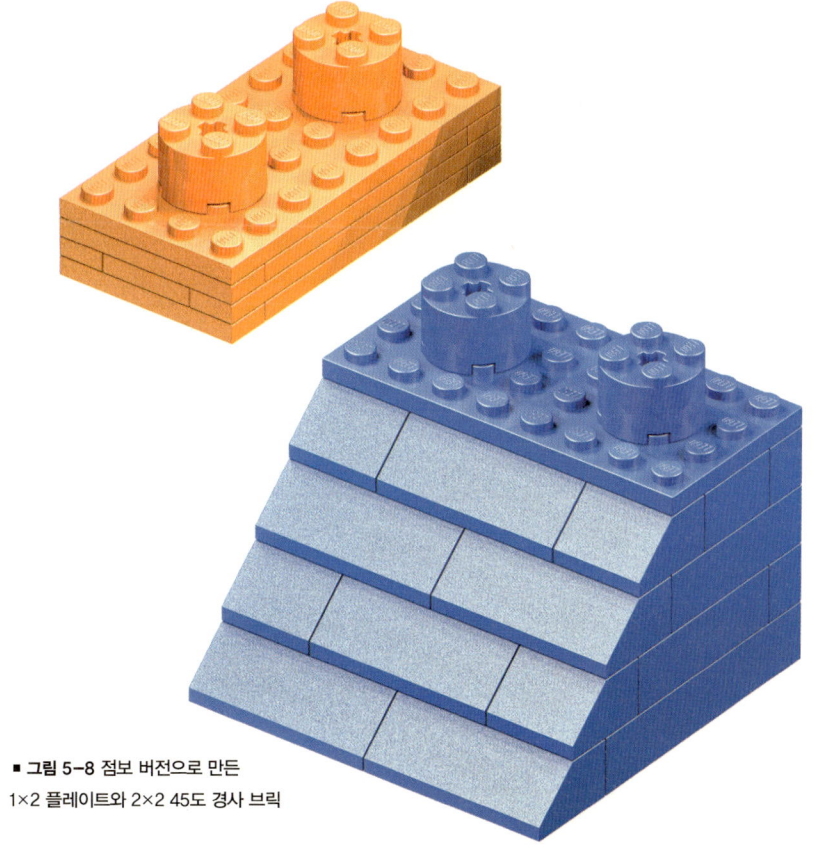

■ 그림 5-8 점보 버전으로 만든 1×2 플레이트와 2×2 45도 경사 브릭

플레이트와 경사 브릭을 점보 버전으로 만드는 방법은 다음과 같습니다.

| 점보 1×2 플레이트 만들기 |

1×2 플레이트는 모양이 너무 단순하지 않으면서도 크기가 작아서 점보 버전으로 만들어보기 좋습니다. 점보 버전을 완성한 후에 한 손엔 점보 버전을 들고 다른 손엔 실제 1×2 플레이트를 들어보면 점보 버전의 스케일이 어느 정도인지 확실하게 체감할 수 있습니다. 실제 1×2 플레이트는 겨우 두 손가락으로 잡을 정도의 크기지만 점보 버전은 거의 손바닥만한 크기입니다.

그림 5-9는 점보 1×2 플레이트 조립 순서입니다.

점보 플레이트의 스터드를 흔한 브릭으로 만들려고 2×2 원통 브릭을 사용하였는데 플레이트 두께에 비해 스터드가 조금 크게 느껴질 수도 있습니다. (원통 브릭 대신 2×2 원통 플레이트 두 개를 사용하면 좀 더 실제 비율에 가까울 것입니다.)

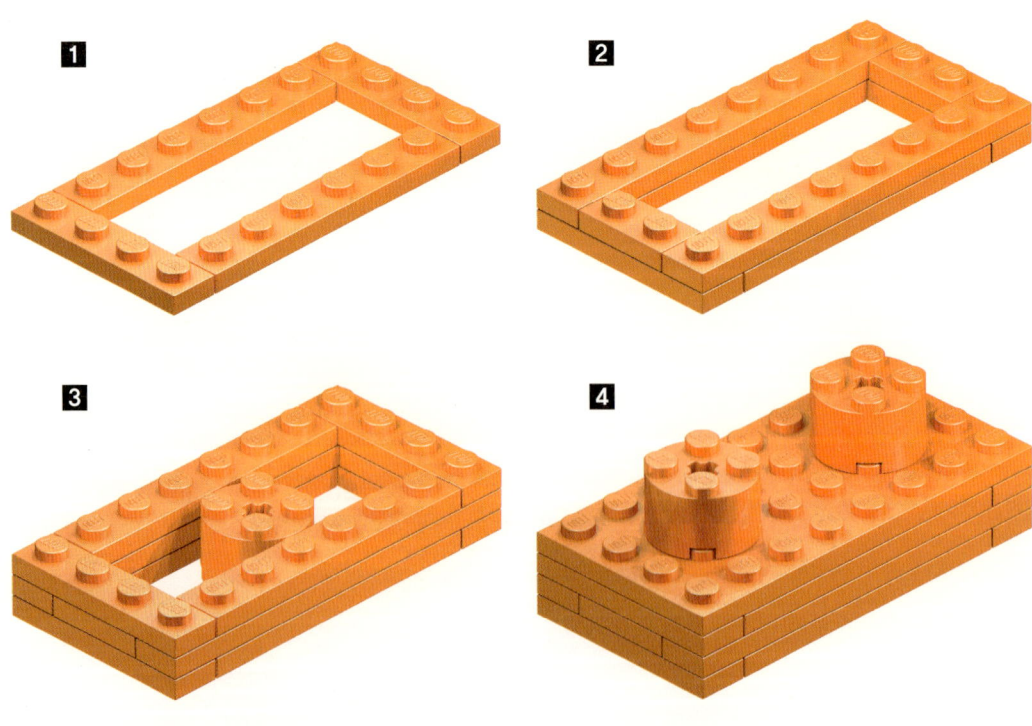

■ 그림 5-9 점보 1×2 플레이트 조립순서

| 점보 2×2 45도 경사 브릭 만들기 |

어떤 부품을 점보 버전으로 만들려면 특정 종류의 부품을 대량으로 사용해야 하는 경우가 많습니다. 예를 들어 그림 5-10을 보면 점보 2×2 45도 경사 브릭의 빗면 부분을 제작하는데 45도 경사 브릭을 꽤 많이 사용한 것을 알 수 있습니다. 정확하게는 2×2 경사 브릭 4개와 2×4 경사 브릭 6개가 필요합니다. 그런데 당연한 이야기겠지만 4× 스케일이 아니라 그보다 큰 스케일(10×나 20× 스케일)로 제작한다면 45도 경사 브릭은 훨씬 더 많이 필요할 것입니다.

그림 5-10을 보면 튜브 역시 2×2 원통 브릭으로 표현하고 있습니다. 튜브의 내부가 비어 있지 않다는 것이 실제와는 다른 점이지만 크기는 적절합니다.

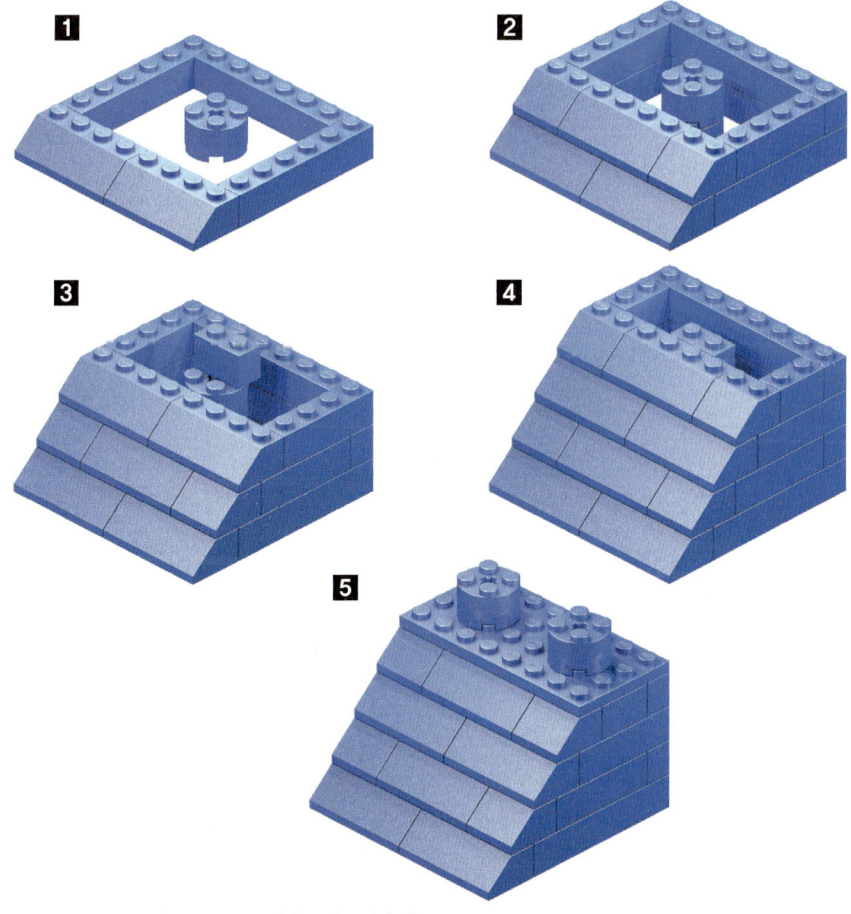

■ 그림 5-10 점보 2×2 45도 경사 브릭 조립 순서

점보 브릭으로 점보 모델 만들기

앞에서 만든 점보 1×2 플레이트와 2×2 경사 브릭은, 보통의 레고 부품들을 결합하듯이 서로 결합할 수 있습니다. 다만 부품들이 서로 결합을 유지하는 방법은 조금 차이가 있습니다. 일반 크기의 부품은 스터드와 튜브 간의 마찰력으로 결합을 유지하지만 점보 부품들의 경우는 조금 다릅니다.

앞서 점보 브릭의 스터드 표면을 타일로 덮지 않고 스터드 표면의 작은 일반 스터드들을 그대로 보이도록 두었던 것을 기억하는지요? 그렇게 한 이유는 점보 브릭들을 서로 결합하는 것은 점보 브릭 스터드가 아니라 점보 브릭 스터드 표면의 작은 일반 스터드들이기 때문입니다.

점보 브릭으로 점보 모델을 만드는 것은 3장에서 설명한 부속 모델과 주 모델 개념과 같습니다. 점보 부품 하나하나를 각각의 부속 모델로 생각할 수 있고 점보 모델은 그 부속 모델을 모아서 만드는 주 모델이라고 할 수 있습니다. 따

■ 그림 5-11 점보 스케일 비행기(왼쪽)와 그 원형인 작은 비행기(오른쪽 아래).

라서 조립 과정은 다음과 같이 크게 두 단계입니다. 첫째, 각각의 부품을 점보 사이즈로 만드는 단계. 둘째, 점보 사이즈로 만든 점보 부품을 조립하여 점보 모델을 만드는 단계.

이와 같은 과정이 바로 레고 모델을 점보 스케일로 확대하는 과정입니다. 그림 5-11의 오른쪽 아래 작은 비행기는 일반적인 레고 부품으로 만든 일반적인 크기의 레고 모델입니다. 왼쪽의 큰 비행기는 오른쪽 작은 비행기의 모든 부품들을 4× 스케일의 점보 버전으로 만들어 점보 스케일로 제작한 것입니다.

기법은 단순할수록 좋다

레고 모델을 만들다보면 사용하고자 하는 부품이 그 상황에 맞는 최선의 선택인지 확신이 서지 않을 때가 종종 있습니다. 여러분은 가장 적절한 기법, 가장 적절한 스케일이 무엇인지 선택해야 합니다. 이때 명심해야 할 원칙이 하나 있습니다.

필요 이상으로 복잡하게 만들지 말라.

예를 들어 2×2 원통 브릭으로 4× 스케일의 점보 브릭 스터드(그림 5-3)를 만든 것 역시 최소한의 부품을 사용하기 위한 선택이었습니다.

최적의 스케일 찾기

이론상으로 점보 브릭은 어떤 스케일로도 만들 수 있습니다. 하지만 점보 브릭을 만들기에 특정 스케일이 좀 더 쉽고 효과적일 수는 있습니다.

작게 만들 때는 4× 스케일이 제일 좋습니다. 이번 장에서도 이 스케일을 많이 사용했습니다. 4× 스케일처럼 스케일 값이 짝수라면 대개 점보 브릭 만들기에 좋은 스케일이라고 할 수 있습니다. 왜냐하면 스케일 값이 짝수인 경우 점보 스터드들을 알맞은 위치에 놓기가 훨씬 수월하기 때문입니다. 점보 브릭 각 면의 길이가 홀수 스터드인 경우에는 점보 스터드 위치 잡기가 조금 까다롭습니다.

■ 그림 5-12 왼쪽부터 차례로, 1×1 기본 브릭과 1×1 기본 브릭의 4×, 6×, 10×, 12× 스케일 점보 버전

　그림 5-12처럼 4×, 6×, 10×, 12× 스케일은 모두 점보 브릭을 만들기에 좋은 스케일입니다. 치수 계산은 쉽습니다. 예를 들어 10× 스케일이라면 점보 브릭의 높이는 10브릭 높이입니다. 점보 플레이트의 높이는 스케일 값에 상관없이 점보 브릭 높이의 3분의 1입니다. 즉 10× 스케일 점보 플레이트는 3브릭 높이에 1플레이트 높이를 더한 높이입니다. 같은 방법으로 12× 스케일인 경우, 점보 브릭의 높이는 12브릭 높이이고 점보 플레이트 높이는 4브릭 높이입니다.

　또 한 가지, 점보 브릭을 만들면서 고민해야할 문제는 각 스케일별로 어떻게 스터드를 만들까 하는 것입니다. 모든 스케일에 똑같은 방법을 적용할 수는 없을 것입니다. 예를 들어 4× 스케일이라면 간단히 2×2 원통 브릭을 쓸 수 있습니다. 하지만 6× 스케일인 경우, 4×4 원통 브릭을 사용하면 모양은 괜찮을지 몰라도 높이는 부족할 것입니다.

　10×, 12× 스케일이라면 원통 브릭은 더 이상 사용할 수가 없기 때문에 기본 브릭을 사용하여 둥근 스터드 모양을 만들어내야 할 것입니다. 그렇다면 기본 브릭으로 어떻게 둥근 모양을 만들 수 있을까요? 방법은 아래에 설명할 '근사치로 만들기'입니다.

근사치로 만들기

레고로 모델을 만들다보면 모델을 실제 대상에 좀 더 가깝게 만들기 위해 대상의 특징적인 부분을 거의 같은 모양으로 흉내 내야 하는 경우가 종종 있습니다. 때로는 비슷해 보이기만 해도 충분합니다.

점보 브릭의 경우 스터드를 만들기가 생각보다 쉽지 않습니다.

10× 스케일의 스터드를 예로 들어 설명하겠습니다. 우선 부록 B를 펼쳐서

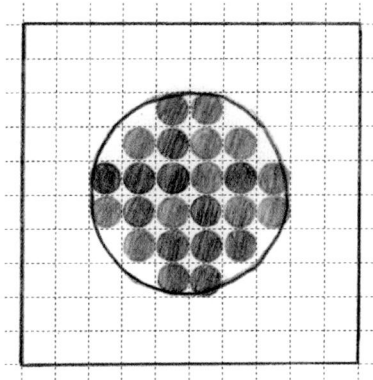

■ **그림 5-13** 큰 원 안에 그린 검정색 작은 동그라미들은 점보 스터드를 표현하기 위해 브릭을 꽂을 위치를 의미합니다.

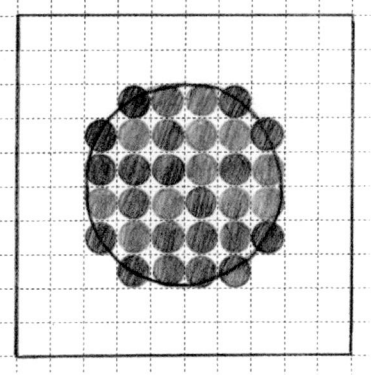

■ **그림 5-14** 그림 5-13에 브릭들을 좀 더 추가한 모습입니다. 두 가지 예 중 어느 것을 사용해도 좋습니다.

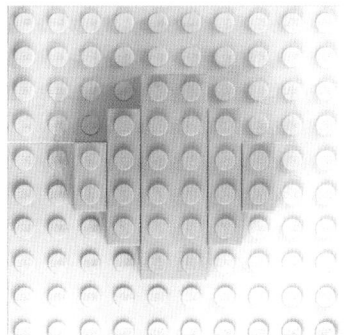

■ **그림 5-15** 그림 5-13과 같은 방식으로 만든 점보 스터드는 실제 브릭의 스터드와 비교해 볼 때 비율상 조금 작습니다. 하지만 문제될 것은 없습니다.

■ **그림 5-16** 그림 5-14와 같은 방식으로 만든 점보 스터드는 실제 브릭의 스터드와 비교해 볼 때 비율상 조금 커다랗습니다. 하지만 역시 점보 브릭의 스터드로 사용하기에는 문제가 없습니다.

디자인 격자를 출력하는 방법을 잘 읽어본 후 디자인 격자 #1을 출력합니다. 디자인 격자 #1은 일반적인 모눈종이 모양입니다. 디자인 격자는 모델을 만들기 위한 밑그림을 그리는 데 사용합니다. 필수적이지는 않은 보조적인 수단이라고 할 수 있지만 가끔 정말 유용할 때가 있습니다. 특히 모델 제작에 필요한 부품을 구입해야 할 때 디자인 격자에 밑그림을 먼저 그려 보면 어떤 부품이 얼마나 필요한지 짐작할 수가 있습니다.

디자인 격자에 정사각형으로 브릭의 윗면을 그린 후 스터드를 나타내는 동그라미를 정확한 지름으로 그립니다. 그림 5-1의 10× 스케일 점보 1×1 브릭을 위에서 내려다보고 있다고 생각하면 됩니다.

동그라미 내부의 사각형들을 검게 색칠하되 동그라미 바깥으로 걸쳐 있는 사각형은 칠하지 않습니다. 그림 5-13처럼 검게 색칠한 부분이 동그라미 면적보다 작습니다. 이대로 만든다면 원통형으로 완벽한 모양을 갖춘 이상적인 스터드보다는 크기가 조금 작을 것입니다.

그러면 그림 5-14처럼 사각형 몇 개를 더 칠합니다. 이제는 이상적인 경우보다 스터드의 크기가 조금 큽니다. 분명히 두 경우 모두 완벽한 모양은 아니지만 근사치로 만든다는 것은 바로 이러한 것입니다.

그림 5-15와 5-16은 두 가지 버전의 점보 스터드를 실제 브릭으로 만들었을 때의 모습입니다. 두 가지 경우 모두 사용하기엔 무리가 없습니다. 근사치로 만들 때는 수치상 얼마나 정확하게 만들었는가보다 얼마나 대상의 느낌과 형태를 잘 살렸는가가 더 중요합니다. 판단은 잣대가 아니라 전적으로 여러분의 느낌에 달려 있습니다.

마무리: 점보 브릭은 시작에 불과합니다

지금까지 점보 브릭을 몇 개 만들어보았고 매크로 스케일로 만든다는 것이 무엇인지도 알아보았습니다. 점보 기법을 활용하는 데 있어서 명심해야 할 것은 딱 한가지입니다.

작은 것부터 시도하고 너무 큰 것은 만들지 마라.

우선 가지고 있는 부품 중에서 몇 개를 골라 점보 버전으로 만들어봅니다. 1×1 헤드라이트 브릭을 만들어도 좋고 1×2 창살 브릭을 만들어볼 수도 있을 것입니다. (헤드라이트 브릭과 창살 브릭이 무엇인지는 부록 A를 참고하길 바랍니다.) 모양이 재미있다거나 점보 버전으로 만들었을 때 멋져 보일만한 것들을 찾아봅니다. 단 작은 것부터 먼저 만들어보길 바랍니다. 1×16 테크닉 브릭처럼 커다란 부품을 처음부터 만들기보다는 크기가 작은 1×1 테크닉 브릭부터 시도해봐서 과연 브릭의 둥근 구멍을 제대로 만들 수 있는지 시험해보는 것이 좋습니다.

어떤 부품을 고르든 점보 브릭은 만드는 과정도 재미있지만 만들어놓으면 사람들의 눈길을 많이 끌 것입니다.

6

마이크로 스케일로 만들기:
눈에 보이는 것이 전부는 아니다

5장에서는 모델을 실제보다 크게 만드는 매크로 스케일 기법에 대해 살펴보았습니다. 이번 장에서는 모델을 실제보다 작게 만드는 마이크로 스케일microscale 기법을 소개합니다.

가지고 있는 부품 수가 적거나 한정된 크기로 모델을 만들어야 할 때 마이크로 스케일 기법을 사용할 수 있습니다. 마이크로 스케일로 만든 모델은 멋지기도 하지만 부품이 적게 들고 공간도 별로 차지하지 않는다는 장점이 있습니다. 그림 6 1의 화물선은 길이가 겨우 7인치(약 17센티미터)에 지나지 않지만 화물 컨테이너, 갑판, 굴뚝 등 없는 것 빼고는 다 있습니다.

■ 그림 6-1 표현하고자 하는 대상의 크기가 클수록 마이크로 스케일 기법은 더욱 빛을 발합니다.

마이크로 스케일이란 정확하게 어느 정도의 스케일을 말하는 것일까요? 어떤 사람은 마이크로 스케일로 모델을 만들 때 1×1 원통 브릭으로 사람을 표현하기도 합니다. 이런 경우 1×1 브릭 한 개의 높이는 실제 세계에선 대략 6피트(약 180센티미터)와 같을 것입니다.

하지만 마이크로 스케일은 모델마다 모두 다르다고 보는 것이 맞습니다. 스케일이 어떠하든지 간에 거대한 것을 작게 축소해서 만들면 마이크로 스케일이라고 할 수 있습니다.

모든 것을 다 표현하려고 하지 말라

5장에서 근사치로 만들기에 대해 이야기했습니다. 근사치로 만들기란 대상의 모든 부분을 완벽하게 표현하기보다는 외관의 느낌을 살리는 데 주안점을 두는 조립 기법입니다. 마이크로 스케일로 모델을 만드는 것도 그와 비슷합니다. 즉 대상의 두드러지는 특징만을 중점적으로 표현하는 것이 중요합니다.

그렇다면 구체적으로 어떻게 해야 하는 것일까요? 엠파이어스테이트 빌딩 Empire State Building을 예로 들어 설명하겠습니다. 엠파이어스테이트 빌딩을 미니피겨 스케일로 만든다면 높이가 무려 26피트(약 8미터)에 달할 것입니다. (미니피겨 스케일은 약 1:48입니다. 실제 건물 높이가 1,250피트이므로 그 높이를 48로 나누면 모델의 높이가 26.04피트인 것을 알 수 있습니다.)

그 정도 크기로 만들 수 있을 만큼 브릭을 많이 갖고 있는 사람은 거의 없습니다. 하지만 마이크로 스케일로 만든다면 그보다 훨씬 적은 브릭만 있어도 충분하기 때문에 누구나 도전해볼 수 있습니다. 창틀이나 장식용 조각상 그리고 간판 같은 것들에 대해서는 미리 마음을 비우는 것이 좋습니다. 왜냐하면 그 정도 크기의 것을 표현할 수 있을 만큼 작은 부품은 없기 때문입니다.

엠파이어스테이트 빌딩이 마이크로 스케일로 만들기 좋은 까닭은 누구나 알아볼 수 있는 특징적인 형태를 갖고 있기 때문입니다. 최소한의 부품만 사용해서 그 특징적인 형태를 재현하는 것이 마이크로 스케일 기법이고, 또한 엠파이어스테이트 빌딩 만들기의 핵심입니다. 건물의 느낌을 살리는 것이지 완벽한 복제품을 만드는 것이 아니라는 것을 잊지 말아야 합니다.

우선 인터넷에서 쉽게 찾을 수 있는 실제 엠파이어스테이트 빌딩의 사진을 참고해서 그림 6-2처럼 모눈종이에 빌딩의 윤곽을 그립니다.

> **노트** 그림 6-2의 모눈종이는 부록 B에 수록된 디자인 격자입니다. 이 디자인 격자의 모눈은 실제 레고 부품의 크기와 모양이 동일합니다. 그림 6-2에서는 건물을 스케치할 때 오직 건물의 외곽선만을 그렸습니다. 엠파이어스테이트 빌딩의 경우 건물의 실루엣이 가장 중요한 특징이기 때문에 다른 세부적인 부분은 무시하였습니다.

밑그림을 그릴 때 어느 정도 크기로 그려야 할까요? 정해진 것은 없습니다. 그림 6-2는 모눈종이 크기를 벗어나지 않는 크기 내에서 최대한 크게 그린 것입니다.

밑그림을 그렸는데 너무 작거나 큰 경우 또는 형태가 제대로 잡히지 않은 것 같다면 담담한 마음으로 다시 그립니다. 실패가 거듭될수록 결과물은 더 좋아질 것입니다.

윤곽을 다 그린 다음에는 그림 6-3처럼 건물의 주요한 특징들을 그려 넣습니다. 주요한 특징이란 출입구, 건물 꼭대기의 조금 들어간 부분, 건물 중앙에 수직으로 패인 골 등입니다.

건물의 각 부분을 구별하기 위해 음영을 서로 다르게 한 것에 주목하길 바랍니다. 밑그림은 평면에 그리지만 실제로는 입체적인 모델을 만들 것이기에 이 부분은 중요합니다. 중앙의 골처럼 깊게 들어간 부분은 다른 곳보다 진하게 칠합니다. (선을 예쁘게 그리려 하거나 색칠을 예쁘게 할 필요는 없습니다. 그냥 밑그림에 불과하므로 미술적으로 완벽하지 않아도 됩니다.) 마지막으로 창문을 그리는 것으로 스케치를 마무리합니다(그림 6-4). 이 건물은 연한 회색과 진한 회색의 투톤으로 만드는 것이 제일 좋을 것 같습니다.

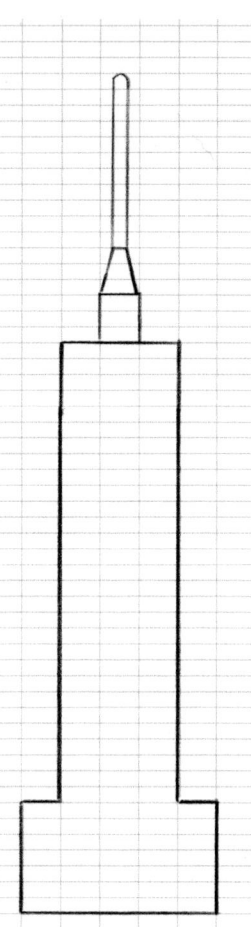

■ 그림 6-2 건물의 대략적
인 윤곽

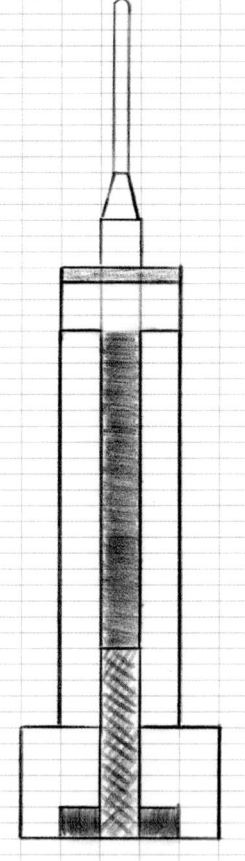

■ 그림 6-3 건물의 주요한
특징들을 추가로 그려 넣습
니다.

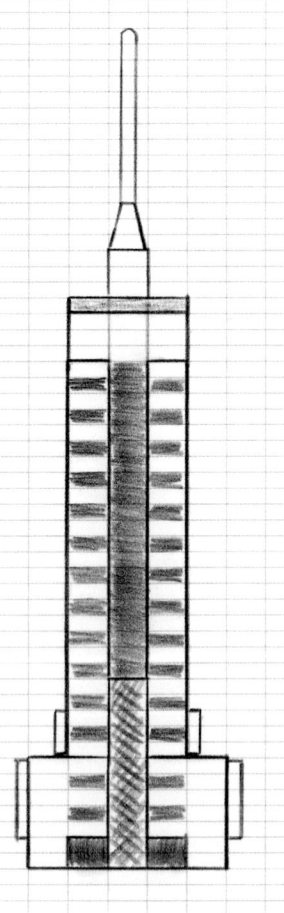

■ 그림 6-4 완성한 마이크
로모델의 청사진

아이디어를 브릭으로 표현하기

밑그림은 다 그렸는데 레고로는 어떻게 만들면 좋을까요? 두 가지를 기억하길 바랍니다. 첫째, 작게 만들면 작게 만들수록 좋지만 무엇을 만든 것인지는 알아볼 수 있어야 합니다. 둘째, 디자인 격자의 모눈 크기는 1×1 플레이트와 크기가 같습니다. 따라서 모눈 세 개가 1브릭 높이입니다(그림 6-5).

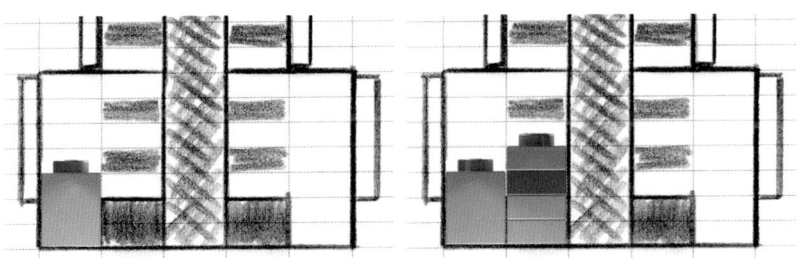

■ 그림 6-5 1×1 브릭과 밑그림의 비교   ■ 그림 6-6 1×1 플레이트와 밑그림의 비교

그림 6-5처럼 건물의 왼쪽과 오른쪽 아래 모서리 부분에 1×1 브릭을 대보면 건물의 나머지 부분을 어떤 브릭이나 플레이트로 표현하면 좋을지 자연스럽게 알 수 있습니다. 그림 6-6처럼 연한 회색과 짙은 회색 플레이트를 시험 삼아 모눈종이 위에 올려보았습니다. 그 부품들을 실제 모델을 만들 때 그대로 사용하는 것은 아니겠지만 어떤 종류의 부품들이 필요할지 미리 가늠해볼 수 있습니다.

그림 6-6을 보면 진한 회색 플레이트로 창문을 표현하고 있습니다. 밑그림의 나머지 부분 역시 1×1 브릭을 기준으로 적당한 부품들을 맞춰보다 보면 작은 모델인지라 그림 6-7처럼 어렵지 않게 실제 부품으로 모델을 만들어낼 수 있습니다.

이번 모델은 거의 플레이트 위주로 만들었습니다. 모든 마이크로 모델을 플레이트로 만들어야 하는 것은 아니지만, 플레이트는 크기가 작기 때문에 마이크로 스케일 모델을 만들 때 무척 유용합니다.

물론 이번에도 연한 회색과 짙은 회색 플레이트를 필요한 만큼 충분히 준비하

■ **그림 6-7** 실제 건물을 마이크로 스케일로 줄였습니다.

지 못할 수 있습니다. 그럴 경우 브릭만을 사용하여 만들어 보거나 다른 색상의 플레이트를 사용하여 여러분만의 엠파이어스테이트 빌딩을 만들어 보길 바랍니다.

> **노트** 그림 6-1의 화물선과 그림 6-7의 엠파이어스테이트 빌딩을 따라 만들 수 있는 조립 설명서는 http://nostarch.com/legobuilder2/에서 다운로드 할 수 있습니다.

마이크로 스케일 기법 정리

마이크로 스케일 기법을 다음과 같이 세 단계로 요약할 수 있습니다.

1. **대상의 윤곽을 그립니다.** 중요하지 않은 부분은 무시하면서 기본적인 형태만을 잡아냅니다.
2. **대상의 주요한 특징을 파악합니다.** 흥미로운 형태나 무늬 등 대상이 갖고 있는 두드러진 특징이 무엇인지 찾아봅니다.
3. **세부적인 특징을 찾습니다.** 대상의 특징을 살릴 수 있는 세부적인 특징이 있다면 핵심적인 것들만 골라봅니다.

모델을 구상하기 위해 꼭 종이와 연필이 필요한 것은 아닙니다. 때로는 처음부터 브릭들을 뒤지면서 위의 세 단계를 밟아보는 것도 재미있습니다. 뭔가 아니다 싶으면 분해해서 바로 다시 만듭니다. 하지만 아니다 싶었던 것이 결국엔 좋은 방법이었다는 것을 알게 되는 경우도 있습니다. 종이와 연필로 시작하든지 아니면 바로 실제 브릭으로 만들기 시작하든 상관없이 마이크로 스케일 기법은 입체적으로 생각하고 문제를 해결하는 능력을 기르는 데 도움이 됩니다.

일반 부품을 마이크로 스케일 부품으로 대체하기

마이크로 스케일 기법이 몇 가지 더 있습니다. 이번 절에서는 창문과 바퀴를 마이크로 스케일로 표현하는 방법을 소개합니다.

마이크로 스케일 바퀴

레고 바퀴는 대부분 미니피겨 스케일이나 미니랜드 스케일에는 잘 맞지만 마이크로 스케일에 쓰기엔 너무 큽니다. 그림 6-8처럼 1×1 원통 플레이트를 모로 눕혀서 바퀴 대신으로 활용할 수 있습니다.

그림 6-8을 보면 원통 플레이트를 눕혀 바퀴를 만드는 방법 외에도 브릭을 쌓아 색다른 모양과 무늬를 만들 수 있음을 알 수 있습니다. 트레일러 옆면의

하얀 줄무늬를 표현한 요령을 눈여겨보시길 바랍니다. 우선 1×2 브릭들을 단순 쌓기로 줄줄이 결합하여 기둥을 3개 만든 다음, 그 기둥들을 2×3 플레이트로 양쪽에서 한데 묶었습니다. 그리고는 스터드 방향이 차량 뒤쪽을 향하도록 눕혀서 트레일러를 완성하였습니다.

마이크로 스케일 창문

바퀴와 마찬가지로 레고의 창문 부품들 역시 마이크로 스케일 모델에 그대로 쓰기엔 무리입니다. 앞에서 엠파이어스테이트 빌딩을 만들 때는 창문을 1×1 플레이트로 표현했었습니다. 그것보다 좀 더 작은 건물을 만들 때는 1×1 헤드라이트 브릭을 사용하여 창문을 표현할 수 있습니다. 그림 6-9는 헤드라이트 브릭 몇 개로 전망 창을 만든 모습입니다. 헤드라이트 브릭의 스터드가 건물 내부로 향하도록 결합해야 합니다.

창문 옆으로 움푹 들어간 곳의 하얀 부분은 출입문을 표현한 것입니다. 엠파이어스테이트 빌딩을 만들 때도 이렇게 움푹 들어가게 조립한 부분이 있었습니다. 이처럼 깊이를 다르게 하거나 브릭의 색상을 바꿔줌으로써 대상의 특징을 묘사하는 것도 중요한 마이크로 스케일 기법 중 하나입니다.

■ 그림 6-8 1×1 원통 플레이트를 트럭 바퀴로 사용했습니다.

■ 그림 6-9 미니피겨가 살기엔 너무 작은 이 집은 근사한 마이크로 스케일 전원주택입니다.

마이크로 스케일 전원주택 만들기

그림 6-9의 전원주택 정도의 작은 모델이라면 여러분이 갖고 있는 레고 부품으로도 바로 만들 수 있을 것입니다. 그림 6-10은 마이크로 스케일 전원주택을 만드는 데 필요한 부품 목록이고, 그림 6-11부터 6-16까지는 조립 순서입니다.

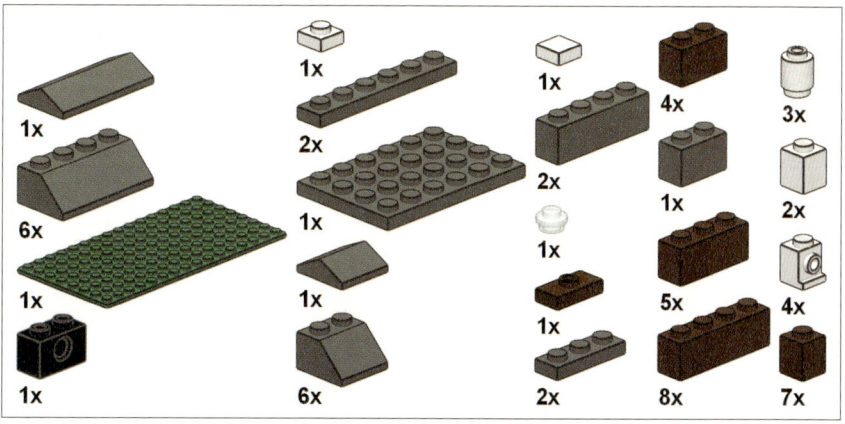

■ 그림 6-10 마이크로 스케일 전원주택을 만드는 데 필요한 부품들

- **그림 6-11** 1단계. 출입문이 될 흰색 1×1 브릭을 턱 플레이트 위에 결합합니다.

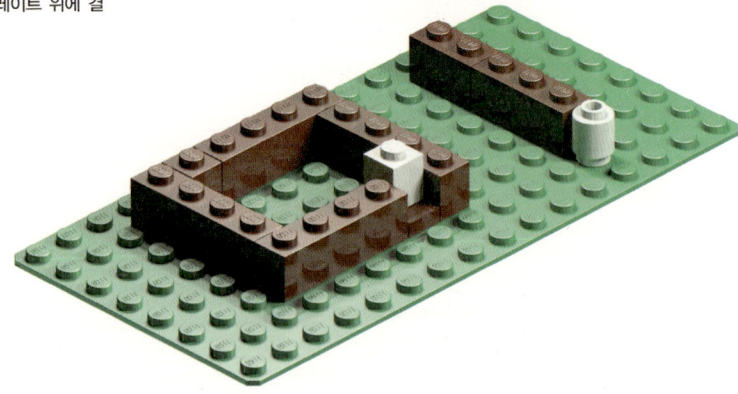

- **그림 6-12** 2단계. 1×1 헤드라이트 브릭을 건물 안쪽을 향하도록 결합해서 창문을 표현합니다.

- **그림 6-13** 3단계. 1×6 플레이트로 창문들을 단단히 고정합니다.

■ **그림 6-14** 4단계. 지붕을 만들기 시작합니다. 왼쪽의 경사 브릭을 결합할 때에는 건물 벽 바깥으로 한 스터드 튀어나오도록 끼워야 합니다.

■ **그림 6-15** 5단계. 1×2 테크닉 브릭을 꼭대기 가운데에 결합한 후 투명한 1×1 원통 플레이트를 끼웁니다.

■ **그림 6-16** 6단계. 유용한 봉우리 부품으로 지붕을 마무리 합니다.

마무리: 마이크로 스케일로 만들 수 있는 것들

자동차나 고층건물 또는 항공모함처럼 크기가 큰 것들이 마이크로 스케일로 만들기 좋습니다. 여기 마이크로 스케일로 만들기 좋은 소재들을 한 번 나열해 보겠습니다.

자동차	집
트럭	아파트
버스	공룡
지하철	동물
기차	놀이기구
우주선	고층건물
백화점	피라미드
건설장비	배
호텔	항공모함
성	다리
기념비	

물론 위에 적은 것들은 그저 예에 지나지 않습니다. 레고가 언제나 그렇듯 무엇을 어떻게 만들는지는 여러분의 상상력과 창의력에 달려 있습니다. 가지고 있는 부품이 적다면 마이크로 스케일로 만들어 보길 바랍니다. 마이크로 스케일 세상에서는 부품 부족이 그다지 큰 장애가 되지 않습니다.

7
조형물:
대상의 형태 잡기

네모난 브릭으로 원이나 구를 만들 수 있을까요? 사람 얼굴이나 공룡을 만들려면 또 어떻게 해야 할까요? 이것의 비밀은 브릭을 결합하는 방법에 숨어 있습니다. 바로 레고로 조형물sculpture을 만드는 비결입니다.

조형이란 브릭을 이용하여 지구, 거대한 미니 피겨 머리, 동물 또는 빌딩이나 자동차 등의 형태를 최대한 사실에 가깝게 빚어내는 작업을 말합니다.

■ **그림 7-1** 그림의 구는 3가지 색상으로 만들었습니다. 아래 조립 과정에서 소개하는 구는 이와는 다른 색상으로 만들 것입니다. 여러분도 각자 자신이 좋아하는 색상을 이용하여 자신만의 구를 만들어 보길 바랍니다. 색상 한 가지로 통일해도 좋고 각 층마다 다른 색을 사용해도 멋질 것입니다.

이번 장에서는 그림 7-1처럼 기본적인 구를 만드는 방법을 소개할 것입니다. 일단 구를 만드는 방법에 익숙해지고 나면 사물들의 자연스러운 곡면을 자유자재로 표현할 수 있을 것입니다.

구: 둥글게 둥글게

그림 7-2처럼 플레이트나 슬로프 또는 기타 특수 부품을 전혀 사용하지 않고 오직 기본 브릭만을 사용해서 간단한 구를 만들어보기로 하겠습니다. 구를 만드는 원리는 그 크기에 상관없이 같습니다.

구의 형태가 얼마만큼 완벽한 구에 가까운가는 구의 크기와 사용한 플레이

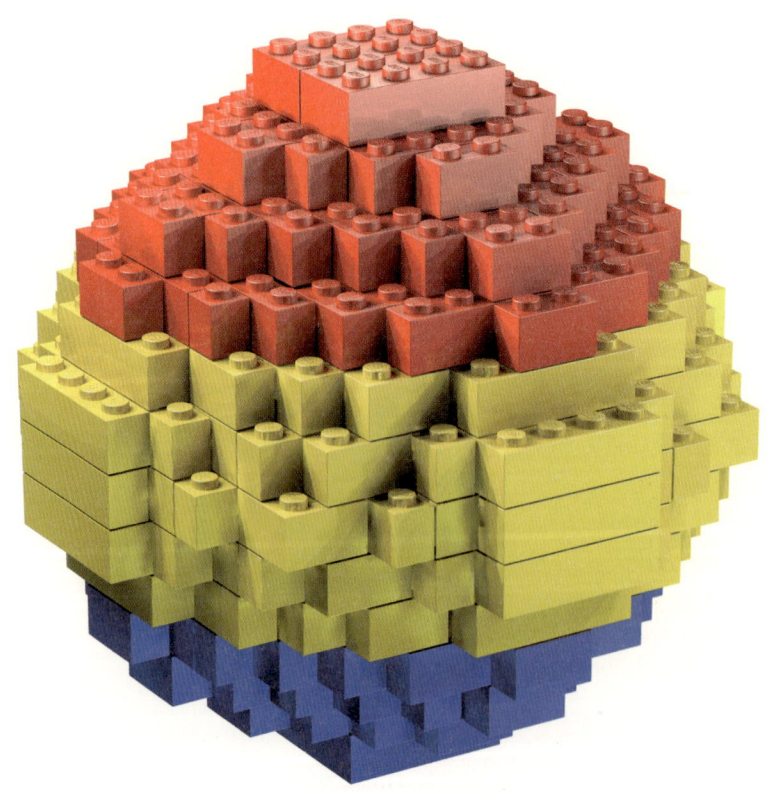

■ 그림 7-2 브릭 220개로 만든 단순한 구입니다. 구의 크기가 이보다 커도 만드는 방법은 똑같습니다.

트의 개수에 달려 있습니다. 구의 크기가 크다면 크기가 작을 때보다 거칠거나 찌그러진 느낌이 덜해져 훨씬 둥글게 보일 것입니다. 또는 윤곽이 자연스럽지 않거나 함몰된 부위를 플레이트로 촘촘히 메꾼다면 구의 표면을 좀 더 매끄럽게 다듬을 수 있습니다.

이제부터 만들어 볼 구는 크기가 작아서 브릭 220개 정도만 있으면 만들 수 있습니다. 가지고 있는 레고가 많든 적든 이 정도 크기의 구는 바로 만들 수 있을 것입니다.

그림 7-2의 구는 기본 브릭으로만 만들었기 때문에 조금 투박해 보일 수 있습니다. 하지만 우리의 목적은 완벽한 구를 만드는 것이 아니라 구를 만드는 기본적인 요령을 알아보는 것입니다. 그림 7-3은 구를 만드는 데 필요한 부품의 목록입니다.

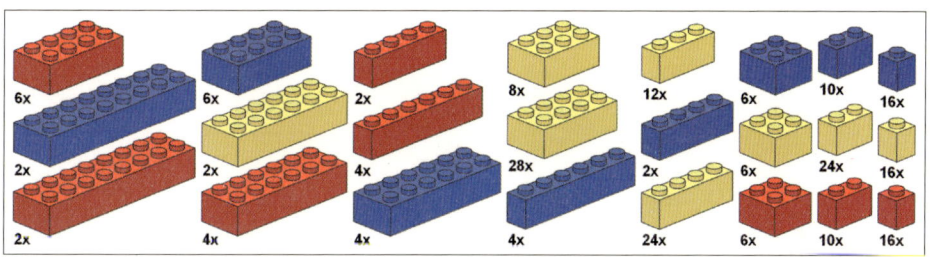

■ 그림 7-3 구를 만들기 위한 부품의 목록. 모두 기본 브릭입니다.

구를 만드는 두 단계

구의 조립 과정은 보통 구의 윗반구를 만드는 과정과 아랫반구를 만드는 과정으로 나누어 생각합니다. 즉 구의 중간 부분에서 시작하여 구의 윗반구를 만든 후 다시 중간 부분으로 돌아가 아랫반구를 만드는 방식입니다. 그림 7-4를 보면 중간 부분부터 시작한다는 것이 무슨 의미인지 알 수 있습니다.

우선 브릭을 들쭉날쭉하게 늘어놓는 식으로 구에서 둘레가 가장 긴 구의 적도 부분을 만듭니다. 그런 다음 2장에서 설명했던 계단 쌓기 기법(아래층 브릭들의 모서리에서 한 스터드 들어가게 쌓아서 계단 모양을 만드는 기법)으로 두 번째 층을 쌓습니다.

■ **그림 7-4** 1단계. 첫 번째로 만들 층은 구의 허리, 즉 적도 부분입니다.

■ **그림 7-5** 2단계. 두 번째 층을 계단 쌓기로 쌓습니다. 그 결과 첫 번째 층의 스터드 몇 개가 그대로 드러납니다.

■ **그림 7-6** 3단계. 위층으로 갈수록 브릭 수가 줄어들고 원의 지름도 작아집니다.

그림 7-5는 두 개 층을 쌓은 모습입니다. 이처럼 시작 단계에서는 층마다 보여주는 변화가 적습니다. 언뜻 보기에 첫 번째 층과 두 번째 층은 다른 점이 거의 없는 것 같기도 합니다. 하지만 자세히 보면 첫 번째 층의 스터드 몇 개를 두 번째 층으로 완전히 가리지 않고 드러내 놓은 것을 알 수 있습니다. 이와 같이 계단 쌓기를 통해 조형물의 모양을 조금씩 만들어 가는 것입니다.

3단계(그림 7-6)는 세 번째 층을 쌓는 과정으로서 역시 두 번째 층의 스터드를 몇 개 드러내며 계단 쌓기 합니다. 여전히 구의 모양과는 거리가 있어 보이지만 둥근 형태를 유지해가면서 계단 쌓기를 계속합니다(그림 7-7부터 그림 7-9).

■ 그림 7-7 4단계. 이제 점점 구의 꼭대기에 가까워지고 있습니다.

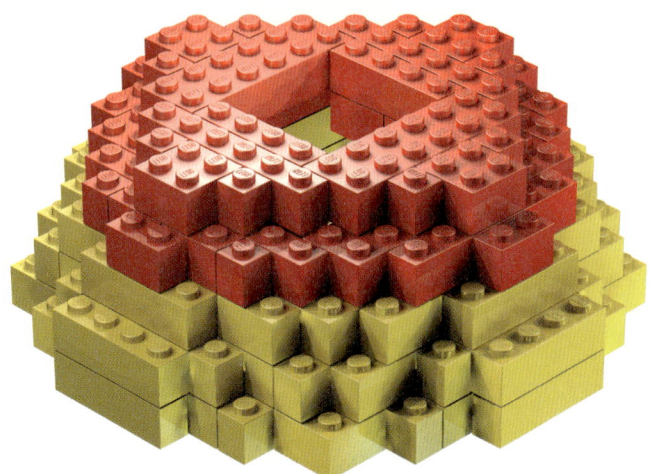

■ 그림 7-8 5단계. 네모반듯한 기본 브릭만으로 만들고 있음에도 불구하고 조금씩 구의 모습을 갖춰가고 있습니다.

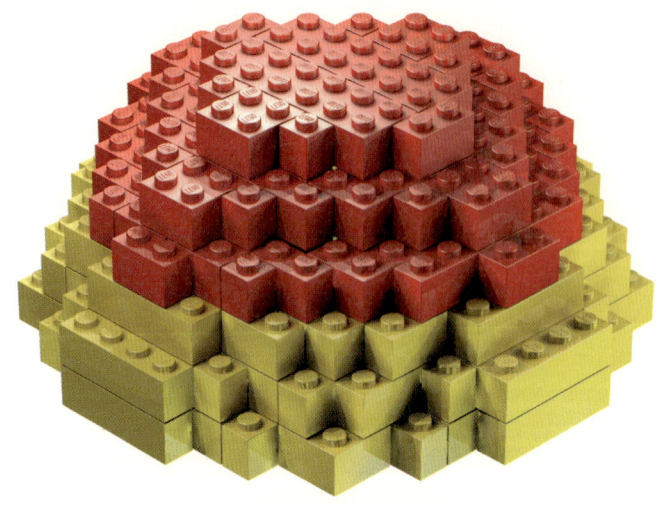

■ **그림 7-9** 6단계. 구멍이 이제 완전히 닫혔지만 아직 꼭대기까지 다 만든 것은 아닙니다.

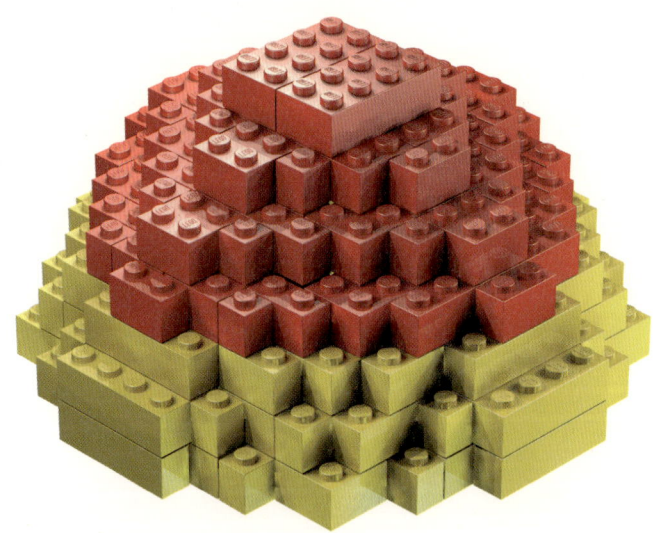

■ **그림 7-10** 7단계. 2×4 브릭 두 개를 꼭대기에 쌓습니다.

윗반구의 마지막 층은 그림 7-10처럼 2×4 브릭 두 개로 충분합니다.

8단계에서는 완성된 윗반구를 그림 7-11처럼 180도 돌려 뒤집습니다. 이 단계를 회전 단계rotation step라고 부릅니다. 1단계에서 만들었던 첫 번째 층의 바닥을 보게 될 것입니다.

이렇게 윗반구를 뒤집어놓고 아랫반구를 쌓기 시작합니다. 이 방법은 지금

■ 그림 7-11 8단계. 아래 반구를 만들기 위해 윗반구를 뒤집어서 바닥이 위를 향하게 합니다.

■ 그림 7-12 9단계. 브릭의 방향만 거꾸로일뿐 계단 쌓기 하는 것은 똑같습니다.

만들고 있는 구처럼 구의 크기가 작을 경우 효과적입니다. 그런데 지구본이나 실제 크기의 축구공처럼 구의 크기가 클 경우엔 윗반구와 아랫반구를 따로 만든 후에 둘을 조심스럽게 붙이는 방법이 더 좋을 수도 있습니다.

그림 7-12부터 그림 7-16까지의 조립 과정은 브릭의 방향이 거꾸로 된 것만 다를 뿐 윗반구를 만들 때와 기본적으로 똑같습니다.

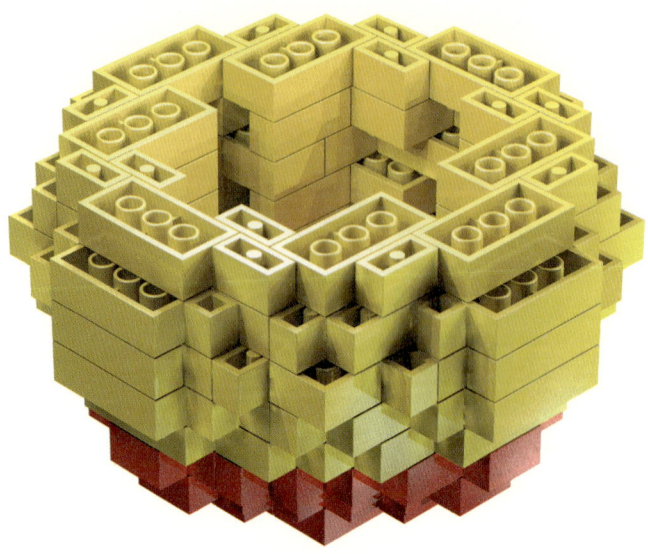

■ **그림 7-13** 10단계. 물론 계단 쌓기 뿐 아니라 포개 쌓기도 적절하게 해야 합니다.

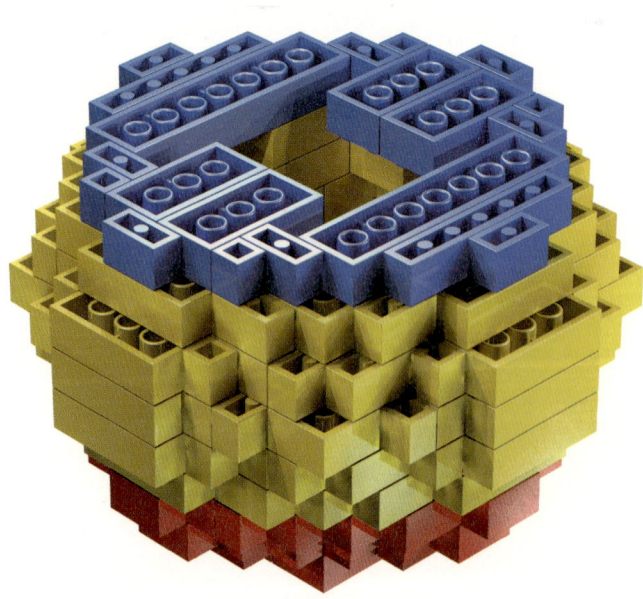

■ **그림 7-14** 11단계. 한 층 한 층 신중하게 모양을 만들어갑니다.

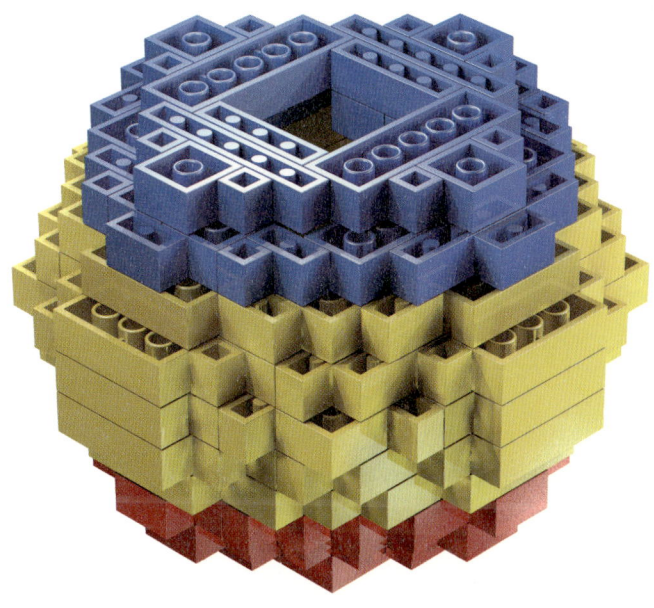

■ **그림 7-15** 12단계. 사각형 모양으로 작은 구멍이 남았습니다.

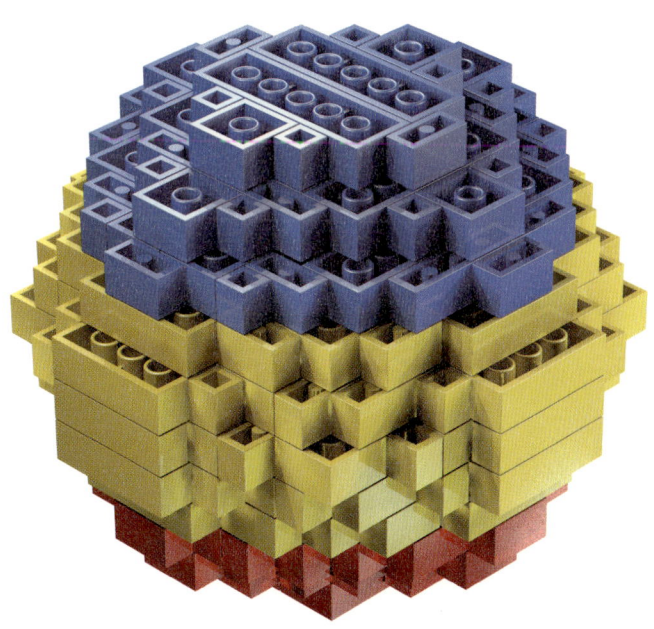

■ **그림 7-16** 13단계. 6단계와 똑같은 브릭 조합으로 바닥의 구멍을 막습니다

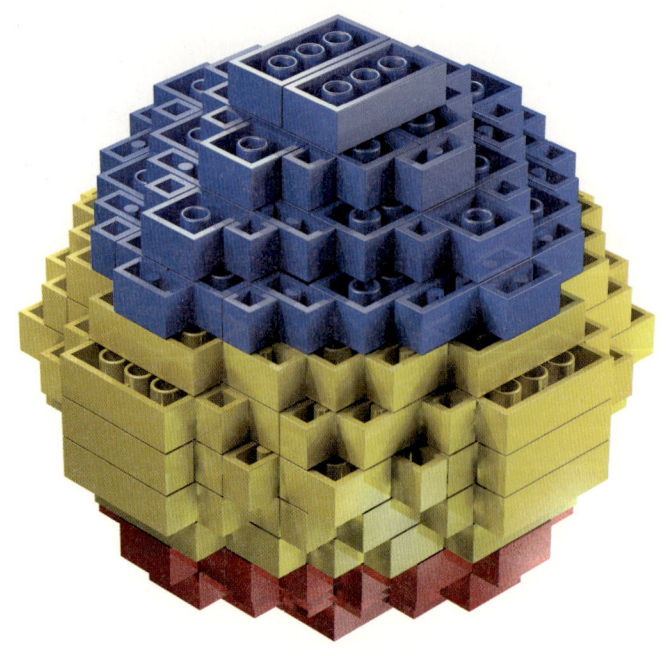

■ **그림 7-17** 14단계. 이번에도 역시 2×4 브릭으로 대미를 장식합니다.

마지막으로 2×4 브릭 두 개를 끼워 구를 완성합니다. (그림 7-17)

완성된 구를 보면 흥미로운 점이 있습니다. 그림 7-10에서 꼭대기에 꽂은 2×4 브릭 두 개와 그림 7-17에서 구 바닥에 꽂은 2×4 브릭을 비교해보길 바랍니다. 당연히 똑같습니다. 그렇지요? 그럼 그 두 부분을 이번엔 구 옆면의 평평한 부분(그림 7-18)과 비교해보겠습니다.

■ **그림 7-18** 꼭대기 층과 구 적도 부근의 면적이 가장 좁은 부분을 비교해보면 그 구가 얼마나 '구에 가까운' 형태인지 알 수 있습니다.

2×4 브릭 두 개와 구 적도 부근을 따라 4면에 있는 평평한 부분과 비교해보면 둘의 면적이 거의 같습니다. 이를 통해 우리가 적절한 크기와 형태로 구를 잘 만들었다는 것을 알 수 있습니다. 그 부분들의 크기가 같으니 네모난 브릭으로 만들었음에도 정말 구처럼 느껴집니다.

두 번째 조형 과제: 스핑크스

계단 쌓기 기법으로 기본적인 구를 조형하는 방법을 알아보았습니다. 그럼 같은 기법으로 동물이나 동상, 만화 주인공 또는 상상 속의 외계인도 만들 수 있을까요? 이번에는 그림 7-19와 같은 기자의 대 스핑크스를 만들어보겠습니다.

6장에서 엠파이어스테이트 빌딩을 만들었을 때처럼, 제일 먼저 해야 할 일은 인터넷에서 스핑크스 사진을 찾는 것입니다. 이번에는 디자인 격자에 스케치하는 과정 없이 처음부터 브릭으로 만들면서 필요할 때마다 수정하는 방식으로 만들 것입니다. (물론 디자인 격자의 도움이 필요한 분은 디자인 격자를 사용해도 좋습니다.)

■ 그림 7-19 스핑크스의 머리는 파라오이고 몸은 사자입니다.

스핑크스를 주제로 택한 이유는 유명한 석상이라는 이유 외에도 형태가 비교적 단순해서 레고로 만들기 수월하다는 점과 한 가지 색상(모래색)으로 되어 있어서 색상을 고르는데 신경 쓸 필요 없이 형태를 만드는 데에만 집중할 수 있다는 점 때문입니다. 만약 말을 타고 있는 기사를 주제로 선택한다면 형태가 복잡해서 만들기가 훨씬 까다로울 것이 분명합니다.

특징적인 부분 찾아내기

실재하는 소재를 레고로 표현할 경우엔 대상의 독특한 특징을 잘 잡아내는 것이 중요합니다. 스핑크스의 경우 사람을 닮은 머리와 파라오의 머리쓰개가 가장 큰 특징입니다. 따라서 일단 스핑크스의 머리부터 만듭니다. 제대로 만들었다는 생각이 들 때까지 수정에 수정을 거듭해야 합니다. 머리가 완성된 후에는 머리 크기에 맞춰서 몸통을 만듭니다. 몸통을 만들 때도 특징적인 부분(사자가 쉬고 있는 자세)을 잘 표현하는 것부터 시작합니다.

머리 만들기

머리를 만들 때는 먼저 머리쓰개의 경사를 잘 표현하는 것에 집중을 해야 합니다. 왜냐하면 머리쓰개야 말로 스핑크스의 인상을 좌우하는 큰 특징이기 때문입니다.

머리쓰개의 좌우 경사진 부분은 약 55도 각도이므로 레고의 65도 경사 브릭을 사용하면 얼추 비슷할 것 같습니다. 부품을 선택했으니 만들어보겠습니다.

그림 7-20은 스핑크스 머리를 완성한 모습입니다. 좌우의 머리쓰개 부분을 쌓아올린 후 얼굴 쪽으로 조립을 진행했습니다. 조형물이란 어느 방향에서 봐도 형태가 정확해야 하므로 얼굴을 평면으로 만들어버려선 곤란합니다.

그림 7-21은 머리를 측면에서 본 모습입니다. 완벽하다고는 할 수 없습니다. 비교적 작은 모델이기 때문에 모든 부분을 생각처럼 다 표현해 내기는 어렵다는 점을 감안해야 합니다.

- 그림 7-20 파라오의 머리와 머리쓰개(위쪽)
- 그림 7-21 머리 부분을 만들 때는 대상을 입체적으로 바라봐야 합니다(아래쪽).

주요 기법

스핑크스만의 외형적 특징이 몇 가지 있는데 레고로 어떻게 표현하면 좋을지 하나하나 살펴보겠습니다.

| 코 |

실제 스핑크스는 코가 달아나고 없습니다. 이 재미있는 특징을 레고로 살리면 좋을 것입니다. 코가 떨어진 후 표면이 고르지 못한 모양을 표현하기 위해 플레이트 바닥면이 보이도록 결합합니다.

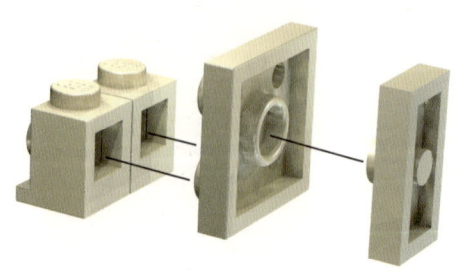

- **그림 7-22** 부품들을 어떤 식으로 결합하는지 눈여겨보길 바랍니다. 오른쪽의 부품 세 개로 왼쪽의 스핑크스 코를 만듭니다.

이것은 레고 부품의 독특한 기하학적 특징을 잘 활용한 예라고 할 수 있습니다. 턱 플레이트(그림 7-22의 맨 오른쪽 부품)를 2×2 플레이트의 튜브에 결합한 후 2×2 플레이트를 다시 헤드라이트 브릭 뒷면의 네모난 구멍에 결합합니다. 모두 딱 딱 잘 맞아 들어갑니다.

| 귀 |

귀를 만들기 위해서는 브릭들을 다양한 방향으로 돌려서 결합할 수 있어야 합니다. 그림 7-23에서처럼 마카로니 브릭을 바닥이 바깥을 향하도록 돌려서 결합합니다. 마카로니 브릭의 구부러진 형태가 스핑크스의 귀를 잘 표현해주고 있습니다.

- **그림 7-23** 부품을 머리 옆면에 결합하는 요령입니다.

■ **그림 7-24** 곡면이 있는 부품을 사용하면 모델의 투박함을 많이 줄일 수 있습니다.

| 발 |

스핑크스의 거대한 발은 거의 직사각형 모양이라고 할 수 있지만 발가락 부분은 곡면이 조금 있습니다. 구부러진 발가락을 표현하기 위해 그림 7-24처럼 1×2 반아치를 1×3×2 반아치 아래에 끼워 넣습니다. 두 반아치가 서로 완벽하게 잘 맞습니다. 아치 부품을 사용하니 투박함이 조금 덜해진 것 같습니다.

| 머리쓰개 |

그림 7-25는 머리쓰개가 몸통과 이어지는 부분을 보여줍니다. 처음에는 만족스럽게 표현하지 못할 수 있습니다. 멋진 모델을 만들기 위해서는 마음에 들 때까지 분해하고 조립하기를 반복할 수 있어야 합니다.

■ **그림 7-25** 머리쓰개 뒷부분을 만들어보면 경사 브릭으로 조형하는 요령을 어느 정도 터득할 수 있습니다. 이런 것에 어떠한 절대적인 원칙이 있는 것은 아닙니다. 마음에 들 때까지 분해하고 결합하기를 반복하는 것이 유일한 비법입니다.

몸통 만들기

모델을 창작할 때, 건물처럼 아래에서 위로 만들어야 할 때가 있습니다.

그런데 스핑크스의 경우에는 그렇지 않았습니다. 먼저 제일 표현하기 까다로운 머리를 먼저 만든 후 몸통을 그 머리에 맞추어 제작하였습니다. 몸통을 만들 때에는 인접한 순서대로 어깨, 등, 다리 순으로 만드는 것이 좋습니다. 머리를 기준으로 삼아 어깨의 크기를 가늠해보고 그 다음엔 머리와 어깨의 크기를 기준으로 등의 크기를 가늠해보는 식으로 만드는 것이 쉽고 효율적이기 때문입니다. 스핑크스를 완벽한 비율로 묘사할 목적이 아니기 때문에 3장의 기차역을 만들 때처럼 스케일에 신경 쓰지는 않았습니다.

몸통 아랫부분과 다리(그림 7-26)를 만들기 전에 인터넷에서 찾은 스핑크스 사진을 다시 잘 살펴보길 바랍니다. 사물이나 건물, 자동차 등의 실제 사진은 레고 모델을 만들 때 대단히 도움 됩니다. 만들고 싶은 대상이 눈앞에 있다면 사진을 찍습니다. 전체 사진은 물론 세부적인 부분과 특징들을 잘 알 수 있도록 부분 사진도 꼼꼼히 촬영해야 합니다. 레고 사의 마스터 빌더들은 모델을 만들기에 앞서서 늘 이런 식으로 자료 조사를 합니다. 자료 조사가 철저하면 철저할수록 사실적이고 자연스러운 모델을 만들 수 있기 때문입니다.

그림 7-16은 스핑크스를 완성한 모습입니다. 상당히 고르지 않고 모서리 일부도 뭉툭하게 표현된 것에 주목하길 바랍니다. 세월에 의해 침식된 모습을 묘사하기 위해 의도적으로 그렇게 한 것입니다.

■ 그림 7-26 스핑크스의 몸통은 기본적으로 네모난 상자 형태이고 옆면은 계단 모양으로 층이 져 있습니다. 스핑크스 조형의 관건은 머리와 얼굴이라고 할 수 있습니다.

마무리: 잘 봐야 잘 만든다

실제 존재하는 대상을 조형물로 만들 때에는 먼저 계단 쌓기나 경사 브릭으로 만들어야 할 곡면이 있는지부터 살펴봐야 합니다. 또한 얼굴, 조각상, 산 등 모든 사물은 어느 것도 완벽하게 좌우 대칭이지는 않다는 것도 명심해야 합니다. 사물을 반으로 나누어놓고 보았을 때 한쪽 절반과 다른 쪽 절반의 모양이 정확하게 일치하는 경우는 없다는 뜻입니다. 이러한 점을 놓치지 않아야 깊이 있는 모델을 만들 수 있습니다. 이 스핑크스를 만들 때는 설계도나 청사진을 곧이곧대로 따라한 것이 아니라 전체적인 느낌을 살리는 것에 집중했습니다. 하지만 구를 만들 때처럼 치밀한 사전 계획에 따라 제작해야 하는 경우도 있습니다. 두 가지 기법 중 어떤 것을 선택해야 하는가는 그때그때 상황에 맞게 잘 판단해야 합니다.

결국 여러분이 조형하는 방식과 그 결과로 탄생하는 조형물은 오롯이 여러분이 사물을 바라보는 관점을 반영하는 것이라고 할 수 있습니다. 즉 잘 봐야 잘 만들 수 있는 것입니다.

8 모자이크:
브릭으로 만드는 패턴과 그림

그림 8-1처럼 타일, 벽돌, 유리, 돌 등으로 만든 패턴이나 그림을 모자이크 mosaic 작품이라고 말합니다. 이번 장에서 소개하겠지만 레고는 모자이크 작품을 만들기에 무척 좋은 재료입니다.

레고로 모자이크를 만드는 방식은 크게 두 가지입니다. 첫째, 스터드아웃 studs-out 방식은 그림 8-2처럼 작은 브릭이나 플레이트(주로 1×1이나 1×2)를 베이

■ 그림 8-1 돌조각으로 만든 로마 양식의 모자이크입니다. 이런 사진들을 인터넷으로 검색해서 레고 모자이크를 만들 때 참고하면 도움이 될 것입니다. (사진 출처: Photos8.org)

■ 그림 8-2 스터드아웃 방식으로 만든 모자이크입니다. 테두리엔 타일을 사용했습니다.

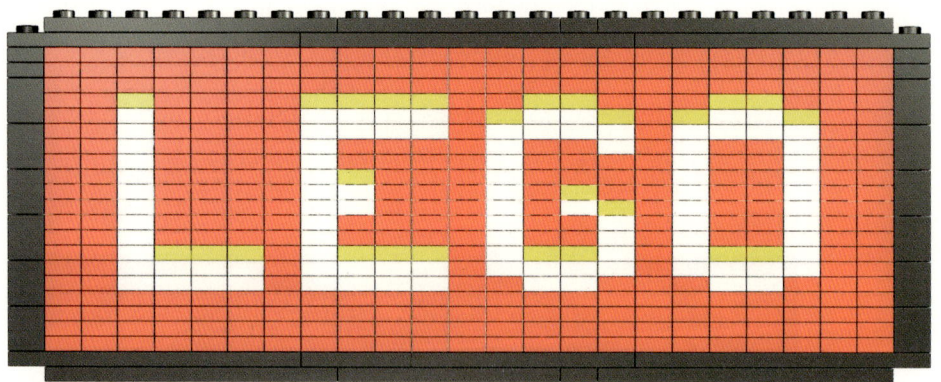

■ 그림 8-3 스터드업 방식으로 만든 모자이크입니다. 독립된 모자이크 작품 또는 다른 모델에 삽입할 글씨나 그림을 만들 때 이 기법을 사용할 수 있습니다.

스 플레이트에 꽂아 스터드가 바깥으로 노출되도록 만드는 방법입니다.

스터드아웃 방식 모자이크는 겉보기에 조금 투박해 보일 수 있는 반면 만들기는 쉽습니다. 137쪽의 '사진을 모자이크로' 부분에서 사진을 모자이크로 옮기는 간단한 방법 몇 가지를 살펴볼 것입니다.

둘째, 그림 8-3과 같은 스터드업studs-up 방식이 있습니다. 브릭이나 플레이트를 쌓을 때 스터드가 위를 향하도록 쌓아 무늬를 만드는 방식으로서 부품의 옆면이 모자이크 작품의 전면으로 드러납니다.

여기서 한 단계 더 나아가면 플레이트나 타일을 90도 돌려서 색다른 무늬를 만들 수도 있습니다. 이에 관한 내용은 146쪽의 '모자이크 세우기' 부분에서 자세히 소개할 것입니다.

모자이크 기법으로 그림이나 사진 작품과 같은 미술 작품을 만들 수 있을 뿐만 아니라 기차나 화물 트럭 옆면에 회사 이름을 써넣는 것처럼, 큰 모델에 모자이크 형식으로 글씨를 삽입할 수 있습니다. 비슷한 개념으로 레고 건물 벽면에 벽화를 그려 넣을 수도 있을 것입니다.

스터드아웃 모자이크를 만들기 위한 준비물

우선 모자이크 밑판으로 사용할 베이스 플레이트를 정해야 합니다. 그림 8-4의 두 베이스 플레이트가 대표적인 레고 베이스 플레이트입니다. 파란색 베이스 플레이트는 크기가 32×32 스터드이고, 회색 베이스 플레이트는 48×48 스터드입니다. 이 장에서는 32×32 베이스 플레이트로 모자이크를 만들어 볼 것입니다.

다음으로는 1×1 부품을 다량 준비해야 합니다. 1×1 플레이트를 사용하면 모자이크의 두께가 얇아지고 1×1 브릭을 사용하면 두께가 두꺼워진다는 차이가 있지만 겉으로 보이는 결과물은 다르지 않습니다. (모자이크 작품에 테두리를 두를 용도로 1×1 크기 이외의 기본 브릭이나 경사 브릭이 필요할 수도 있습니다.)

모자이크 제작에 들어가기 전에 부록 B에 있는 디자인 격자 #1을 몇 장 출력합니다. 디자인 격자 #1은 http://nostarch.com/legobuilder2/에서 다운로드할 수 있습니다. 디자인 격자 #1은 일반적인 모눈종이와 같은 모양으로서 각 모눈의 크기는 1×1 브릭을 위에서 보았을 때의 크기와 같습니다. 디자인 격자의 특정 모눈을 검게 칠해서 브릭을 끼울 위치를 표시합니다.

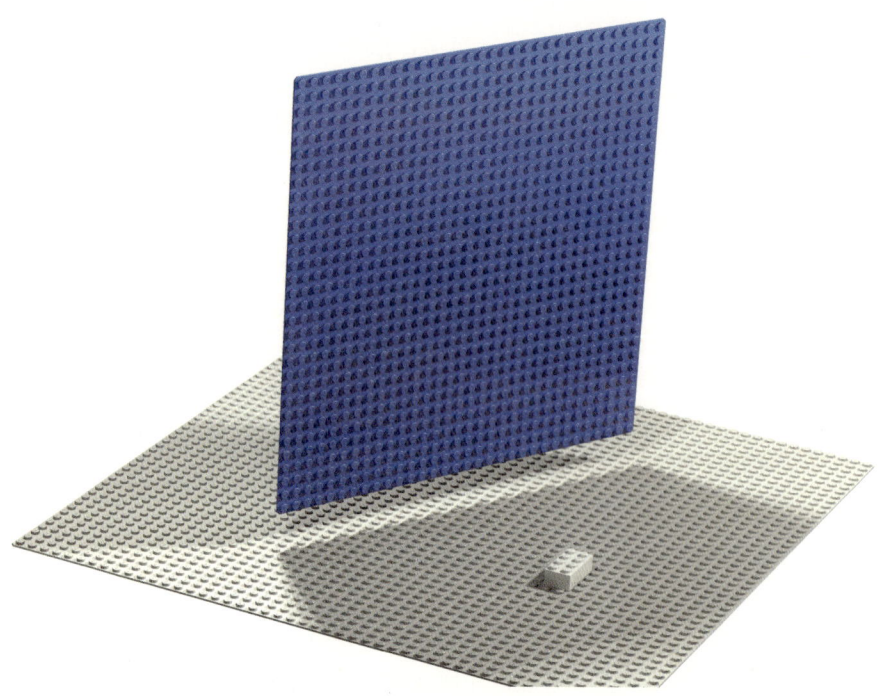

■ 그림 8-4 베이스 플레이트의 크기가 어느 정도인지 짐작할 수 있도록 2×4 브릭을 끼워두었습니다.

기하학적 무늬

우선 연습 삼아 기하학적인 무늬를 만들어 보겠습니다. 먼저 그림 8-5처럼 6×6, 8×8 또는 10×10 스터드 크기로 원하는 무늬를 만듭니다.

도안을 완성한 후엔 실제 레고를 이용하여 모자이크를 조립합니다. 32×32 베이스 플레이트가 있다면 그것을 사용하고 없을 경우에는 작은 베이스 플레이트 몇 개를 연결하여 사용합니다. 그림 8-6과 그림 8-7처럼 도안에 따라 1×1 부품을 베이스 플레이트에 결합합니다.

동일한 무늬를 그림 8-6에서는 플레이트로 만들었고 그림 8-7에서는 브릭으로 만들었습니다. 1×1 플레이트보다 1×1 브릭이 구하기 쉽고 가격도 저렴하기 때문에 우리는 1×1 브릭을 사용하기로 하겠습니다.

도안에 따라 브릭을 모두 꽂고 나면 그림 8-8과 같은 모양일 것입니다. 하지만 이것으로 끝난 것은 아니고 이 무늬를 반복적으로 사용해서 더 큰 모자이크를 만들 것입니다.

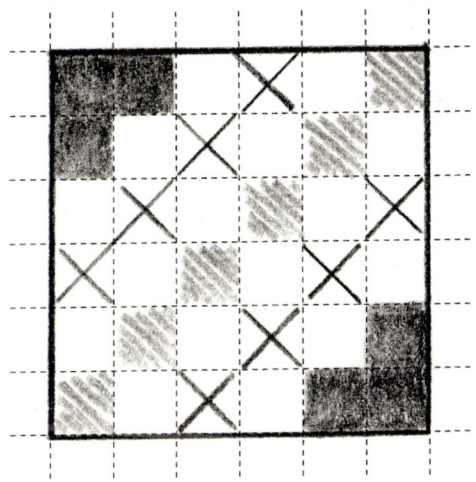

■ **그림 8-5** 도안은 단순한 것이 좋습니다. 브릭을 꽂을 곳에 칠을 하되 색상에 따라 각기 다른 방식으로 칠합니다. 아무 칠이 없는 곳은 흰색 브릭을 끼울 자리입니다. 이렇게 여러 가지 색상을 사용해도 좋지만 흑과 백, 두 가지 색상만으로 단순하게 만들어도 괜찮습니다.

■ **그림 8-6** 1×1 플레이트를 사용하면 모자이크를 얇게 만들 수 있습니다. 그런데 1×1 플레이트가 없다면 1×1 브릭을 사용해도 상관없습니다.

■ **그림 8-7** 스터드아웃 모자이크의 경우 1×1 플레이트를 사용하든 1×1 브릭을 사용하든 결과물은 같습니다. 브릭을 사용하면 모자이크 두께가 두꺼워지긴 하지만 앞면에 나타나는 무늬는 플레이트를 사용했을 때와 차이가 없기 때문입니다.

- **그림 8-8** 1×1 부품으로 그림과 같은 단순한 무늬를 만든 후 이를 반복적으로 사용하여 좀 더 복잡한 무늬를 만듭니다(왼쪽).
- **그림 8-9** 6×6 무늬 네 개를 사용하여 만든 큰 무늬. 이 무늬를 다시 반복적으로 사용해서 더 큰 무늬를 만들 수 있습니다(오른쪽).

그림 8-5와 그림 8-8을 비교해보면 어떤 표시가 어떤 색상을 뜻하는지 알 수 있습니다.

그림 8-9는 그림 8-8의 6×6 무늬를 반복적으로 사용해서 더 큰 모자이크를 만들어본 것입니다.

그림 8-9는 그림 8-8의 무늬 네 개를 사용한 모자이크인데, 무늬를 합칠 때 무늬 두 개의 방향을 돌려서 검정 모서리가 한데 모이도록 했습니다. 모양이 예뻐서 반복적으로 더 사용해 봐도 좋을 것 같습니다.

그림 8-10은 8-9의 무늬를 하나 더 만들어 나란히 놓은 모습입니다.

- **그림 8-10** 처음에 만든 6×6 무늬 8개로 반복적인 무늬를 만들었습니다.

이 모자이크는 미니피겨 스케일 호텔의 무도회장 바닥으로 사용해도 좋을 것 같습니다. 아니면 그냥 이 무늬만으로 베이스 플레이트 한 장을 가득 채워도 예쁜 장식품으로서 썩 나쁘지 않을 것 같습니다. 여러분만의 무늬를 만든 후 여러 개를 조합해서 예쁜 모자이크를 만들어보길 바랍니다.

사진을 모자이크로

사진을 모자이크로 만드는 방법은 여러 가지가 있습니다. 첫째로는 트레이싱 tracing 기법으로서 사진을 모눈종이 아래에 받쳐놓고 따라 그리는 방법입니다. 쉽게 말하자면 사진을 베끼는 것이지만 여러분의 예술적 감각을 발휘할 여지가 전혀 없지는 않습니다. 두 번째 방법은 컴퓨터를 이용하여 사진을 픽셀화하는 방법입니다. 두 방법 모두 사실적인 모자이크를 만드는 데 적절한 기법이라고 할 수 있습니다.

│ 트레이싱 기법 │

우선 모자이크로 만들고 싶은 사진을 준비합니다. 디지털 카메라로 찍은 사진이라면 사진 파일을 컴퓨터에 열어놓습니다. 인화된 사진이라면 스캔해서 컴퓨터에서 사용할 수 있는 사진 파일로 만듭니다. 사진을 출력하기 전에 먼저 사진의 모양이 정사각형이 되도록 사진을 오립니다. 그런 다음 사진의 가로세로 크기를 6.5인치(약 16.5센티미터)로 조정한 후 출력합니다. (사진 크기를 조정하는 것은 32×32 스터드로 모자이크를 만들기 위해서입니다.)

부록 B의 디자인 격자 #2도 한 장 출력합니다. 트레이싱 종이 같이 가능한 얇은 종이에 출력하도록 합니다. http://nostarch.com/legobuilder2/에서 다운로드 할 수 있습니다.

출력한 디자인 격자 아래에 사진을 받쳐 놓습니다. (두 종이가 따로 놀지 않도록 스테이플러나 클립으로 고정합니다.) 사진이 디자인 격자에 비치면 밝은 부분과 어두운 부분을 구별하며 모눈을 색칠합니다. 그림 8-11은 인터넷에서 구한 물고기 사진을 밑에 대고 위에서 설명한 트레이싱 기법으로 디자인 격자에 물고기의 윤곽을 그린 결과물입니다.

스터드아웃 방식으로 만든 모자이크는 외관상 약간 투박해 보이는 단점이 있긴 하지만 표현하고자 하는 대상의 형태나 무늬가 뚜렷하고 선명할 경우 꽤 근사한 결과물을 얻을 수 있습니다. 사진을 고를 때에는 중요한 부분이 화면 가득하게 찍힌 사진을 골라야 합니다. 가령 친구 얼굴을 모자이크로 만들 땐 친구 얼굴이 최대한 크게 찍힌 사진을 선택합니다.

그림 8-11에서 물고기가 32×32 모눈 전면을 거의 다 채우고 있는 것에 주목하길 바랍니다. 32×32처럼 모자이크의 크기가 작은 경우에 이 점은 특히 더 중요한데, 표현하고자 하는 대상이 화면을 가득 채우면 채울수록 주제가 잘 나타나서 내용 전달이 쉽습니다.

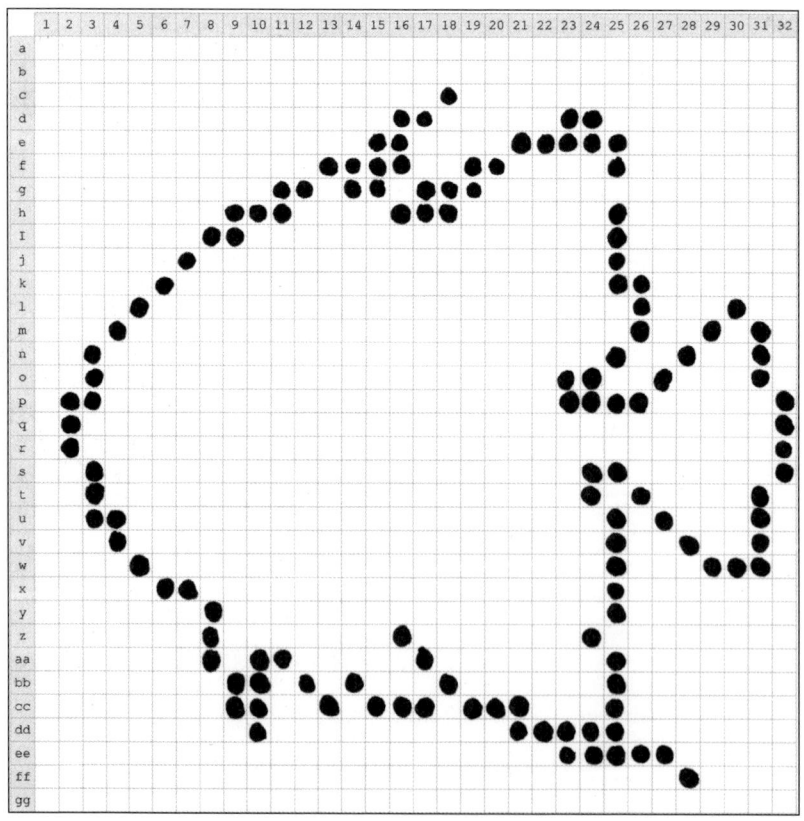

■ **그림 8-11** 트레이싱 기법으로 그린 엔젤피시angelfish. 모자이크를 완성하면 어떤 모습일지 대략 짐작할 수 있습니다.

스터드아웃 방식으로 모자이크를 만들자면 아무리 노력을 해도 결코 매끄러운 곡선을 만들 수는 없을 것입니다. 그럼에도 불구하고 최대한 자연스럽게 표현하는 것, 그것에 목표를 두도록 합니다.

디자인 격자의 위와 옆에 적힌 좌표를 보면 어떤 부품을 베이스 플레이트의 어떤 위치에 끼워야하는지 쉽게 알 수 있습니다. 가령 그림 8-11에서 등지느러미 끝부분의 좌표는 C18입니다. 즉 베이스 플레이트의 세 번째 줄, 18번째 칸에 등지느러미의 끝부분이 위치한다는 의미입니다. 디자인 격자의 좌표대로 그 위치에 해당 부품을 꽂습니다. 다음 부품을 꽂을 때에는 다시 디자인 격자의 좌표를 참고하거나 또는 이전에 끼운 부품의 위치를 기준으로 삼아 다음 부품을 결합할 위치를 파악합니다.

그림 8-12는 물고기 외곽선 안쪽 부분을 세부적으로 묘사한 모습입니다. 부품 색상을 표시하기 위해 다양한 기호로 표기하였습니다. (이런 방법이 귀찮다면 그냥 색연필을 사용해도 상관없습니다.)

디자인 격자 아래에 있는 범례 란에 어떤 표기가 어떤 색상을 의미하는지 기록합니다(그림 8-13). 네모 칸에 기호(또는 무늬)를 그린 후 오른쪽에 색상을 적습니다.

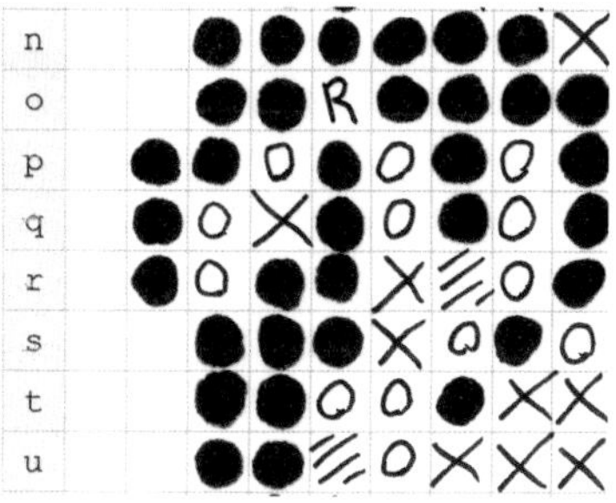

■ 그림 8-12 엔젤피시의 머리와 주둥이 부분을 확대한 모습. 표기가 모눈을 조금 벗어난다고 해도 문제될 것은 없습니다.

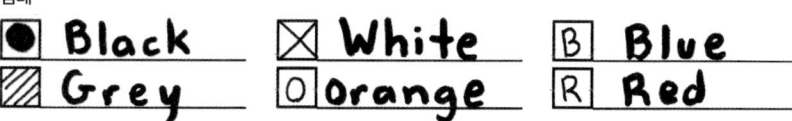

■ 그림 8-13 이렇게 간단히 범례를 기록해 놓으면 나중에 레고로 만들 때 편리합니다.

디자인 격자에 그린 도안은 실제 레고 브릭으로 만든 모자이크가 어떠한 모양일지 보여주는 대략적인 스케치에 불과하기 때문에 도안 자체를 깔끔하게 그렸는지 지저분하게 그렸는지는 중요하지 않습니다. 중요한 것은 어떤 위치에 어떤 색상의 부품을 꽂아야 하는지 알아 볼 수 있어야 한다는 것일 뿐 도안 자체가 작품은 아니므로 부담 없이 그리길 바랍니다.

> **노트** 디자인 격자 밑에 받쳐 놓은 원본 사진이 잘 비쳐 보이지 않을 경우에는 원본 사진을 창문에 대고 그 위에 디자인 격자를 올립니다. 창문을 통해 들어오는 햇빛으로 인해 원본 사진이 디자인 격자에 좀 더 잘 비칠 것입니다. 햇빛이 없는 날에는 투명한 플라스틱 통을 뒤집어놓고 그 위에 원본 사진과 디자인 격자를 순서대로 올려놓습니다. 플라스틱 통을 통해 들어오는 빛으로 인해 훨씬 보기 수월할 것입니다.

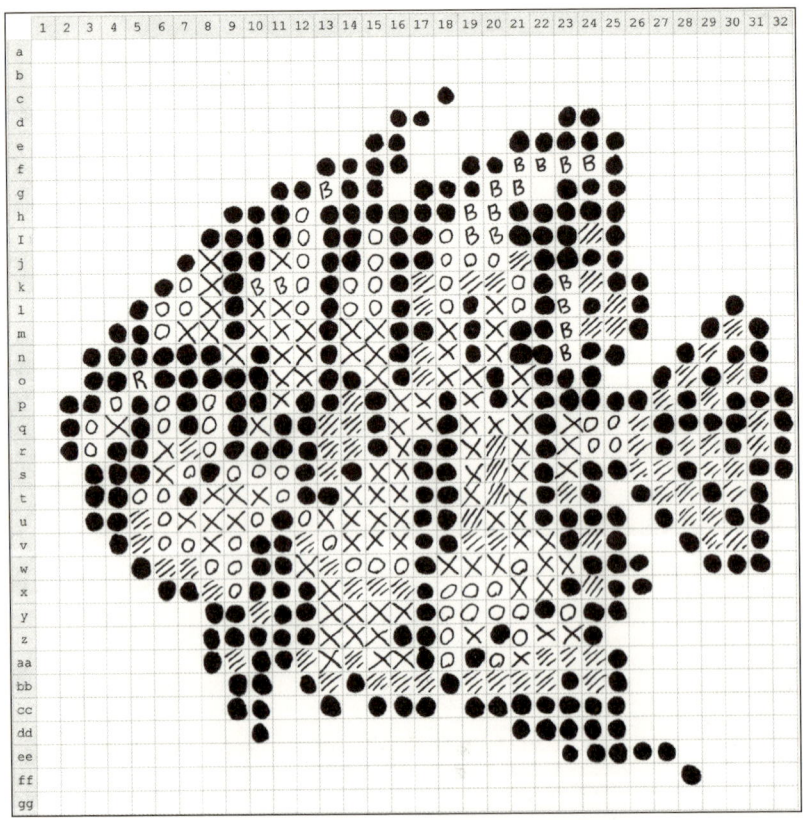

■ **그림 8-14** 윤곽은 조금 거칠지만 모자이크를 만들기에 부족함이 없는 멋진 도안입니다.

그림 8-14는 엔젤피시 도안을 완성한 모습입니다. 사진만큼 사실적이지는 않지만 그래도 분명 물고기처럼은 보이는군요!

도안을 실제 레고로 옮기는 과정에서 혹시 도안에 수정이 필요한 부분을 발견했다면 그때그때 수정하도록 합니다. 처음 계획한 도안을 절대적인 것으로 생각해서 꼭 그대로 만들 필요는 없습니다. 막상 조립하다보면 미흡한 부분이 눈에 들어오기 마련입니다. 문제가 되는 부분이 있다면 마음에 들 때까지 수정에 수정을 거듭하길 바랍니다.

모자이크를 만드는 도중 작업이 잘 진행되고 있는지 어떻게 알 수 있을까요? 아래의 두 가지 방법으로 확인할 수 있습니다.

1 작품을 세워놓고 멀리서 봅니다. 모자이크 작품들은 대부분 조금 멀찍이 떨어져서 봐야 눈에 잘 들어옵니다. 거칠고 날카롭던 윤곽들이 흐릿해져서 이미지가 부드러워지기 때문입니다.

2 눈을 가늘게 뜨고 봅니다. 눈을 가늘게 뜨고 몇 초간 작품을 응시하면 작품을 멀리서 봤을 때와 비슷한 효과를 얻을 수 있습니다.

| 컴퓨터를 통한 픽셀화 작업 |

모자이크 도안을 만드는 두 번째 방법은 컴퓨터를 이용하여 사진에 모자이크 효과를 주는 것입니다. 그림 8-15는 저희 집 고양이 이지입니다. 왼쪽은 원본 사진이고 오른쪽 사진은 모자이크 효과를 준 것입니다.

모자이크 효과를 주기 위해 여기서는 GIMP(http://www.gimp.org)라는 소프트웨어의 모자이크 필터 mosaic filter 기능을 사용하였습니다. 일반적인 사진에 모자이크 필터를 적용하면 여러 가지 색상의 네모 블록으로 픽셀화된 이미지를 얻을 수 있습니다. 그림 8-15의 오른쪽 사진을 보면 짙은 회색, 흰색 그리고 주황색의 네모 상자가 가득합니다. GIMP 외에 포토샵 Photoshop 등의 소프트웨어로도 모자이크 효과를 줄 수 있습니다.

GIMP에서 모자이크 효과를 줄 때 네모 블록의 크기를 바꿈으로써 블록의 개수를 마음대로 조절할 수 있습니다. 이지 사진의 경우 레고 베이스플레이트 크

■ 그림 8-15 진짜 이지와 픽셀화된 이지의 만남. 원본 사진과 모자이크 필터를 적용한 사진을 나란히 놓고 비교해 보았습니다.

기에 맞도록 네모 블록의 개수를 정확하게 가로세로 32×32개로 맞추었습니다.

모자이크 필터를 적용한 결과가 마음에 들면 프린터로 한 장 출력해서 모자이크 도안으로 사용합니다. 이 도안을 보고 어느 위치에 어떤 색상의 부품을 끼울지 판단할 수 있습니다. 원본이 컬러 사진이고 프린터도 컬러 출력이 가능하다면 모자이크 도안을 다채로운 색상으로 만들 수 있습니다.

그런데 이렇게 출력한 모자이크 도안에는 가로세로 좌표가 적혀 있지 않기 때문에 부품을 꽂다 보면 지금 어디를 꽂고 있는지 헤매기 쉽습니다. 한 가지 요령을 소개하자면 그림 8-16처럼 베이스 플레이트와 모자이크 도안을 4분의 1로 구획을 나누어서 작업하는 방법이 있습니다. 그림 8-17은 모자이크 조립을 시작한 모습입니다.

모자이크 도안을 보고 베이스 플레이트에 꽂을 브릭의 색상을 결정합니다. 즉 도안의 오른쪽 윗부분이 짙은 빨간색이라면 베이스 플레이트 오른쪽 윗부분에 꽂을 브릭의 색상은 짙은 빨간색입니다. 그런 다음 인접한 부분 역시 도안의 색상에 맞춰 브릭을 선택한 후 해당 위치에 결합합니다.

■ 그림 8-16 베이스 플레이트를 4분의 1로 나누는 지점을 표시하기 위해 베이스 플레이트 한 가운데에 회색 1×1 원통 플레이트를 끼워 놓았습니다.

■ 그림 8-17 출력한 모자이크 도안과 대조하면서 브릭을 하나하나 끼웁니다. 고양이 머리 뒤의 배경과 고양이 귀 부분을 작업한 모습입니다.

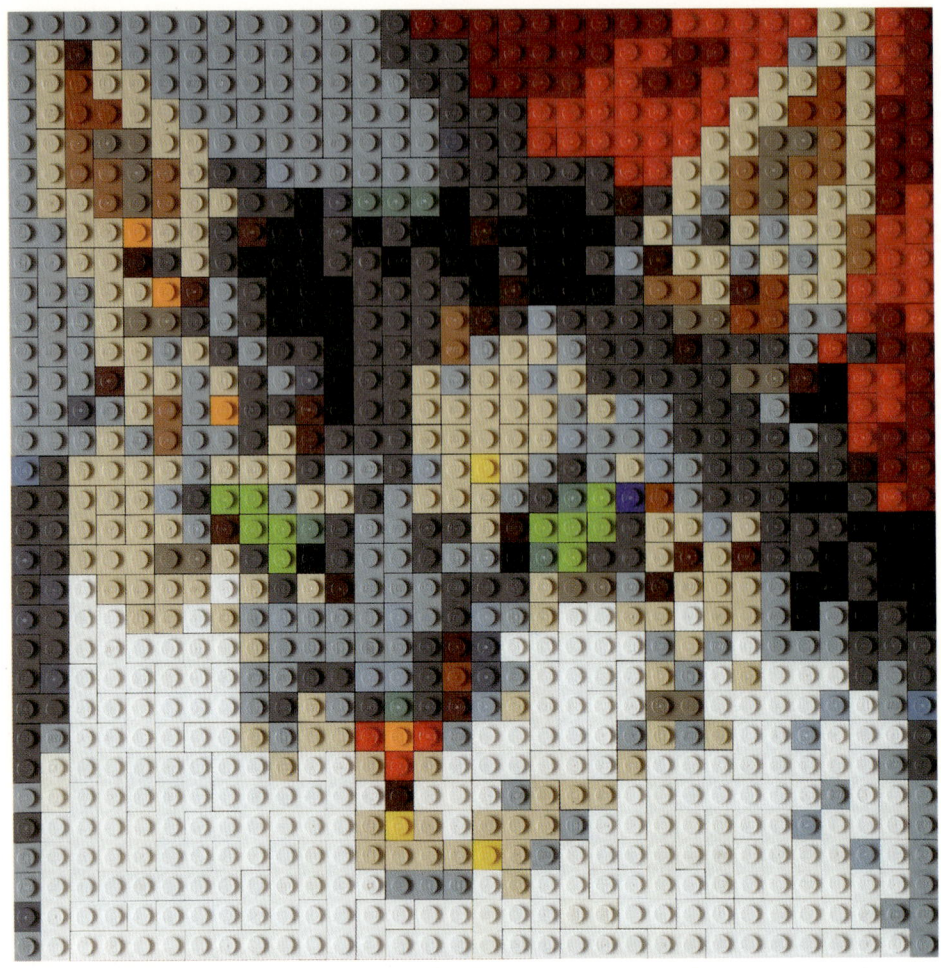

■ 그림 8-18 레고 모자이크로 재탄생한 이지. 레고 모자이크를 감상할 때는 몇 걸음 뒤로 물러나서 개개의 브릭을 보지 말고 전체적인 이미지를 봐야 합니다.

일단 브릭들을 다 꽂고 나면 그림 8-18처럼 도안과 거의 비슷한 느낌의 결과물을 얻을 수 있습니다.

모자이크 결과물이 어딘가 어색하다면 다음과 같이 조치합니다. 작품을 세워놓고 뒤로 몇 걸음 물러납니다. 전체 그림을 보면서 마음에 들지 않는 부분을 찾아봅니다. 문제가 되는 부품들을 차례차례 다른 부품으로 바꿔가며 문제를 조금씩 해결해 나갑니다.

스터드업 모자이크 만들기

스터드업 모자이크에서는 플레이트의 옆면을 보여줄 수 있기 때문에 브릭의 윗면만 보여줄 수 있었던 스터드아웃 모자이크에 비해 색상이나 형태를 좀 더 섬세하게 표현할 수 있습니다. 그림 8-19는 그림 8-2(스터드아웃 방식 모자이크)와 그림 8-3(스터드업 방식 모자이크)을 비교해서 보여주고 있습니다. 보는 바와 같이 스터드업 방식으로 만든 글자가 스터드아웃 방식으로 만든 글자에 비해 더 자연스럽습니다. 또한 스터드업 방식에서는 음영이나 하이라이트(그림 8-19, 스터드업 모자이크에서 노란색으로 강조한 부분)까지 섬세하게 표현할 수 있기 때문에 좀 더 다양한 시도를 해볼 수 있습니다.

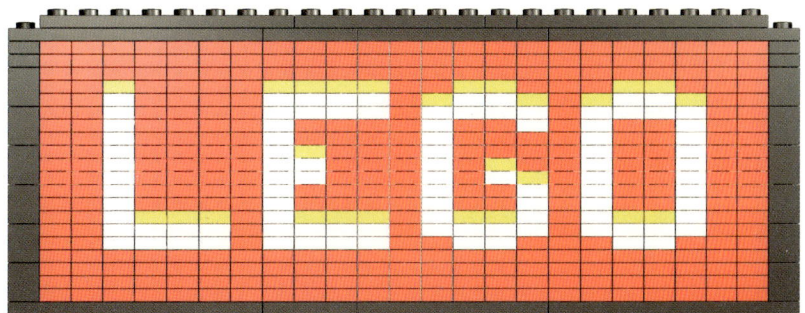

■ **그림 8-19** 스터드아웃 방식으로 만든 글자(위)와 스터드업 방식으로 만든 글자(아래)를 비교한 모습. 특히 이처럼 글자를 표현하는 경우에는 스터드업 방식이 좀 더 유리합니다.

 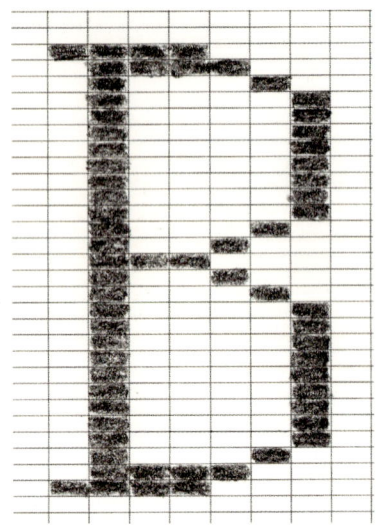

- 그림 8-20 모델을 옆에서 보면서 작업할 때는 모눈 모양이 1×1 플레이트 옆면의 모양과 일치하는 '플레이트 시점'의 디자인 격자를 사용합니다.
- 그림 8-21 대문자 B처럼 부드러운 곡선이 있는 형태를 표현할 때는 스터드아웃 방식보다는 스터드업 방식으로 만드는 것이 효과적입니다.

스터드업 모자이크에 적합한 디자인 격자

스터드업 모자이크 제작에 들어가기 전에 부록 B에 있는 디자인 격자 #3과 디자인 격자 #4를 http://nostarch.com/legobuilder2/에서 다운로드 하여 한 장씩 출력합니다. 이 두 디자인 격자의 모눈은 1×1 플레이트를 옆에서 보았을 때의 모양과 같습니다(그림 8-20). 따라서 부품을 옆에서 본 모습으로 도안을 그려야 하는 스터드업 모자이크 작업에 유용하게 사용할 수 있습니다.

　스터드아웃 방식에 비해 스터드업 방식은 그림 8-21처럼 글자를 훨씬 섬세하게 표현할 수 있습니다. 이 정도 수준이라면 조금 멀리 떨어져 보면 거의 손 글씨 수준으로 자연스럽게 느껴질 것입니다. 그림 8-19의 스터드아웃 방식으로 만든 투박한 글자와 비교해보면 그 차이를 쉽게 느낄 수 있습니다.

모자이크 세우기

글자나 단어를 모자이크할 때 때때로 모자이크를 세우는 것이 도움이 될 때가 있습니다. 그림 8-22의 작은 모자이크 작품을 예로 들어보겠습니다.

그림 8-22를 처음 보면 이게 글자이긴 한 것인지조차 알 수가 없을 것입니다. 그런데 시계 방향으로 작품을 돌리면 비로소 글자의 정체가 드러납니다(그림 8-23). 바로 달러 기호($)입니다. 그런데 한 가지 의문이 생깁니다. 이렇게 스터드 방향이 엉뚱한 곳을 향하고 있는 모자이크를 다른 모델에 결합할 수 있을까요?

이 모자이크를 다른 큰 모델에 삽입할 때 스터드 방향이 다르다고 결합이 불가능하지는 않습니다. 은행이나 카지노 같은 건물을 예로 들어보겠습니다. 이런 건물 벽에 달러 기호 모자이크를 넣어주면 그 건물의 성격을 잘 표현할 수 있을 것입니다. 스터드 방향이 다른 모자이크를 다른 모델에 결합하는 방법은 생각보다 간단합니다.

- 그림 8-22 외계인의 문자일까요? 대체 무슨 글자인지 아리송합니다 (왼쪽).
- 그림 8-23 오른쪽으로 돌려보니 무슨 기호인지 알겠습니다. 그런데 이 모자이크를 다른 모델에 삽입하려면 스터드 방향이 달라서 곤란하지 않을까요? (오른쪽)

8 모자이크: 브릭으로 만드는 패턴과 그림 147

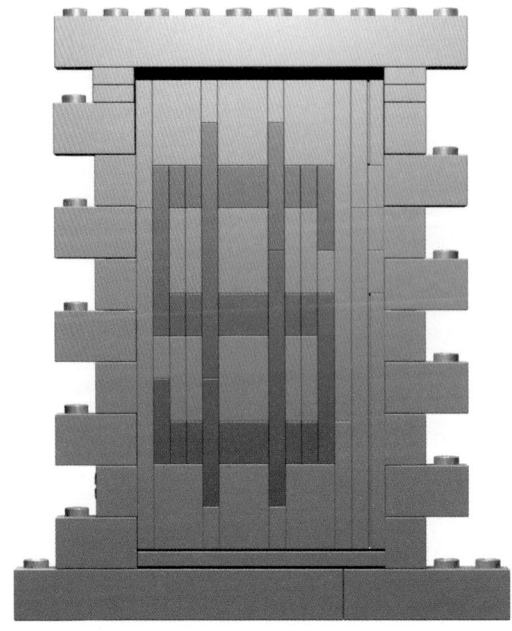

■ 그림 8-24 가까이서 보면 건물 벽과 모자이크의 스터드 방향이 서로 다른 것을 확실히 알 수 있습니다. 하지만 조금 떨어져서 보면 둘이 원래 하나였던 것처럼 별다른 이질감을 느낄 수 없습니다.

    달러 기호 모자이크를 건물 벽 속에 삽입한다면 아마 그림 8-24와 같은 모습일 것입니다. 건물벽을 모자이크 주변으로 적절히 둘러서 벽 속에 모자이크가 잘 자리하고 있는 것을 볼 수 있습니다. 잘 자리하고 있을 뿐만 아니라 사실 단단히 고정되어 있기까지 한데, 둘을 고정하기 위해서는 약간의 기교가 필요합니다.

    그림 8-24만을 봐서는 알 수 없는 부분이지만 1×1 테크닉 브릭 2개를 이용하여 모자이크와 벽을 고정하고 있습니다. 그림 8-25를 보길 바랍니다. 모자이크 오른편으로 노란색 1×1 플레이트와 1×1 테크닉 브릭이 서로 결합하고 있습니다. 플레이트는 모자이크와 마찬가지로 스터드 방향이 오른쪽을 향하고 있고 테크닉 브릭은 건물 벽과 같이 스터드가 위를 향하고 있는 상태이지만 둘은 완벽하게 들어맞습니다.

    모자이크의 왼편을 고정할 때에는 테크닉 1/2핀Technic half pin을 이용합니다(그림 8-25). 테크닉 1/2핀을 모자이크의 스터드 방향대로 오른쪽으로 90도 돌린 후 스터드 부분을 모자이크 바닥에 그리고 핀 부분을 테크닉 브릭에 결합하여

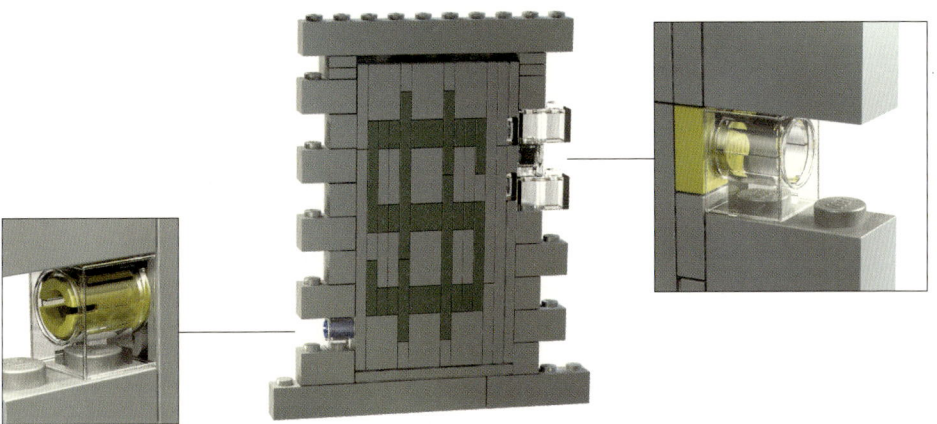

■ 그림 8-25 테크닉 브릭을 잘 활용하면 기막힌 결합이 가능합니다.

모자이크와 벽을 하나로 이어줍니다. 조금 멀리 떨어져서 보면 모자이크가 원래부터 벽의 일부였던 것처럼 어색하지 않습니다. 왼쪽으로 뉘어 알아볼 수 없었던 달러 기호가 이제 건물 벽 속에 자리 잡아 본연의 섬세한 곡선을 자랑하고 있습니다.

마무리: 모자이크의 크기와 형태

다양한 크기와 형태로 모자이크를 만들 수 있습니다. 고양이 이지의 사진을 모자이크로 만들 때처럼 독립적인 모자이크 작품을 만들 수도 있고 달러 기호를 만들 때처럼 다른 모델을 꾸며주기 위한 작은 모자이크를 만들 수도 있습니다.

모자이크 작품을 만들고 나서는 그림 8-26처럼 잘 보이는 곳에 전시해 둡니다. 여러분이 관심 갖고 있는 것이 무엇인지 그것을 어떻게 레고로 표현해 내었는지 친구들에게 보여줄 좋은 기회가 될 것입니다.

모자이크를 어느 정도 크기로 만들어야 하는지 또는 두 가지 기본적인 모자이크 기법 중 어느 기법을 사용하는 것이 좋은지 정해주는 절대적인 규칙은 없습니다. 그때그때 상황에 따라 적절한 판단을 내려야 합니다. 크기를 예로 들자면 건물 벽에 회사 이름을 모자이크 형식으로 써넣고 싶다면 건물 크기에 맞도

■ **그림 8-26** 모자이크를 완성한 후엔 책이나 게임 등 여러분이 좋아하는 것들과 함께 전시해 둡니다.

록 모자이크 크기를 정해야 할 것입니다. 친구 얼굴을 모자이크로 표현하고 싶다면 모자이크 크기가 친구 얼굴의 특징을 충분히 표현할 수 있을 정도는 되어야 할 것입니다.

# 9

지금부터가 진짜:
아이디어를 현실로

지금까지 우리는 여러 가지 주제를 다루었습니다. 포개 쌓기나 계단 쌓기 등의 기본적인 결합 방식, 부품의 종류와 사용법, 스케일과 색상과 같은 디자인적인 용어 등이 이제는 더 이상 낯설지 않을 것입니다. 이제 이런 모든 기술들을 실제로 써먹어 볼 때입니다. 이번 장의 주인공은 다름 아닌 여러분, 즉 만들고 싶은 모델을 디자인해내기 위해 끊임없이 노력하는 레고 창작가들입니다. 디자인 격자를 출력했습니까? 브릭들을 책상 위에 모두 쏟아놓았습니까? 그럼 본격적으로 만들어 봅시다!

> 노트 http://nostarch.com/legobuilder2/에서 디자인 격자를 다운로드 할 수 있으며 디자인 격자를 사용하는 방법은 부록 B를 참고하길 바랍니다.

모델 디자이너다운 사고방식

조립 설명서대로 기성품을 조립하지 않는다면 당신은 이미 디자이너입니다. 실재하는 사물을 묘사하든 아니면 순전히 여러분의 상상에서 나온 것을 만들어내든 여러분은 무언가를 디자인하고 있는 것입니다. 또한 레고를 표현 재료로 사용하는 한 표현상 제약은 거의 없습니다.

이러한 무한한 가능성이 사람에 따라서는 오히려 부담으로 다가가는 경우도 있는 것 같습니다. 머릿속에 만들고 싶은 것은 많지만 막상 그것을 완벽히 레고

■ 그림 9-1 무엇이든 만들 수 있다는 것은 알지만 무엇을 만들어야 할지는 모르는 경우가 있습니다.

로 표현하는 데 어려움을 호소하는 경우입니다. 여러분도 아마 그림 9-1처럼 이것저것 끼적거리다가 포기해본 경험이 있을 것입니다.

표현 범위를 제한하라

표현하지 않을 것을 정하는 것이 표현할 것을 정하는 것만큼이나 중요합니다. 표현 범위란 모델에 담을 내용의 범위를 뜻하는 말로서 '무엇을 만들고자 하는 지'와 '어떻게 만들 것인지'에 대한 답변이기도 합니다.

누구든 "나는 엠파이어스테이트 빌딩을 만들거야!"라고 말할 수는 있습니다. 높이는 20피트(약 6미터)로 하고 수백 개의 창문을 다 표현하면서 색상은 회색으로 통일하겠다는 생각도 할 수 있습니다. 물론 불가능한 것은 아닙니다. 하지만 지금 당장 그 정도의 브릭을 갖고 있습니까? 아마 그렇지 못할 것입니다. 표현 범위가 지나치게 큰 경우입니다.

그러니 우리는 좀 작게 만들기로 합시다.

소재는 역시 엠파이어스테이트 빌딩입니다. 가지고 있는 브릭을 보니 짙은 회색과 옅은 회색 그리고 흰색 브릭이 많군요. 그렇다면 건물벽을 만들 때 그 색상들을 섞어서 사용하도록 합시다. 투명 부품이 별로 없어서 창문을 전부 투명하게 만들 수 없을 것 같으니 대신 검정색 브릭으로 유리창을 표현하기로 합시다. 건물 높이 역시 가지고 있는 부품의 양을 보니 20피트가 아니라 2내지 3피트 정도가 적당할 것 같습니다.

이 정도가 바로 현실적인 표현 범위로서 처음 것보다 훨씬 실현 가능성이 높습니다. 이루기 힘든 목표를 설정하면 모델을 완성하기도 어려울 뿐만 아니라 설령 완성한다고 하더라도 들어간 시간과 노력에 비해 만족감은 상대적으로 작을 것입니다.

이렇듯 표현 범위를 정하는 데 있어서 무엇을 배제할 것인지 정하는 것은 매우 중요합니다. 엠파이어스테이트 빌딩에서 배제해야 할 것은 우선 높이였습니다. 우리는 건물 높이를 2내지 3피트로 정했습니다. 처음에 생각한 20피트라는 높이는 일반적인 창작가들이 감당할 수 없을 정도의 크기이기 때문입니다. 또한 유리창을 검정색 브릭으로 만들기로 정했습니다. 수많은 유리창을 모두 투명 부품으로 표현하기는 현실적으로 불가능하기 때문입니다. 건물벽을 한 색상으로 만들지 않고 두서너 가지 색상을 섞어서 만들기로 한 것 역시 가지고 있는 부품 내에서 최대한 높은 건물을 만들기 위한 합리적인 판단이었습니다.

그런데 사실, 실제 건물이 한 가지 색상만으로 되어 있고 그 색상의 부품을 충분한 수량만큼 갖고 있는 경우라고 하더라도 모델을 만들 때에는 한 가지 색상이 아닌 여러 가지 색상을 섞어서 표현하는 것이 더 좋은 결과를 가져오는 경우가 많다는 것을 많은 창작가들이 공감할 것입니다.

여하튼 그럼에도 불구하고, 크기도 마찬가지지만 색상에 제한이 있다고 해서 여러분의 상상력까지 제한해서는 곤란합니다. 비록 부품이 부족해서 회색, 흰색, 검정색을 섞어서 사용한다고는 하지만 오히려 그 덕분에 한 가지 색상으로 만든 모델보다 훨씬 인상적인 모델을 완성할 수 있을지도 모릅니다. 제약을 장점으로 승화시키길 바랍니다.

표현 범위를 정하면 세부적인 표현을 어느 정도로 해야 할 것인지도 정할 수 있습니다. 엠파이어스테이트 빌딩의 경우 높이를 많이 낮추었기 때문에 그에 따라 세부 표현의 정도도 적당한 수준으로 조절해야 합니다. 창문 윗부분의 복잡한 장식을 제거하고 창문의 위치도 임의로 재조정해야 할 것입니다. 출입문이나 저층의 복잡한 벽면 표현 역시 마찬가지입니다.

표현 범위를 정하고 그 범위 내에서 모델을 만들다 보면 표현 기술이 향상되고 모델을 보는 안목이 높아질 뿐만 아니라 가지고 있는 레고 브릭을 최대한 활용하는 즐거움을 만끽할 수 있습니다.

주제를 잘 정하라

모델의 주제를 정할 때에는 각자의 수준에 맞추어 자신의 흥미를 끌고 도전 의욕을 북돋우는 주제를 찾는 것이 좋습니다. 예를 들어 기둥을 세우는 기술을 연습하고 싶다면 높고 가는 빌딩(엠파이어스테이트 빌딩 같은)을 만들어 보는 것이 좋고, 스케일 개념에 익숙해지고 싶다면 건물 한 개를 여러 크기로 만들어 보는 것이 좋을 것입니다. 하지만 어떤 주제를 선택하든 여러분이 재미를 느낄 수 있는 주제여야 합니다. 어떤 대상을 레고로 표현해내는 가장 좋은 방법을 찾아내기까지는 오랜 시간 동안 한 가지 주제를 놓고 다각도로 고민하고 연구해야 하는데 만약 주제가 재미없다면 그 시간들이 무척 고통스러울 것이기 때문입니다.

가능한 한 다양한 표현 방식과 조립 기법을 소개하기 위해서 이번 장에서는 나사NASA의 우주왕복선을 만들어 볼 것입니다. 우주왕복선을 주제로 정한 것은 형태와 색상 그리고 조립 난이도가 여러분이 지금 도전해 보기에 아주 적절하기 때문이기도 하지만 무엇보다도 제가 우주여행의 열렬한 팬이라는 점이 한몫했습니다. 혹시 여러분이 우주여행에 큰 관심이 없다고 하더라도 너무 실망하지 않길 바랍니다. 여기서 익힌 지식을 여러분이 정말 관심 있는 주제를 만들 때 분명 유용하게 사용할 수 있을 것입니다.

■ 그림 9-2 우주왕복선 아틀란티스 (사진 출처: NASA/courtesy of nasaimages.org)

■ 그림 9-3 지금부터 만들려고 하는 것이 이것입니다.

그림 9-2는 레고 우주왕복선을 만들 때 여러모로 참고할 우주왕복선 아틀란티스Atlantis의 모습입니다.

우리가 만들 레고 우주왕복선은 비록 크기는 작지만 실제 우주왕복선의 주요한 특징들이 잘 살아있는 맵시 있는 모델입니다. 그림 9-3에서 레고 우주왕복선의 완성된 모습을 미리 볼 수 있습니다.

독창성을 가미하기 위해 이름을 트리톤Triton이라고 짓겠습니다. 트리톤이란 옛날 영국 해군에 실존했던 함선의 이름으로서 해왕성의 가장 큰 위성의 이름이기도 합니다. 우주왕복선을 명명하기에 이만한 이름이 또 없을 것 같습니다.

작업 순서를 정하라

어디서부터 시작하면 좋을까요? 우주왕복선 사진을 한번 보겠습니다. 어떤 부분을 가장 먼저 만들어야 할까요? 꼬리날개부터 먼저 만든다면 꼬리날개를 과연 어느 정도 크기로 만들어야 적당할까요? 적재함 덮개부터 만든다면 나중에 적재함 덮개를 몸체와 제대로 결합할 수 있을까요?

무작정 달려들기보다는 만들고자 하는 대상을 일단 잘 관찰해볼 필요가 있습니다. 우주왕복선에는 여러 가지 독특한 특징들이 있지만 무엇보다 가장 먼저 눈에 띄는 것은 특유의 날개 모양입니다. 그림 9-4의 디자인 격자 #1에 그린 스케치를 보면 우주왕복선만의 독특한 날개 형상을 잘 알 수 있습니다.

　게다가 이 날개는 실질적으로 우주왕복선의 바닥을 형성하고 있기 때문에 모델을 만들 때 이 부분부터 만드는 것이 제일 좋을 것 같습니다. 그럼 우주선의 다른 부분들 역시 우주선 날개에 맞추어서 적절한 크기로 만들 수 있을 것이고 결합도 할 수 있을 것이라고 믿고 일단 진행해봅니다. 건물을 만들 때 1층을 만들어놓으면 나머지 층의 높이와 폭이 자연스럽게 정해지는 것과 같은 이치 아니겠습니까?

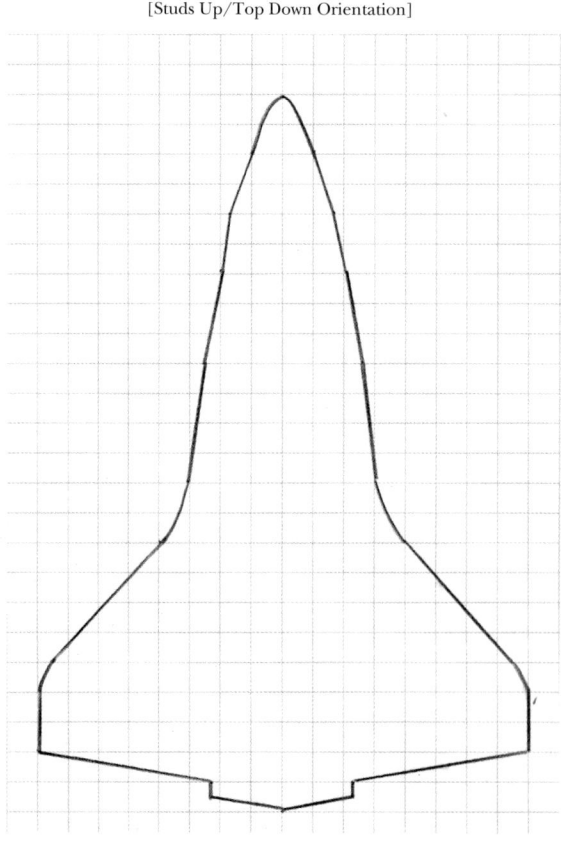

■ 그림 9-4 만들고자 하는 대상의 실제 사진이나 그림을 참고하여 윤곽을 그리면 사실적인 결과물을 얻을 수 있습니다.

그림 9-4와 같은 윤곽을 그리는 방법은 아래와 같습니다.

1 인터넷을 통해 우주왕복선 바닥을 찍은 사진을 구합니다.
2 그 사진을 하얀 종이에 출력합니다.
3 디자인 격자 #1을 출력합니다. 디자인 격자 #1의 모눈은 브릭을 위에서 본 모습과 같은 정사각형 모양을 하고 있습니다.
4 우주왕복선 바닥 사진을 출력한 종이를 디자인 격자 아래에 받쳐놓고 디자인 격자에 비쳐 보이는 날개의 윤곽을 디자인 격자에 옮겨 그립니다. 이렇게 하면 대상의 윤곽을 무척 정확하게 그릴 수 있을 뿐만 아니라 날개 모양을 표현하기 위해 어떤 부품을 사용할지 결정하는 데에도 큰 도움이 됩니다.

우주왕복선 날개는 직사각형 모양이 아니기 때문에 날개 모양을 표현하기 위해서는 갈수록 좁아지는 부품이 필요합니다. 날개 플레이트Wing plate나 다이아몬드 분할 플레이트Diamond-cut plate를 사용하면 좋을 것 같습니다.

    디자인 격자 위에서 날개 모양을 맞추는 것은 직소 퍼즐jigsaw puzzle을 하는 것과 비슷한데, 다만 필요한 퍼즐 조각을 누가 미리 다 준비해 놓았을 리가 없기 때문에 날개 모양을 맞추기 위해 소요되는 부품이 어떤 것일지 스스로 궁리해서 그 부품을 레고 부품 통에서 일일이 찾아내야 합니다. 그림 9-5는 퍼즐을 다 맞춘 결과입니다. 날개 플레이트로 대강의 모양을 만든 후 사이사이 빈 곳을 기본 플레이트로 메꾸었습니다. 디자인 격자의 모눈의 크기가 실제로 1×1 스터드이기 때문에 디자인 격자 위에서 바로 레고 부품들을 맞춰볼 수 있습니다.

    이제 우주왕복선의 기초를 완성한 셈입니다. 물론 여러분이 보유하고 있는 레고 부품에 따라 날개를 만드는 데 쓰이는 부품의 종류와 수량은 다를 수 있습니다. 예를 들어 날개 플레이트가 부족하다면 대신 기본 플레이트를 사용해도 괜찮습니다. 부품이 많다면 여기서 소개하고 있는 크기보다 더 크게 만들 수도 있을 것입니다. 어찌 되었든 목표는 변함이 없습니다. 바로 실제 사진을 바탕으로 실감나는 모델을 만드는 것입니다.

실제 대상에서 실마리를 찾아라

어떤 사물의 한 가지 특징을 잡아서 그것을 시작으로 모델을 제작하는 방식은 실재하는 대상을 레고로 제작할 때라면 거의 언제나 잘 통하는 작업 진행 방식입니다. 구체적인 방법은 다음과 같습니다.

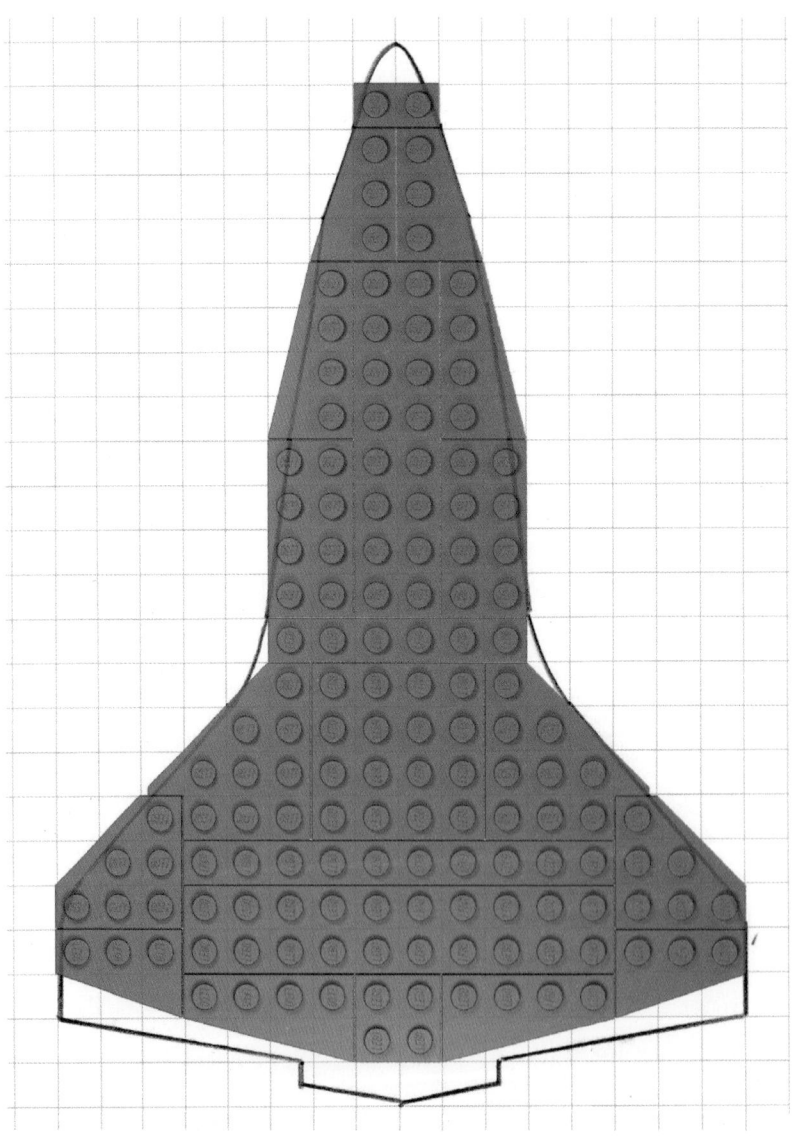

■ **그림 9-5** 디자인 격자에 그린 윤곽에 맞춰 레고 부품을 조합합니다.

1 대상의 독특한 특징을 찾습니다. 트리톤의 경우 특징적인 부분은 날개였습니다. 기관차를 만든다면 기관실이 그런 부분일 수 있고 우주선이라면 엔진 부분이 눈에 띄는 부분이라고 할 수 있을 것입니다.

2 특징을 잘 살릴 수 있는 레고 부품을 선택합니다. 트리톤의 날개를 만들 때 디자인 격자에 그린 윤곽에 맞추어서 날개 플레이트를 적절히 조합했습니다. 크기보다는 각도에 더 신경을 더 써야 하는 부분입니다.

3 모델의 다른 부분과 잘 어울릴 수 있도록 만듭니다. 트리톤을 완성하기까지 여러 가지 선택과 결정을 내려야 하지만 매 순간 판단의 근거가 되는 것은 바로 모델의 기초 부분입니다. 즉 처음에 만든 날개 부분이 나머지 모든 부분의 기준이 된다는 뜻입니다.

| 구조적인 문제: 실제 우주왕복선은 어떠한가? |

날개 디자인에 대한 설명은 이것으로 충분할 것 같습니다. 하지만 아직 구조적인 문제는 남아 있습니다. 바로 날개 모양으로 배열해놓은 부품들을 어떻게 하나로 연결하는가 하는 문제입니다. 해답을 찾는 가장 쉬운 방법은 역시 실제 우주왕복선을 참고하는 것입니다.

그림 9-5는 정확하게 말하자면 우주왕복선 배면의 내열타일에 해당한다고 할 수 있습니다. 실제 우주왕복선 사진을 보면 날개 윗부분은 날개 아랫부분과 모양과 크기가 같지만 소재는 타일이 아닌 다른 소재로 되어 있습니다.

실제 날개의 그런 외형적 특징을 표현하기 위해서 앞서 만든 날개 위에 다른 색상의 플레이트를 한 층 더 쌓겠습니다. 두 번째 층을 쌓을 때에는 첫 번째 층의 부품들과 두 번째 층의 부품들이 서로 포개 쌓기를 이루도록 부품의 크기와 형태를 잘 선택해야 합니다. 그림 9-6을 보면 두 번째 층을 만들 때 첫 번째 층과는 다른 부품을 사용하여 아래 위 층의 부품들을 포개 쌓기로 결합하고 있다는 것을 알 수 있습니다.

날개 모양으로 배열해 놓은 첫 번째 층의 부품들을 서로 어떻게 결합할 것인지가 고민이었는데, 우주왕복선의 외관과 구조를 재현하기 위해 날개에 두 번째 층을 쌓은 결과 자연스럽게 그 문제를 해결하였습니다.

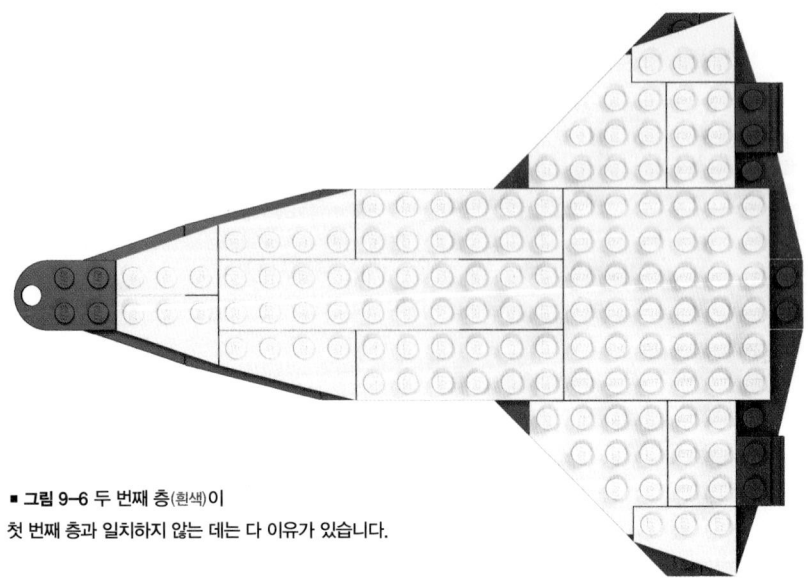

■ 그림 9-6 두 번째 층(흰색)이
첫 번째 층과 일치하지 않는 데는 다 이유가 있습니다.

다른 각도에서 보라

우리는 지금까지 디자인 격자 #1만을 사용하며 모델을 위에서 바라보는 시점에서 작업했습니다. 디자인 격자 #1을 사용하면 모델의 길이와 폭 그리고 전체적인 형태는 파악할 수 있지만 모델의 높이까지는 알 수가 없습니다. 모델의 높이를 판단하기 위해 디자인 격자 #4를 사용하여 트리톤을 측면에서 바라보겠습니다.

디자인 격자 #4의 각각의 모눈은 1×1 플레이트의 옆면과 그 크기와 모양이 동일합니다. 이 시점에서 작업하면 어떤 높이를 달성하기 위해서 브릭이나 플레이트를 몇 층 쌓아야 하는지 쉽게 파악할 수 있습니다. 우리가 사용할 디자인 격자는 가로 방향landscape-oriented의 디자인 격자 #4입니다. 이 디자인 격자는 가로로 길기 때문에 우주왕복선을 디자인하기 적합합니다.

그럼 그림 9-7처럼 트리톤의 옆모습을 그려봅니다. 모델의 높이가 대략 세 브릭 높이라는 것을 알 수 있고 기체의 중요한 부분인 꼬리날개나 엔진의 위치도 정해졌습니다.

디자인 격자에 스케치할 때 모눈에 정확히 맞추어 그리려고 굳이 애쓸 필요

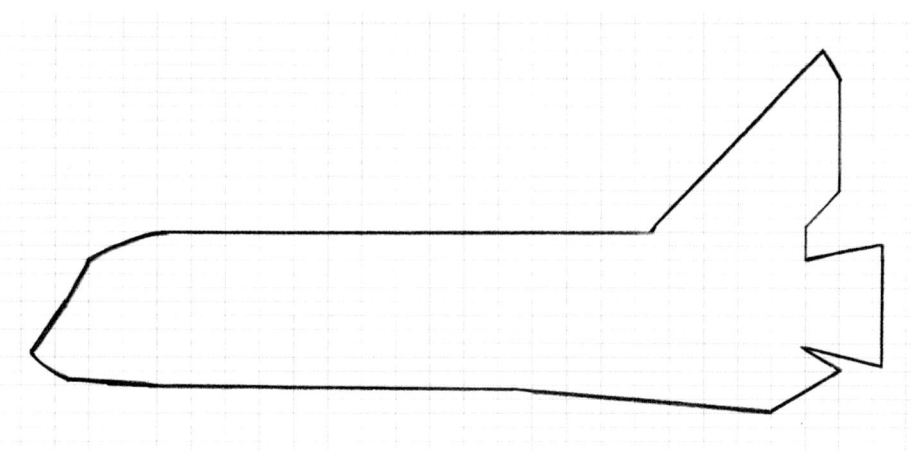

■ 그림 9-7 스케치 실력은 이 정도 수준이면 충분합니다.

는 없습니다. 어차피 디자인 격자에 그려놓은 그대로 레고로 옮길 수 없어 레고 브릭의 특성에 맞추어서 어느 정도 타협을 해야 하기 때문입니다. 타협이란 나쁜 것이 아닙니다. 오히려 이런 타협을 통해 창의적인 아이디어를 도출하는 경우가 자주 있습니다. 꼭 필요하다고 생각했던 부품이 없어서 어쩔 수 없이 다른 부품을 사용한 것이 오히려 더 좋은 결과를 가져오기도 합니다.

스케일을 정하라

스케일 역시 여러분이 모델을 만들 때 내려야 할 여러 가지 중요한 결정 중 하나입니다. 스케일에 대해서는 지금까지 여러 차례 언급하였습니다. 지금 만들고 있는 우주왕복선의 경우 날개 모양을 그리고 부품을 결정하는 과정에서 자연스럽게 스케일이 정해졌습니다. 하지만 대부분의 경우 스케일을 미리 정한 후 그 스케일에 맞춰서 모델을 디자인 하는 것이 일반적입니다. 3장에서 기차역을 만들 때에도 그러한 순서를 따랐습니다.

그러나 지금 만들고 있는 우주왕복선은 독자적인 모델이기 때문에 스케일에 크게 제약받지 않습니다. 물론 다른 모델의 크기에 맞추어야 하는 경우라면 그 모델의 스케일에 따라야 할 것입니다. 그렇지 않은 경우라면 모델에 맞는 가장 적절한 스케일을 정하여 자유롭게 제작합니다.

색상을 고민하라

스케일과 마찬가지로 색상을 선택하는 것 역시 모델 디자이너가 내려야 할 중요한 결정 중 하나입니다. 색상의 중요성을 절대로 과소평가해서는 안 됩니다. 색상에 따라 작품을 보는 사람들의 반응이 달라지기 때문입니다. 예를 들어 파란색 브릭으로 개를 만든다면 사람들은 그 개를 실제 개라고 생각하기보다는 만화 속에 등장하는 개로 여길 것입니다.

색상 조합 역시 사람들의 반응을 결정하는 중요한 요소입니다. 예를 들어 헬리콥터를 만들 때 흰색으로 몸체를 만들고 빨간색으로 포인트를 준다면 사람들은 그 헬리콥터를 구급 헬기로 생각할 것입니다. 반면 검정색과 짙은 회색으로 만든다면 사람들은 아마도 그 헬리콥터를 군용 헬기나 경찰 헬기로 생각하기 쉽습니다. 이와 유사하게 색상 조합에 따라 특정 주제나 설정을 떠올리게 할 수도 있습니다. 빨간색, 노란색 그리고 파란색 등의 원색 계통은 놀이공원을 떠올리게 하는 반면 회색조의 브릭으로 만든 건물은 창고나 공장을 연상하게 합니다. 모델을 만들 때에는 여러분이 선택한 색상이 모델이 전달하고자 하는 주제나 느낌에 적합한지 항상 고민해야 합니다.

■ 그림 9-8 검정색과 흰색의 조합이 사실감을 극대화하고 있습니다.

트리톤 색상을 정하는 것은 다행히 별로 어렵지 않습니다. 역시 실제 대상에서 실마리를 찾습니다. 실제 우주왕복선은 흰색, 짙은 회색 그리고 검정색입니다. 바로 나사의 전형적인 색상 조합입니다. 이 색상 조합을 그대로 따르는 것만으로도 작은 모델에 충분한 사실감을 부여할 수 있습니다. 그림 9-8처럼 검정색과 흰색이 극적인 대비를 이루며 우주왕복선 특유의 분위기를 물씬 풍기고 있습니다.

디자인의 구성 요소

어떤 모델을 만들든지 꼭 명심해야할 요소들이 있습니다. 지금부터 디자인을 구성하는 네 가지 요소인 형태, 색상, 비율 그리고 반복에 대해 살펴보겠습니다.

형태

여러분이 만들고자 하는 모델의 형태는 어떠합니까? 자동차와 나무의 모양이 다른 것에는 그만한 이유가 있습니다. 여러분이 만들고자 하는 형태를 생각해보길 바랍니다. 무늬가 없고 평평한 벽이 지루하다면 곡면이나 각진 부분 또는 요철 등의 흥미로운 특징들을 적용해서 모델을 좀 더 재미있게 만들 수 있습니다.

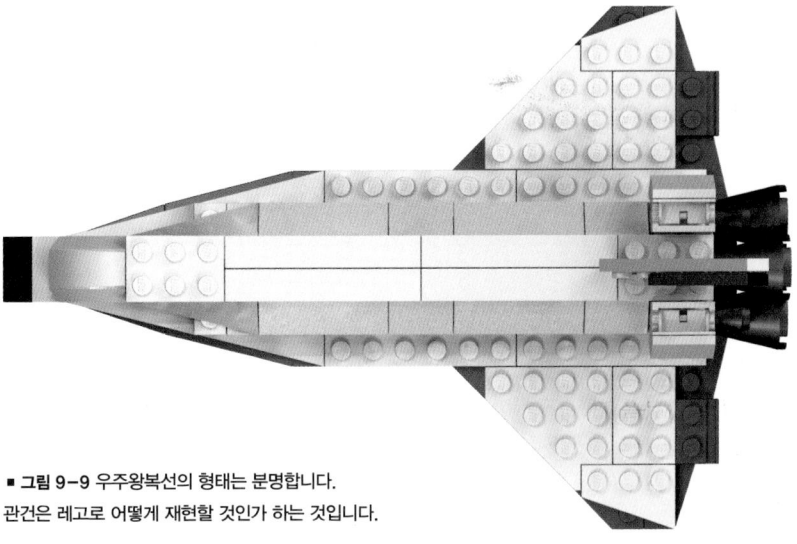

■ **그림 9-9** 우주왕복선의 형태는 분명합니다.
관건은 레고로 어떻게 재현할 것인가 하는 것입니다.

트리톤의 경우 실제 우주왕복선의 형태를 최대한 충실히 재현하려고 노력했습니다. 이처럼 실재하는 사물을 대상으로 모델을 만들 경우에는 형태를 제대로 표현하는 것이 무엇보다 중요합니다. 그림 9-9을 보면 실제 대상의 형태를 최대한 살리기 위해 특수한 모양의 플레이트와 경사 브릭들을 대거 사용한 것을 알 수 있습니다.

색상

한두 가지 색상으로 만들 건가요, 아니면 여러 가지 색상을 다채롭게 사용할 건가요? 색상은 모델의 형태와 함께 작품의 전반적인 인상을 결정합니다.

트리톤을 만들 때에는 나사의 표준적인 색상 조합 양식 따라 검정색, 흰색 그리고 회색을 사용했습니다(그림 9-10). 그러나 물론 다른 색상으로도 만들어 볼 수 있을 것입니다. 검정색과 노란색을 사용한다면 우주정거장으로 출동하는 건설용 왕복선으로 보일 수도 있지 않을까요? 또는 빨간색과 흰색으로 만들어서 응급 상황에 대처할 구급용 왕복선으로 보이게 만들 수도 있을 것입니다.

■ 그림 9-10 날개를 흰색과 검정색으로 만든 것이나 엔진에 검정색 원뿔 브릭을 사용한 것처럼 적재적소에 적절한 색상을 사용한 덕분에 단색조의 모델임에도 불구하고 지루하게 느껴지지 않습니다.

비율

모델의 각 부분을 모두 동일한 스케일로 만들었습니까? 예를 들어 어떤 모델의 출입문과 창문의 스케일이 서로 제각각이라면 무척 이상할 것입니다. 우주왕복선은 그 구조가 무척 복잡합니다. 우주왕복선을 제대로 재현하기 위해서는

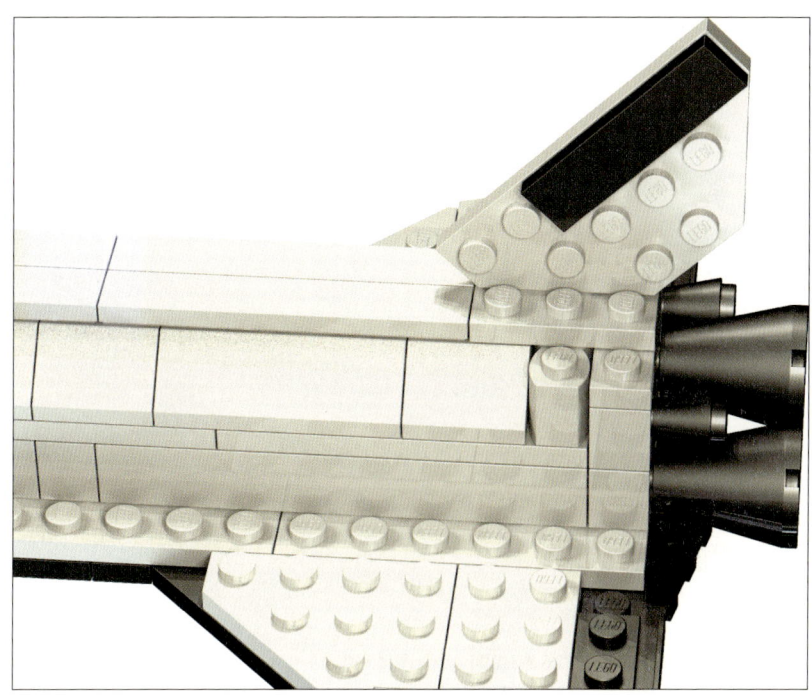

■ 그림 9-11 크기와 두께를 맞추기 위해 플레이트 한 개를 스터드 사이에 수직으로 끼우는 방식으로 꼬리날개를 표현했습니다.

기체 길이와 날개 너비 사이의 비율을 잘 맞추어야 합니다. 또한 꼬리날개를 충분히 크게 만들되 너무 커서도 안 되고 너무 두꺼워서도 안 됩니다(그림 9-11). 주 날개를 만들 때에는 기체를 믿음직하게 지지할 수 있도록 충분히 견고하게 만들어야 하지만 그렇다고 너무 두껍게 만들어서는 곤란할 것입니다.

반복

2×4 브릭을 여러 줄 쌓아놓으면 무척 지루해 보일 수 있겠지만 아치 부품을 몇 줄 나란히 놓으면 꽤 예뻐 보입니다. 때로는 같은 부품을 반복적으로 사용하는 것이 시각적으로 좋은 효과를 만들어 내기도 합니다. 단 반복적으로 사용했을 때 보기 좋은 부품이 있고 그렇지 않은 부품이 있으니 잘 생각해야 합니다.

트리톤의 경우 적재함 덮개가 실제로 열리지는 않지만 최소한 열리는 곳이라는 인상을 주고자 적재함 덮개 윗부분에 1×6 타일을 반복적으로 끼워주

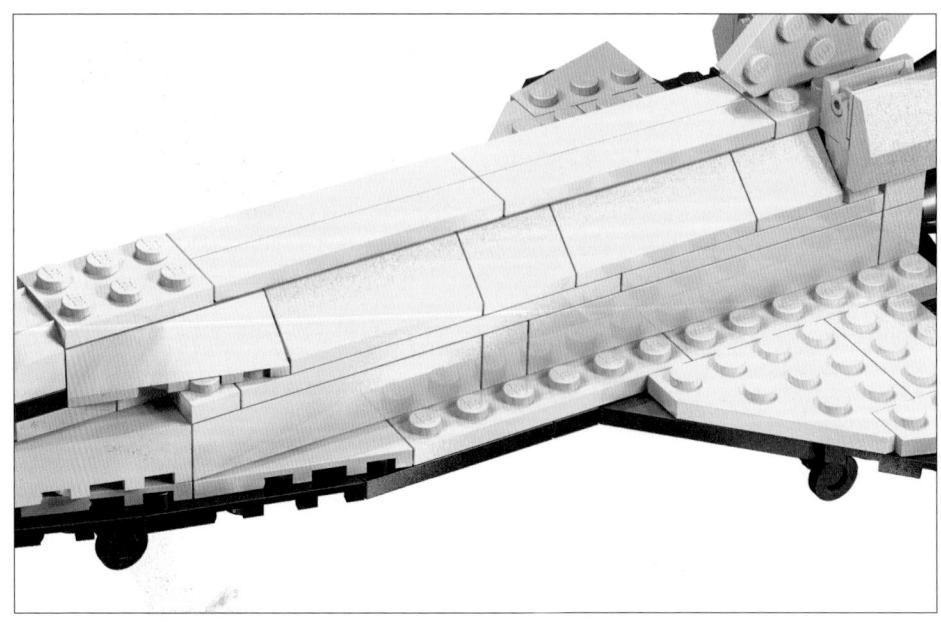

■ 그림 9-12 모델 크기가 작기 때문에 타일과 경사 브릭을 아주 소량만 반복적으로 사용하였지만 큰 스케일로 만드는 경우라면 반복의 정도와 효과는 훨씬 클 것입니다.

습니다(그림 9-12). 적재함 덮개 역시 45도 여러 개의 경사 브릭을 반복적으로 끼워 표현한 것으로서 반복적인 부품 사용이 어떻게 사실감을 높여주는지 보여주고 있습니다.

트리톤의 조립 순서

서론이 길었습니다. 그럼 이제 실제로 트리톤을 만들어 보겠습니다. 이번 절에서는 조립 과정을 단계별로 자세히 소개할 것입니다. 그림 9-13은 트리톤을 만드는 데 필요한 부품의 목록입니다. 하지만 여러 번 강조했듯이 목록에 적힌 부품을 갖고 있지 않을 경우 다른 부품으로 대체하는 것은 레고 조립의 기본입니다. 부품 목록에 나열된 부품들 중에 갖고 있지 않은 부품이 있다면 그 부품을 대체할 만한 다른 부품을 찾아보길 바랍니다. 여러분의 창의력을 발휘할 좋은 기회가 될 것입니다.

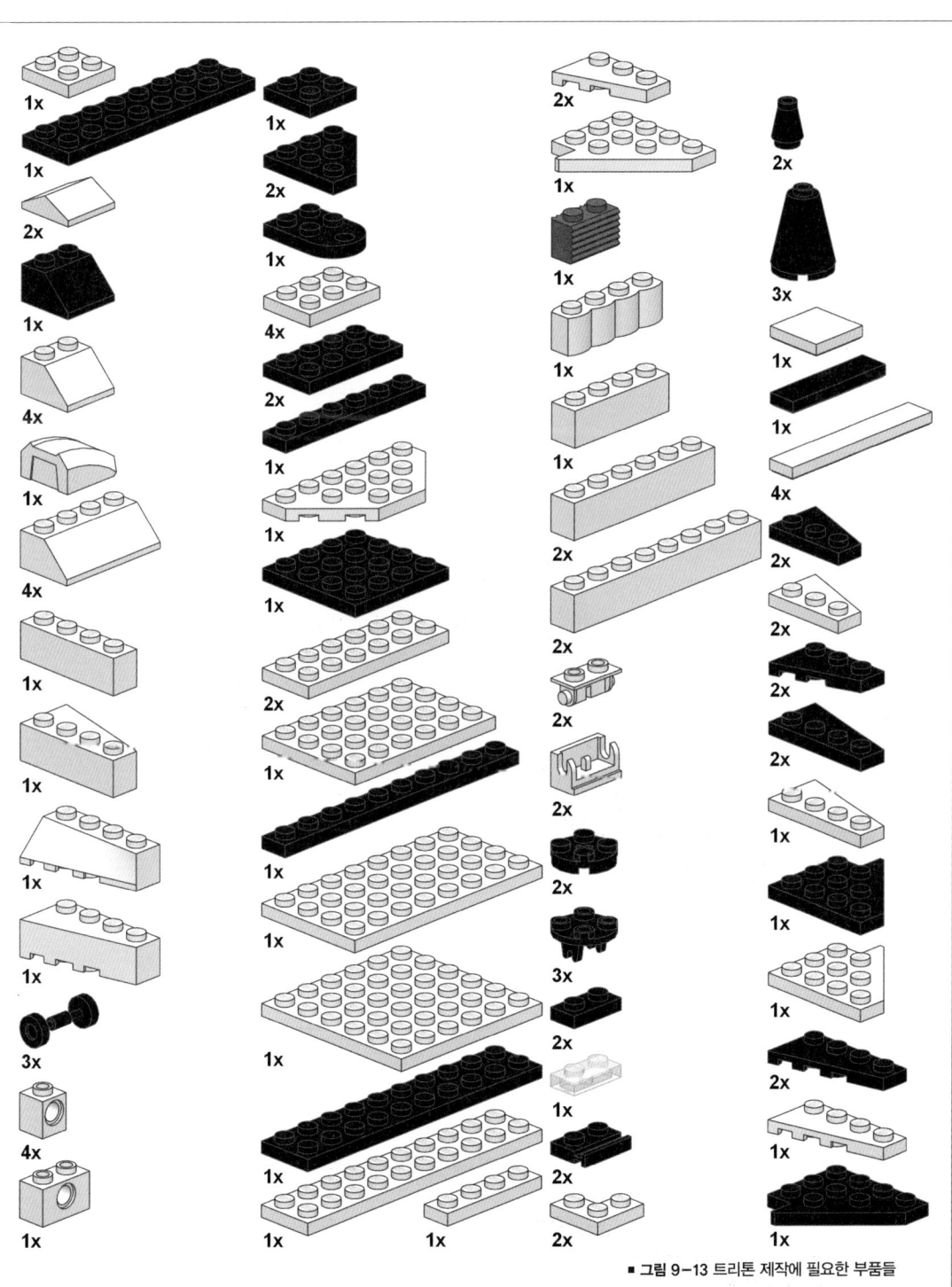

■ 그림 9-13 트리톤 제작에 필요한 부품들

레고 사에서 출시하고 있는 레고 제품의 조립 설명서에는 글이 많지 않습니다. 그림만으로도 모든 조립 과정을 설명할 수 있기 때문입니다. 그러나 우리가 관심을 갖고 보는 것은 조립 순서라기보다는 그 바탕에 깔려있는 디자인 과정일 것입니다. 그래서 여기서는 각각의 조립 과정마다 어떠한 디자인적 선택을 하였고 그 선택이 가져온 결과는 무엇인지를 상세하게 설명하도록 하겠습니다.

1단계

그림 9-14는 날개 밑바닥으로서 그림 9-5와 부품 배열이 동일합니다.

이 날개 밑바닥은 훌륭한 기초 역할을 합니다. 우주왕복선의 나머지 부분들을 이 날개 밑바닥 위로 차곡차곡 쌓아갈 것입니다.

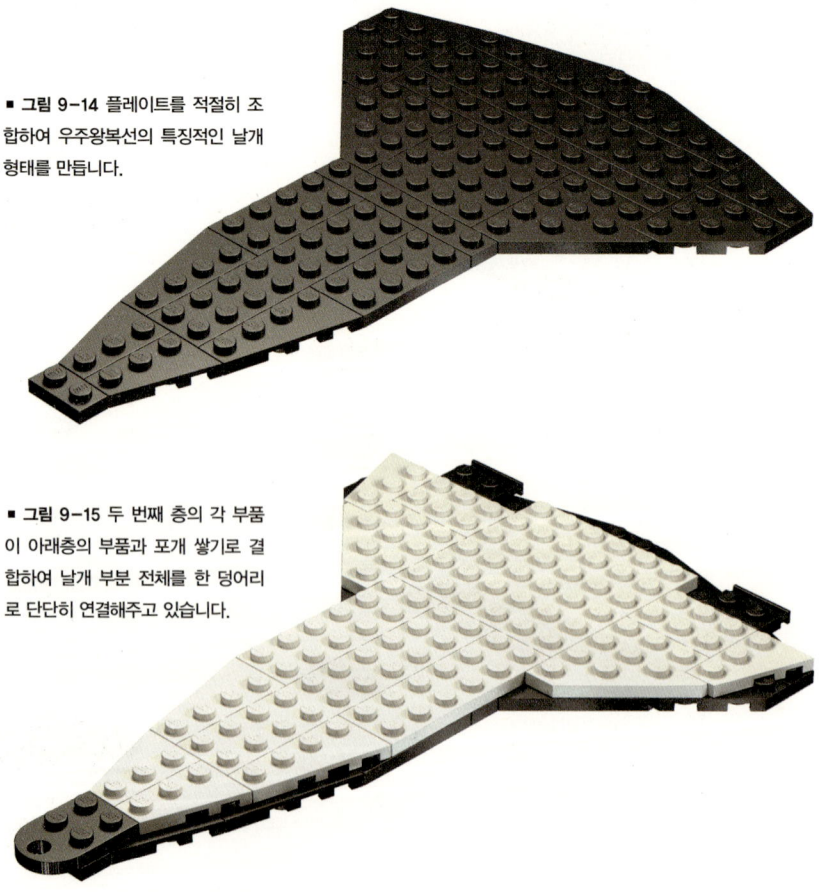

■ 그림 9-14 플레이트를 적절히 조합하여 우주왕복선의 특징적인 날개 형태를 만듭니다.

■ 그림 9-15 두 번째 층의 각 부품이 아래층의 부품과 포개 쌓기로 결합하여 날개 부분 전체를 한 덩어리로 단단히 연결해주고 있습니다.

2단계

그림 9-15처럼 플레이트로 두 번째 층을 쌓습니다. 아래에 깔린 날개 밑바닥의 윤곽과 비슷하지만 정확하게 일치하지는 않습니다. 이 사소한 불일치 역시 디자인적인 선택입니다. 실제 우주왕복선을 자세히 보면 날개 전면 모서리에 검정색 내열타일이 덮여 있습니다. 그림 9-15와 같이 아래의 검은색 플레이트를 조금 노출시킴으로써 그러한 외형적 특징을 표현할 수 있습니다. (이 기법은 계단 쌓기의 일종입니다.)

3단계

이 정도 스케일에서는 세부 묘사를 시도할 여지가 거의 없으므로 우주왕복선의 몸체는 단순하게 처리하는 것이 좋습니다. 그림 9-16처럼 선체의 기본적인 윤곽을 살리는 데 집중하겠습니다.

모델을 만들다 보면 세부 묘사의 수준을 어느 정도로 할 것인지 정해야 할 경우가 많습니다. 사실적으로 만드는 것이 좋다고 세부 묘사가 너무 지나치면 오히려 보기에 좋지 않을 수 있습니다. 스스로에게 이렇게 질문해보길 바랍니다. '이것이 정말 내가 원하는 모양인가?' 대답이 '그렇다'라면 제대로 만든 것이라고 볼 수 있습니다.

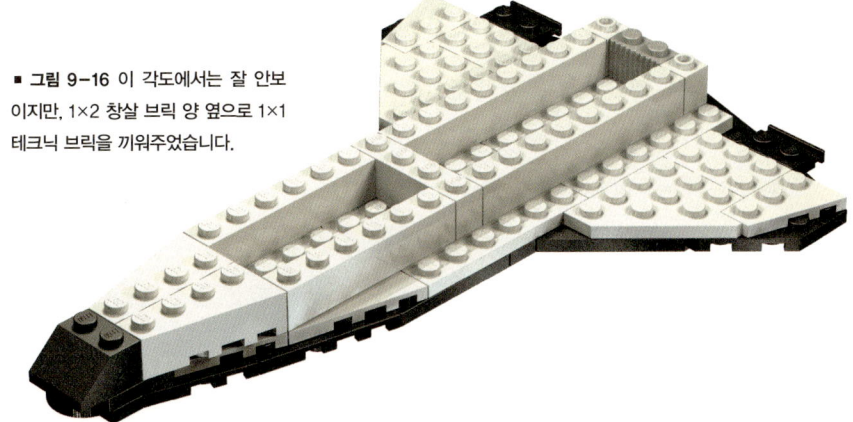

■ **그림 9-16** 이 각도에서는 잘 안보이지만, 1×2 창살 브릭 양 옆으로 1×1 테크닉 브릭을 끼워주었습니다.

4단계

적재함 덮개를 실제로 열리도록 만들 것은 아니기 때문에 적재함 내부를 비워둘 필요가 없습니다. 따라서 그림 9-17처럼 4×N 플레이트를 사용하여 적재함의 양쪽 벽을 서로 이어줍니다. 이렇게 함으로써 모델의 내구성을 높일 수 있습니다. 스케일이 큰 모델이라면 집어넣을 수 있는 착륙 장치나 움직이는 날개 플랩 등도 만들 수 있겠지만 지금처럼 작은 모델의 경우 그러한 장치들을 구현하기란 쉬운 일이 아닙니다. 모델의 크기를 감안하여 세부 묘사의 정도를 결정해야 합니다.

5단계

모델이 작다보니 금세 이 정도까지 만들었습니다. 그림 9-18을 보면 45도 경사 브릭으로 적재함 덮개를 표현한 것을 볼 수 있습니다. (적재함 덮개는 모양일 뿐 실제로 열고 닫을 수는 없습니다.)

6단계

그림 9-19처럼 때로는 한 조립 단계에 서로 연관이 없는 부분을 동시에 조립하기도 합니다.

    이 단계에서는 꼬리날개(2×3 플레이트 위에 결합한 3×6 뱃머리bow 플레이트)와 엔진 덮개(1×2 경첩 브릭에 결합한 33도 각도의 2×2 봉우리 부품) 그리고 곡면 경사 브릭curved slope을 사용하여 조종석 지붕을 만듭니다.

    꼬리날개에 검정색 1×4 타일을 끼워 내열타일을 표현해줍니다. 실제 우주왕복선에는 꼬리날개에도 뭔가 작동하는 부분이 있지만 그런 것까지 표현하는 것은 무리이니 무시하도록 하겠습니다. 세부 묘사를 할 때에는 다른 부분과의 조화도 염두에 둘 필요가 있습니다. 특정 부분에는 지나치다 싶을 정도로 세부 묘사를 하면서 다른 부분은 그냥 썰렁하게 내버려 두는 일이 없도록 주의해야 합니다.

    꼬리날개는 2×3 플레이트의 스터드 사이에 자리 잡고 있습니다. 플레이트 두께가 스터드 간의 간격과 거의 같기 때문에 이처럼 플레이트를 스터드 사이에 끼워 넣을 수 있습니다.

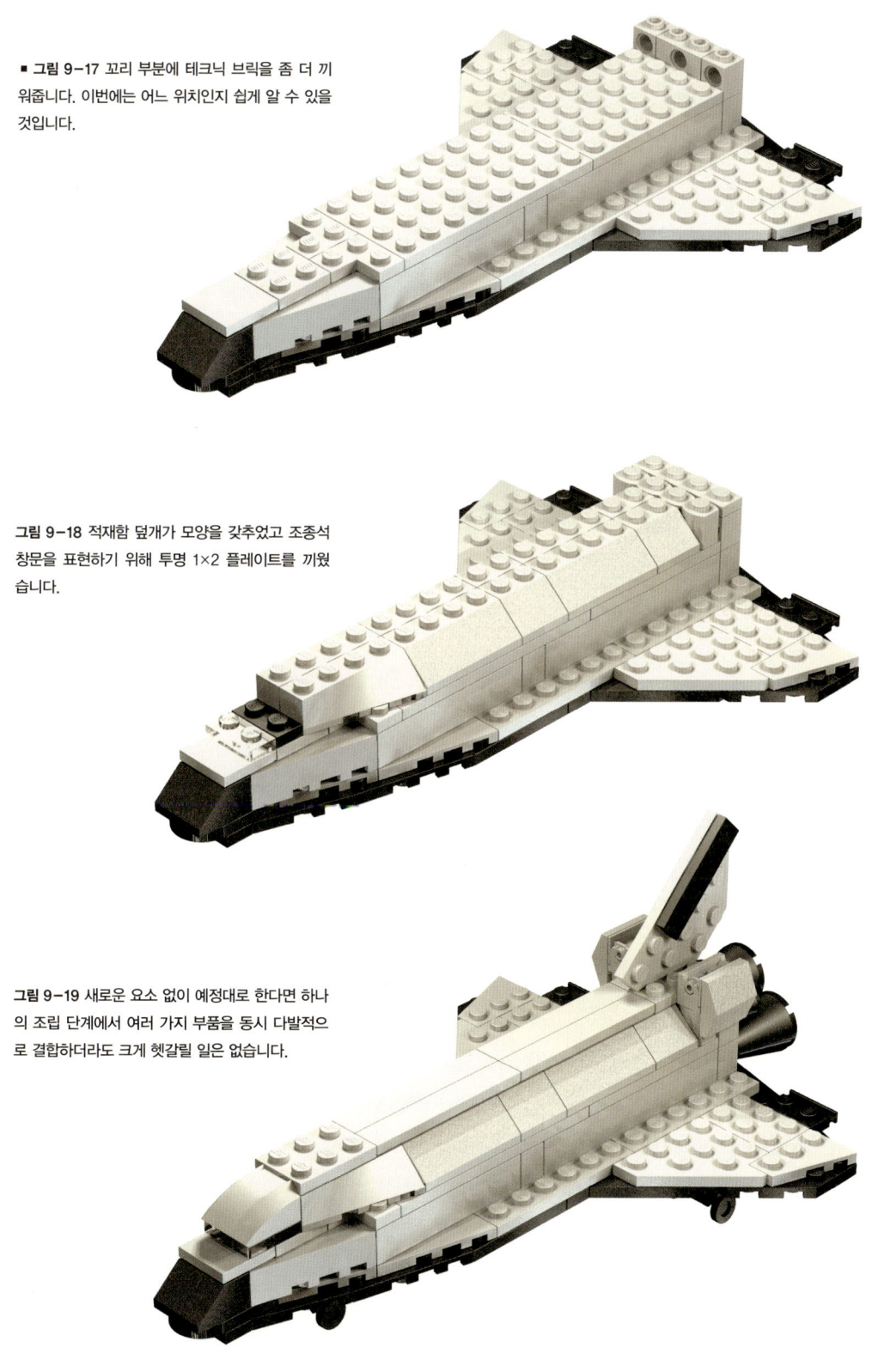

■ **그림 9-17** 꼬리 부분에 테크닉 브릭을 좀 더 끼워줍니다. 이번에는 어느 위치인지 쉽게 알 수 있을 것입니다.

그림 9-18 적재함 덮개가 모양을 갖추었고 조종석 창문을 표현하기 위해 투명 1×2 플레이트를 끼웠습니다.

그림 9-19 새로운 요소 없이 예정대로 한다면 하나의 조립 단계에서 여러 가지 부품을 동시 다발적으로 결합하더라도 크게 헷갈릴 일은 없습니다.

■ 그림 9-20 꼬리 부분에 끼웠던 테크닉 브릭들의 역할을 이제 알 것 같습니다. 네모 안의 작은 그림은 테크닉 브릭들을 보여주기 위해 원뿔 브릭을 몇 개 뺀 모습입니다.

7단계

때로는 조립 상태를 잘 보여주기 위해 조립 과정 중에 모델을 다른 각도로 보여줘야 할 경우가 있습니다. 그림 9-20에서는 꼬리 부분이 전면으로 잘 보이도록 트리톤을 돌려놓았습니다. 모델을 돌려놓으니 1×1, 2×2×2 원뿔 브릭이 어떻게 결합하고 있는지 한눈에 알아볼 수 있습니다.

　비록 스케일에 완벽하게 맞지는 않지만 거의 정확한 크기로 엔진을 재현했습니다. 실제와 거의 흡사한 분사구들의 크기와 배열도 사실성을 높여주고 있습니다. 작은 스케일로 모델을 만들 때에는 이렇게 완벽하지는 못하더라도 전체적인 인상을 잘 잡아내는 것이 중요합니다.

8단계

이번에는 그림 9-21과 같은 각도로 모델을 뒤집어놓고 설명하겠습니다. 8단계에서는 모델을 밑에서 바라보며 우주왕복선 바닥에 착륙 장치를 결합할 것입니다.

　부품을 위에서 끼울 때에는 스터드를 기준으로 결합 위치를 가늠하지만 아

■ 그림 9-21 아무 설명이 없지만 그림만으로도 착륙 장치를 어디에 결합해야 하는지 바로 알 수 있습니다.

래쪽에서 끼울 때는 스터드 대신 튜브를 기준으로 삼습니다.

뒤쪽의 두 개의 바퀴는 앞쪽 바퀴와는 조금 다른 방식으로 기체에 결합되어 있습니다. 앞바퀴는 바퀴 부품을 바로 기체에 꽂았지만 뒷바퀴의 경우에는 먼저 2×2 원통 플레이트를 먼저 한 개 끼운 후 바퀴 부품을 결합했습니다. 이렇게 하는 이유는 그림 9-22처럼 우주왕복선이 약간 앞쪽으로 기울어져 있는 모습을 표현하기 위해서입니다. 실제 우주왕복선이 지상 주행하는 모습을 보면 이러한 각도를 확인할 수 있습니다.

9단계

더 이상 추가로 조립할 내용은 없습니다. 9단계는 그림 9-22처럼 그저 완성된 모델을 보여주는 단계입니다. 이 단계에서는 경우에 따라 스티커 붙일 위치를 설명한다거나 분위기를 낼 목적으로 간단한 소품을 추가할 수 있습니다. 그림 9-22를 보면 타일로 활주로를 만들어서 모델의 사실감을 높이고 있습니다.

■ 그림 9-22 트리톤이 기수를 숙인 자세로 활주로에 서 있습니다.

마음에 들지 않는 부분이 있습니까?
다시 만드는 것은 부끄러운 일이 아닙니다.

모델의 어떤 부분이 마음에 차지 않더라도 걱정할 필요가 없습니다. 레고의 장점이 무엇입니까? 얼마든지 분해해서 다시 조립할 수 있다는 것입니다. 뭔가 부족한 부분이 있다면 다른 부품 또는 다른 색상으로 문제가 되는 부분을 다시 만들기 바랍니다.

트리톤의 경우에도 지금의 부품 조합을 처음부터 찾아냈던 것은 아닙니다. 최초 시험 모델을 만든 후 마음에 드는 모양이 나올 때까지 기수 부분만 3번을 다시 만들었습니다. 날개 부분 역시 정확한 형태뿐만 아니라 내구성까지 갖추도록 하기 위해 여러 번을 고쳐야 했습니다. 반면 엔진의 경우에는 마음에 드는 모양을 처음부터 단번에 만들어냈던 것으로 기억합니다.

첫 시도만으로 모든 부분이 완벽할 수는 없습니다. 부족한 부분이 있다면 개선이 될 때까지 부품이나 기법을 바꿔가며 재차, 삼차 계속 수정해야 합니다.

다 만들었습니다.
그럼 이제부터 뭘 하면 좋을까요?

지금까지 독자적인 설계로 자신만의 레고 모델을 디자인하는 방법을 알아보았습니다. 사물의 특징을 잡아내는 다양한 방법을 알아보았고 대상을 레고로 표현할 때 알아두면 좋을 여러 가지 디자인 노하우도 살펴보았습니다. 그럼 이제부터 뭘 하면 좋을까요?

모델을 완성한 후 가장 먼저 하고 싶은 것은 아마도 다른 사람에게 선보이는 일일 것입니다. 그렇다면 모델을 올려놓을 받침대(그림 9-22의 활주로 같은)를 만들거나 모델을 이용하여 디오라마를 꾸며보는 것도 좋은 생각입니다.

또는 온라인상으로도 여러분이 만든 모델을 공개할 수 있습니다. 모델 사진을 예쁘게 찍어서 http://www.brickshelf.com 이나 http://www.MOCpages.com 같은 곳에 올리면 친구들은 물론 세계 여러 나라 사람들이 여러분의 작품을 함께 즐길 수 있습니다.

마무리: 당신은 모델 디자이너입니다

꼭 레고 사에 취직을 해야만 모델 디자이너가 될 수 있는 것은 아닙니다. 다른 사람이 만들지 않은 새로운 것을 만들어보자고 결심하는 순간 여러분은 이미 모델 디자이너입니다. 그리고 그것이야말로 이 책을 통해 제가 여러분께 전하고자 하는 메시지입니다.

모델 디자이너로서 훌륭한 모델을 만들기 위해서는 좋은 선택이 필요한데, 부품, 색상, 표현 범위 그리고 스케일 등 레고 조립의 모든 면을 진지하게 고민해야 합니다. 이러한 고민을 해야 하기 때문에 레고가 재미있는 것인지도 모르겠습니다.

무엇을 만들든, 즐기십시오!

10
단순한 조립을 넘어서:
레고를 즐기는 또 다른 방법

즐길 수 있는 방법이 한정적인 취미들이 있습니다. 동전 수집을 예로 든다면 동전을 모아서 감상하고, 목록을 만들고, 거래하는 것 이상은 기대할 수 없습니다. 그에 반해 레고는 브릭을 단순히 조립하는 것에 그치지 않고 좀 더 다양한 방식으로 가지고 놀 수 있습니다.

이번 장에서는 여러분의 창의력과 분석력을 시험할 수 있는, 레고를 즐기는 또 다른 두 가지 방법을 소개합니다.

여러분만의 조립 설명서 만들기

조립 설명서를 공유하는 것은 여러분의 레고 놀이를 확장하는 좋은 방법입니다. 모델을 하나 만든 후에는 다른 사람들도 그 모델을 따라 만들 수 있도록 조립 설명서를 만들어 나눠줍니다. 자료와 아이디어를 공유하는 것은 레고 커뮤니티 활동의 중요한 부분입니다. 이 책에 실린 조립 기법들을 모두 섭렵한다면 머지않아 여러분만의 독창적인 레고 작품을 만들 수 있을 것입니다. 우주왕복선, 불도저 또는 불을 뿜는 용을 만들었다면 다른 사람과 공유하도록 합니다. 공유가 목적이 아니더라도 나중에 그 모델을 다시 만들어 보고 싶을 때를 대비해서 조립 과정을 기록해놓는 것이 좋습니다. 조립 과정을 단계별로 상세히 기록해 놓으면 언제라도 똑같은 방법으로 다시 만들 수 있습니다.

■ 그림 10-1 조립에 필요한 부품들을 가지런히 늘어놓고 사진을 찍습니다. 여기서는 4× 스케일 1×2 점보 플레이트 제작에 필요한 부품들을 나열하였습니다.

사진으로 만드는 방법

조립 설명서를 만드는 가장 쉬운 방법은 매 단계마다 디지털 카메라로 사진을 찍는 것입니다. 조립 과정을 효과적으로 전달할 수 있도록 최대한 많은 사진을 찍어서 다른 사람과 공유합니다.

제일 먼저 찍어야 할 사진은 그림 10-1처럼 모델 조립에 필요한 부품들을 보여주는 사진입니다.

그림 10-1을 보면 모델을 만들기 위해 어떤 부품이 필요한지 누구나 쉽게 알 수 있을 것입니다.

그런 다음에는 이제 매 조립 단계마다 사진을 찍습니다. 그림 10-2와 10-3은 4× 스케일 1×2 점보 플레이트를 만드는 조립 과정을 순차적으로 보여줍니다.

이 사진들을 문서 작성 소프트웨어를 사용하여 번듯한 조립 설명서로 꾸며도 좋고 아니면 낱장의 사진 그대로를 인터넷에 올려서 다른 사람들이 한 장씩 보고 따라하도록 해도 괜찮습니다.

■ 그림 10-2 사진 한 장이 곧 조립 과정의 한 단계를 의미합니다. 위 두 사진은 4× 스케일 1×2 점보 플레이트의 조립 과정 1단계와 2단계입니다.

■ 그림 10-3 동일한 앵글로 부품들을 계속 추가하며 순차적으로 사진을 찍습니다. 위 사진들은 각각 3단계와 4단계를 보여줍니다.

컴퓨터로 만드는 방법

이 책을 통해서 여러 차례 조립 설명서를 접했을 것입니다. 이 책에 실린 조립 설명서의 이미지들은 모두 캐드CAD 소프트웨어를 이용하여 생성한 것들입니다. 캐드 소프트웨어는 자동차나 비행기 설계 등에 널리 쓰이는데 이를 이용하면 부품 수량이나 색상에 구애받지 않고 마음껏 레고를 조립해 볼 수 있습니다. 그림 10-4처럼 실제 레고 부품 하나 없이도 캐드 소프트웨어만으로 모델 설계와 조립이 가능합니다.

또한 프로그램 상에서 각각의 조립 과정을 추적하고 재설정할 수 있기 때문에 단계별 조립 설명서를 쉽게 만들 수 있습니다(그림 10-5).

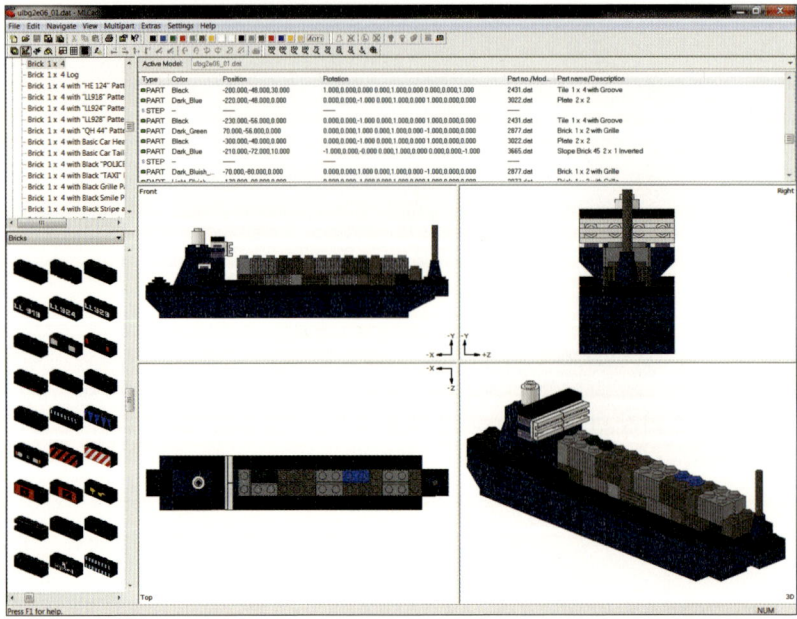

■ 그림 10-4 MLCad를 이용하여 부품 제약에 대한 걱정 없이 가상의 레고 모델을 만들 수 있습니다.

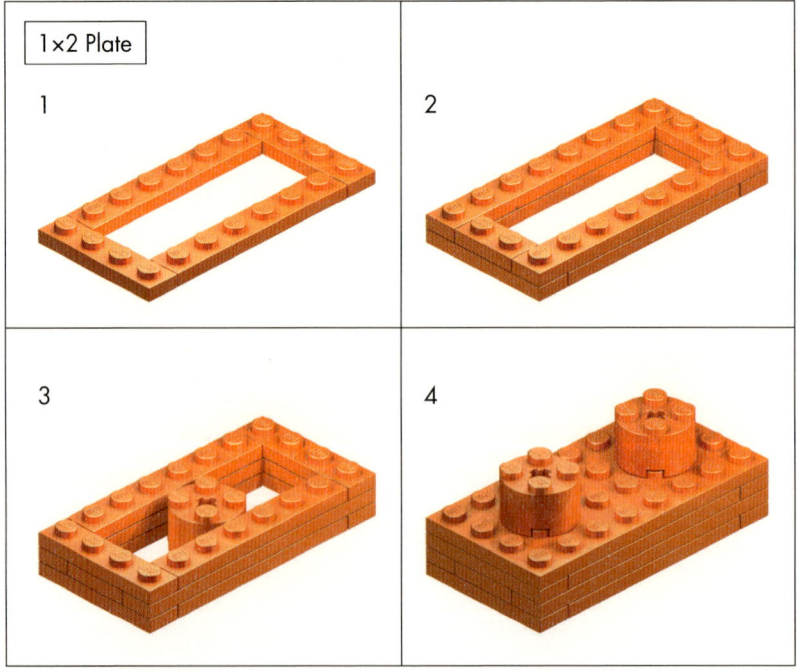

■ 그림 10-5 캐드 소프트웨어를 이용하여 만든 조립 설명서입니다. 그림 10-2와 10-3과 비교해볼 때 부족한 점을 전혀 찾아볼 수 없습니다.

재미있는 레고 게임

'재미'라는 말을 빼고 레고를 이야기 할 수는 없을 것입니다. 그 재미를 좀 더 배가시키기 위해 레고를 기존에 익숙한 게임에 접목하거나 또는 전혀 새로운 게임을 만들어 볼 수 있습니다.

레고 체커스와 레고 체스

전통적인 체스판checkerboard은 가로세로 8칸으로 총 64칸입니다. 레고로 할 수 있는 게임 중 가장 만만한 것이 바로 레고 체스판으로 만들어 체스를 두는 것입니다. 체스판을 만들 때 가장 유용한 부품은 와플 모양의 32×32 베이스 플레이트입니다. 간단히 계산해보면 32×32 베이스 플레이트를 쉽게 64칸으로 나눌 수 있고 각 칸을 적절한 색상의 타일로 덮어주고 나면 체스판이 하나 뚝딱하고 완성됩니다.

그림 10-6처럼 2×2 타일 네 개로 한 칸을 만듭니다. 조금만 시간을 투자하면 이렇게 여러분만의 특제 체스판을 완성할 수 있습니다.

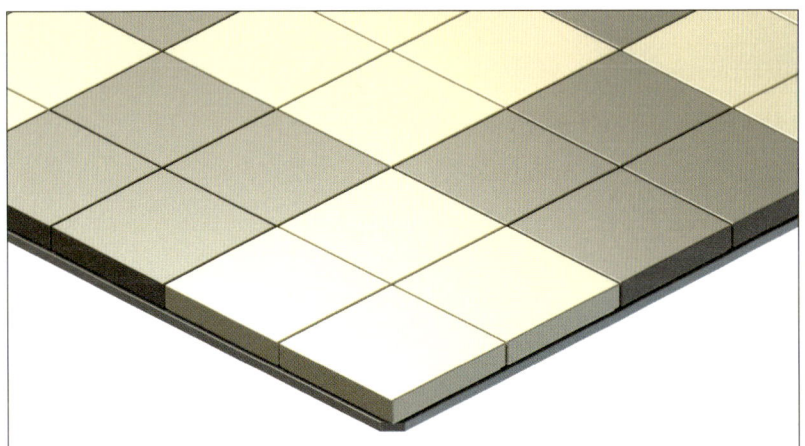

■ 그림 10-6 2×2 타일 네 개로 체스판의 각 칸을 만듭니다.

> 노트 타일을 32×32 베이스 플레이트를 다 덮을 만큼 충분히 갖고 있지 않다면 타일 대신 플레이트를 사용합니다. 표면이 매끄럽지는 않겠지만 말을 올려놓기에는 오히려 더 좋을 수도 있습니다.

■ 그림 10-7 기본적인 부품으로 만든 폰   ■ 그림 10-8 룩과 비숍. 바닥의 크기가 3×3입니다.

일단 체스판을 완성한 후에는 체커스(checkers, 상대방의 말 위로 자신의 말을 넘기는 방식으로 서로의 말을 잡는 게임: 옮긴이)나 체스chess 게임을 할 수 있습니다. 체커스를 한다면 두 가지 색상의 말(기물)만 있으면 되므로 2×2 브릭 같은 것으로 간단히 대신할 수 있습니다. 그런데 체스를 할 경우에는 만들어야 할 말의 종류가 좀 많습니다.

그림 10-7은 간단하게 만들어 본 폰pawn입니다. 아주 기본적인 부품만 사용했으므로 16개를 전부 만드는 데 그리 많은 부품이 들어가지 않습니다. 그림 10-8은 룩rook과 비숍bishop입니다.

사목

이번에는 조금 독창적인 게임을 소개하겠습니다. '사목Connect-Across'이라는 게임으로서 역시 레고 부품으로 만들 수 있습니다.

먼저 그림 10-9와 같은 말판을 30개 만듭니다. (모양이나 색상은 중요하지 않지만 크기는 모두 똑같아야 합니다.)

그리고 15개의 말을 두 벌, 역시 총 30개를 준비합니다. 그림 10-10을 참고해서 만들거나 아니면 독창적으로 디자인해도 좋습니다.

예를 들어 그림 10-10의 제일 왼쪽과 같은 바퀴 15개(타이어는 있어도 되고 없어

■ 그림 10-9 위의 두 가지 말판 중 하나를 선택해서 30개를 만듭니다.

■ 그림 10-10 위와 같은 모양으로 말을 만듭니다.

도 됩니다)로 한쪽 사람이 쓸 말을 한 벌 만들고 그림 10-10의 제일 오른쪽과 같은 모습의 말 15개로 상대방이 쓸 말을 또 한 벌 만듭니다.

사목은 체커스와 틱택토(tic-tac-toe, 두 사람이 9개의 칸 속에 번갈아 가며 O나 ×를 그려 나가는 게임. 연달아 3개의 O나 ×를 먼저 그리는 사람이 이김: 옮긴이)를 섞어 놓은 게임입니다. 두 게임 참가자가 말판을 채우거나 확장하는 방식으로 게임을 진행하다가 말 4개를 상대방보다 먼저 일렬로 놓는 쪽이 승리합니다. 말판을 놓을 때에는 다른 말판과 모서리 또는 면이 서로 닿아야 합니다.

| 게임 준비 |

게임은 두 사람이 합니다. 게임을 시작하기에 앞서 각 참가자는 사용할 말을 정한 후 각자의 몸 앞에 늘어놓습니다. 말판 네 개는 남겨두고 나머지 말판 26개를 두 참가자가 똑같이 나누어 갖습니다.

동전을 던져 누가 선을 잡을지를 정합니다. 선을 놓친 쪽이 앞서 남겨두었던 말판 네 개를 테이블 중앙에 배열합니다(그림 10-11). 꼭 그림 10-11처럼 놓을

■ 그림 10-11 게임 시작 시에 이런 식으로 말판 네 개를 깔아줍니다.

필요는 없고 자유로운 모양으로 말판을 놓을 수 있습니다. 단 각각의 말판의 모서리나 면은 서로 맞닿아야 합니다.

> **노트** 평평한 곳이라면 어디에서나 게임을 즐길 수 있지만 48×48 크기의 와플 모양 베이스 플레이트를 바닥에 깔고 그 위에서 게임을 하면 게임 도중에 말판이 흩어지지 않아 좋습니다.

| 게임 규칙 |

사목의 게임 규칙은 단 세 개입니다. 자신의 순서가 되었을 때 참가자는 다음 중 하나의 행동을 취해야 합니다.

1 비어 있는 말판 위에 말을 올려놓습니다.

2 새로운 말판 한 개를 테이블 위에 추가로 놓습니다. 단, 말판을 놓을 때에는 기존에 놓여 있던 말판과 모서리 또는 면이 서로 맞닿도록 합니다.

3 인접한 칸(맞닿아 있는 비어 있는 말판)으로 말을 한 칸 옮기거나 상대방 말을 잡습니다. 상대방 말을 잡는 방법은 체커스 게임과 같습니다. 즉 상대방 말 위로 자신의 말을 넘겨 반대쪽 빈 칸으로 자신의 말을 내려놓은 후 방금 넘어온 상대방 말을 말판에서 제거하는 방식입니다. 잡은 말은 상대방에게 다시 돌려줘서 게임 중에 계속 사용할 수 있도록 합니다.

| 게임 진행 |

게임 준비가 다 되었으면 선을 잡은 참가자는 비어 있는 말판 네 개 중 한 곳에 자신의 말을 올려놓거나 자신이 갖고 있는 말판 한 개를 테이블에 추가하여 게임 판을 확장합니다(그림 10-12).

두 번째 참가자 역시 자신의 말이나 말판을 같은 방식으로 게임 테이블에 놓고 이후 순서를 바꿔가며 똑같은 방식으로 게임을 계속 진행합니다. 게임을 진행해나가다 보면 게임 말판들이 다양한 방향으로 가지를 치며 뻗어나갈 것입니다. 그림 10-13을 보면 빨간색 말을 사용하는 참가자가 말 네 개를 일렬로 나열할 좋은 기회를 맞이하고 있습니다.

■ 그림 10-12 바퀴를 뒤집어서 간단하게 말로 사용할 수 있습니다. 말판에 놓으니 한가운데에 딱 들어맞습니다.

■ 그림 10-13 말 네 개를 일렬로 놓는 것은 생각보다 쉽지 않습니다.

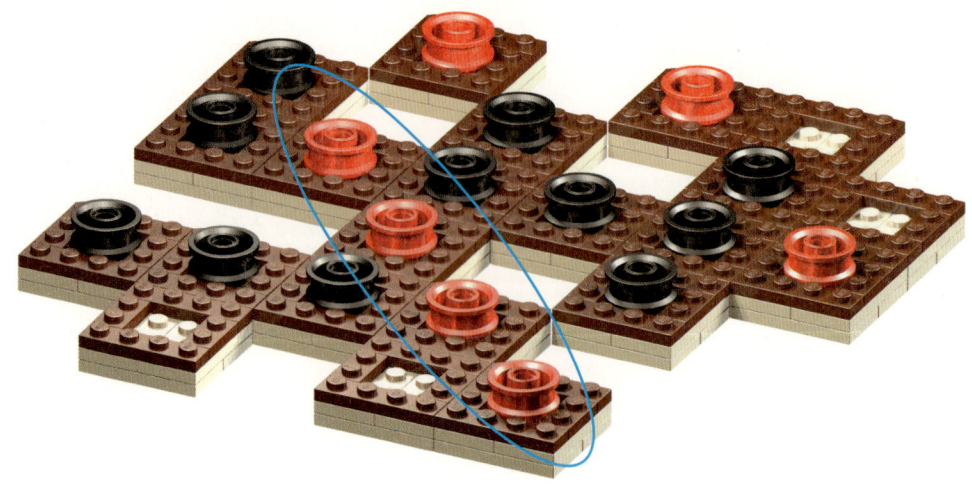

■ 그림 10-14 동그라미 친 부분처럼 말을 일렬로 네 개 놓으면 이깁니다.

| 게임 승리 |

말 또는 말판을 놓거나 아니면 말을 이동시키거나 상대방 말을 잡는 식으로 계속 게임을 진행하다가 한 참가자가 말을 일렬(가로, 세로 또는 대각선)로 네 개를 놓으면 게임이 끝납니다. 그림 10-14는 빨간색 말을 사용하는 참가자가 마침내 말 네 개를 대각선으로 한 줄 놓아서 게임에서 승리한 모습입니다.

마무리: 레고를 최대한 즐겨라

레고를 어떻게 가지고 놀 것인지는 여러분에게 달려 있습니다. 지금까지 살펴본 것처럼, 레고를 단순하게 조립하는 것 말고도 레고를 즐길 수 있는 방법은 많이 있습니다. 레고를 가지고 노는 데에 정석이란 없습니다. 레고로 게임을 만들거나 조립 설명서를 만드는 것 역시 레고 모델을 제작하는 것만큼이나 재미와 보람이 있습니다.

A 브리코피디아

레고에는 수천 개의 부품이 있습니다. 어떤 것들은 종류가 같더라도 크기가 다를 수 있고(2×3 브릭이나 2×4 브릭의 경우처럼) 또는 크기는 같지만 표면에 인쇄된 문양이나 장식이 다를 수도 있습니다.

    레고의 모든 부품을 다루려면 책 한 권으로도 모자랄 것입니다. 그래서 기본 브릭, 경사 브릭, 특수 부품, 아치 그리고 장식용 부품 중에서 275개 정도를 골라 브리코피디아에 담았습니다. 이 부품들은 흔하면서도 가장 활용도가 높은 부품으로서 여러분이 갖고 있는 부품 속에서도 제법 찾아볼 수 있을 것입니다. 브릭, 플레이트, 경사 브릭 그리고 아치의 경우 그 분류에 속하는 거의 모든 부품을 다루었고, 그 외의 부품(특수 부품이나 장식용 부품)들은 다른 부품과 조합하기 쉽고 창의적으로 사용할 수 있는 여지가 많은 것 위주로 골랐습니다.

    브리코피디아에서 사용하고 있는 부품 분류는 레고를 조립하는 사용자 관점에서 나누어본 방식입니다. 따라서 온오프라인의 부품 판매점에서 사용하는 부품 분류나 용어와는 다를 수 있습니다. 때로는 브리코피디아에서만 사용하는 분류나 용어도 있을 것입니다. 부품을 분류하거나 정리할 때 그리고 레고 모델을 만들 때 아무쪼록 브리코피디아를 유용하게 활용하길 바랍니다.

브리코피디아 보는 법

브리코피디아는 각 부품별로 별도의 항목을 마련해두고 있습니다. 각 항목은 그림 A-1처럼 부품에 대한 간단한 정보를 담고 있습니다.

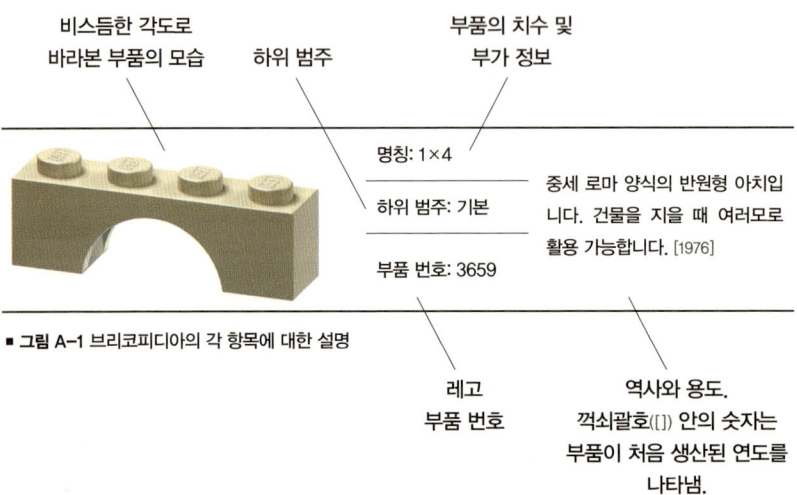

■ 그림 A-1 브리코피디아의 각 항목에 대한 설명

부가 정보 항목에는 부품의 중요성과 용도 또는 부품에 관련된 재미있는 일화 등을 적어놓았습니다.

표 A-1처럼 부품을 크게 몇 가지 범주로 나눈 후 그 범주를 다시 여러 개의 하위 범주로 나누었습니다. 범주와 하위 범주의 이름을 보면 부품의 속성을 대략 알 수 있습니다. 비슷한 부품들의 경우 부품들 간의 연관성을 쉽게 알 수 있도록 되도록 한 범주에 넣었습니다. 표 A-2부터 표 A-10은 기본 브릭이나 플레이트 같은 주요 범주에 속하는 부품들을 정리한 목록입니다.

■ 표 A-1 레고 부품의 범주와 하위 범주

부품	명세	설명
브릭	기본	직육면체 모양으로 1×1 브릭과 높이가 같습니다.
	변종	모양이 변칙적이며 때로 브릭 1×1보다 높이가 높습니다.
플레이트	기본	정사각형 또는 직사각형 모양이며 1×1 플레이트와 높이가 같습니다.
	변종	모양이 변칙적입니다. 부품 명칭에 '4분할' 및 '다이아몬드 분할'라는 말이 붙어 있다면 그 부품들을 몇 개 합쳤을 때 원이나 다이아몬드 모양이 만들어진다는 의미입니다.
	뱃머리	부품 한쪽의 양 모서리가 대칭적으로 잘려 있고 반대편 쪽은 곧바르거나 안으로 들어가 있습니다.
	날개	좌측 형과 우측 형이 있으며 비행기 날개 모양입니다.
경사 브릭	기본	빗면이 부품의 위쪽에 있습니다.
	역경사	빗면이 부품의 아래쪽에 있습니다.
	모서리	지붕 모서리를 만드는 용도로 쓰이는 경사 브릭입니다.
	봉우리	지붕 꼭대기에 사용하는 경사 브릭으로서 스터드가 없습니다.
	복합	빗면(평평하거나 구부러진)이 두 개 이상입니다.
	곡면	곡면 형태의 빗면을 갖고 있습니다.
특수 부품	접속	옆면에 스터드가 붙어 있거나 다른 부품과 수직으로 연결할 수 있는 부품입니다. 두 개 이상의 부품을 구부러진 모양으로 연결하거나 모델의 형태를 바꿀 때 사용합니다.
	특이면	부품의 윤곽이나 표면의 모습이 독특합니다.
	경첩과 턴테이블	경첩이란 관절을 갖고 있는 브릭이나 플레이트를 말하며, 턴테이블이란 어떠한 부품을 얹어 돌릴 수 있는 부품을 말합니다. 경첩과 턴테이블을 사용하여 모델에 작동성을 부여할 수 있습니다.
	핀	부품의 위나 아래 또는 옆면에 테크닉 핀이 붙어 있거나 테크닉 핀을 끼울 수 있는 구멍이 있습니다.
	바퀴/타이어	자동차 바퀴 용도로 생산된 부품입니다.

■ 표 A-1 레고 부품의 범주와 하위 범주

부품	명세	설명
아치	기본	반원형의 온전한 아치 모양입니다.
	반아치	온전한 아치를 절반으로 나눈 모양의 사분원형 아치입니다. 기본형과 마찬가지로 스터드가 부품 위쪽에 붙어 있습니다.
	역반아치	온전한 아치를 절반으로 나눈 모양의 사분원형 아치입니다. 부품 바닥에는 튜브가 있고 스터드는 없습니다. 부품의 위쪽 면이 아치입니다.
타일과 패널	기본	타일은 플레이트와 두께는 같으나 스터드가 없어서 윗면이 매끈합니다. 패널은 얇은 벽을 갖고 있으며 벽 안쪽에 브릭 한 개의 폭보다 조금 좁은 공간을 갖고 있습니다.
	역타일	밑면이 매끈하며 튜브가 없습니다. 윗면에는 스터드가 있습니다.
원통 브릭과 원뿔 브릭	기본	원통 브릭은 깡통이나 드럼통과 같은 원통형 모양이며 원뿔 브릭은 아이스크림콘을 뒤집어 놓은 모양입니다.
	변종	부분적으로만 원통 또는 원뿔 모양을 하고 있습니다. 같은 부품 몇 개를 합쳐서 완전한 원통이나 원뿔형을 만들 수 있습니다.
베이스 플레이트	기본	높이가 한 브릭 높이와 같고 면적이 8×12 스터드 이상인 플레이트입니다.
	와플	바닥이 와플 모양이라서 다른 부품들을 결합할 수 없는 얇은 베이스 플레이트입니다.
장식용 부품	담장, 철로, 사다리	격자 또는 사다리 모양. 담장이나 창살 또는 계단 손잡이 등으로 사용합니다.
	막대기, 집게, 손잡이	막대기 부품의 지름은 미니피겨의 손아귀 크기와 같아서 미니피겨 손에 막대기 부품을 끼울 수 있습니다. 집게 부품이란 막대기 부품을 끼울 수 있는 집게가 달린 브릭이나 플레이트를 말합니다. 손잡이 부품은 부품의 일부가 막대기 부품과 같은 모양과 크기를 하고 있는 부품입니다.
	식물	꽃, 나무, 줄기 또는 기타 식물 모양의 부품을 말합니다.
	출입문/창문	문이나 창문 용도로 생산된 부품입니다.
	장식	순전히 장식적인 용도로 생산된 부품입니다. 깃발 부품이 대표적인 예입니다.

■ 표 A-2 브릭 범주에 속하는 대표적인 부품들

부품	명세	설명
	명칭: 1×1 하위 범주: 기본 부품 번호: 3005	레고의 근간이 되는 부품으로서, 모든 부품의 치수와 분류의 기준이 되는 것이 바로 이 1×1 브릭입니다. 레고 부품 중 세 번째로 흔하게 볼 수 있습니다. 어두운 방에서 맨발로 밟으면 무척 아픕니다. [1958]
	명칭: 1×2 하위 범주: 기본 부품 번호: 3004	가장 흔한 레고 부품으로서 지금까지 약 3,000개 이상의 제품에 사용되었습니다. 여러분이 무엇을 만들든지 이 부품 한두 개는 꼭 사용할 수밖에 없을 것입니다. [1958]
	명칭: 1×3 하위 범주: 기본 부품 번호: 3622	특이하게도 스터드 개수가 홀수입니다. 모델의 크기를 홀수 스터드 길이로 만들 때 필수적인 부품이므로 크기가 작다고 무시해선 곤란합니다. [1969]
	명칭: 1×4 하위 범주: 기본 부품 번호: 3010	1×2 브릭만큼이나 흔하며 활용도가 높습니다. 레고 부품 중 7번째로 흔한 부품입니다. 여러분도 아마 많이 갖고 있을 것입니다. [1967]
	명칭: 1×6 하위 범주: 기본 부품 번호: 3009	1×4 브릭보다는 덜 흔하지만 건물 벽을 세울 때 정말 유용한 부품입니다. [1958]
	명칭: 1×8 하위 범주: 기본 부품 번호: 3008	1×6 브릭과 마찬가지로 건물 벽을 빠르게 세울 때 대단히 유용한 부품입니다. [1958]
	명칭: 1×10 하위 범주: 기본 부품 번호: 6111	1×N 기본 브릭 중 가장 근래에 도입된 브릭입니다. 1×8 브릭만큼 흔하진 않지만 이 브릭을 사용하면 길고 큰 벽도 금방 만들 수 있습니다. [1993]

■ 표 A-2 브릭 범주에 속하는 대표적인 부품들

부품	명세	설명
	명칭: 1×12 하위 범주: 기본 부품 번호: 6112	1×14 브릭은 없기 때문에 1×N 브릭 중 1×16 브릭에 이어서 두 번째로 긴 브릭입니다. 1×12 브릭은 작은 제품에서는 거의 찾아볼 수 없습니다. 이 브릭으로 포개 쌓기를 하면 한꺼번에 많은 브릭들을 결합할 수 있어서 모델의 내구성을 크게 높일 수 있습니다. [1993]
	명칭: 1×16 하위 범주: 기본 부품 번호: 2465	작은 제품에서는 쉽게 찾아볼 수 없는 부품입니다. 크고 복잡한 모델을 만들 때 무척 유용하게 사용할 수 있습니다. [1988]
	명칭: 2×2 하위 범주: 기본 부품 번호: 3003	'땅딸보'라는 별명을 갖고 있습니다. 레고 부품 중 두 번째로 많이 생산된 부품입니다. [1958]
	명칭: 2×3 하위 범주: 기본 부품 번호: 3002	1×3 브릭과 같은 이유로 이 부품 역시 대단히 유용합니다. 홀수 스터드 길이로 무엇을 만들어야 한다면 이 부품이 필요할 것입니다. 이 부품을 두 개 나란히 연결하면 2×6 브릭과 똑같은 모양이 된다는 것은 당연하지만 잘 잊어버리는 사실입니다. [1958]
	명칭: 2×4 하위 범주: 기본 부품 번호: 3001	사람들이 '레고'하면 가장 먼저 떠올리는 부품이 바로 이 2×4 브릭입니다. 1958년에 처음 생산된 이 부품은 레고 조립에 있어서 핵심적인 부품입니다. 많이 갖고 있으면 많이 갖고 있을수록 좋습니다. [1958]
	명칭: 2×6 하위 범주: 기본 부품 번호: 2456	자주 볼 수 있는 중간 정도 크기의 2×N 브릭입니다. 흔한 브릭이라 오래전부터 있었을 것 같지만 의외로 최근 부품입니다. [1990]
	명칭: 2×8 하위 범주: 기본 부품 번호: 3007	1950년대 후반 레고 사가 스터드와 튜브 간의 결합 메커니즘을 처음 발표했던 그 때부터 생산된 역사가 깊은 부품입니다. [1958]

■ 표 A-2 브릭 범주에 속하는 대표적인 부품들

부품	명세	설명
	명칭: 2×10 하위 범주: 기본 부품 번호: 3006	현대적인 레고 체계를 확립하는 데 이바지한 부품 중 하나입니다. 버팀대를 놓거나 창문이나 문 위에서 벽을 마무리할 때 아주 유용합니다. [1958]
	명칭: 4×6 하위 범주: 기본 부품 번호: 2356	1990년대 중반 처음 도입되었으나 본격적으로 제품에 사용된 것은 2000년 이후입니다. 스터드 네 개 폭을 가진 몇 안 되는 기본 브릭 중 하나입니다. [1995]
	명칭: 4×10 하위 범주: 기본 부품 번호: 6212	4×6 브릭과 같은 해에 도입되었습니다. 레고 브릭을 가득 담아 판매하는 '바구니 제품'에 많이 포함되어 있습니다. [1995]
	명칭: 4×12 하위 범주: 기본 부품 번호: 4202	1980년대 초반 제품에 많이 포함되어 있지만 1990년 중반 이후론 거의 보기 힘들어졌습니다. 비교적 희귀한 부품입니다. [1981]
	명칭: 4×18 하위 범주: 기본 부품 번호: 30400	길고 희귀한 부품입니다. 2000년대 초반 제품에서 가끔 볼 수 있지만 그 이후론 생산되지 않았습니다. [2000]
	명칭: 2×2 ㄱ자 하위 범주: 변종 부품 번호: 2357	흔히 'ㄱ자 브릭'이라고 부릅니다. 벽모서리에 단순 쌓기로 쌓은 기둥을 벽과 연결할 때 유용하게 사용할 수 있습니다. 4×4 ㄱ자 브릭과 모양은 같지만 1980년대 후반에 와서야 생산되기 시작한 부품입니다. [1987]
	명칭: 4×4 ㄱ자 하위 범주: 변종 부품 번호: 702	2×2 ㄱ자 브릭과 비교할 목적으로 범주에 포함시켰습니다. 40년 이상 생산되지 않은 부품입니다. [1958]

■ 표 A-2 브릭 범주에 속하는 대표적인 부품들

부품	명세	설명
	명칭: 3×3 다이아몬드 분할 하위 범주: 변종 부품 번호: 30505	이 부품 네 개를 둥글게 배열하면 다이아몬드 모양이 되기 때문에 다이아몬드 분할이라는 이름이 붙었습니다. [2001]
	명칭: 3×3 지그재그 하위 범주: 변종 부품 번호: 2462	부품 한 쪽이 지그재그 형태여서 독특한 무늬를 만들 수 있습니다. 반대쪽의 비스듬하고 평평한 면은 건물 벽 모서리를 만들 때 유용합니다. [1988]
	명칭: 2×3 쐐기(좌) 하위 범주: 변종 부품 번호: 6565	레고 부품 중에는 이 2×3 쐐기 부품처럼 좌우 한 쌍으로 이루어진 부품이 가끔 있습니다. 1990년대 중반 처음 도입된 이 부품은 자동차, 비행기, 우주선 등의 형태를 좀 더 사실적으로 만드는 데 도움을 줍니다. 형태는 비슷하고 크기가 큰 부품으로 41767과 41768이 있습니다. [1994]
	명칭: 2×3 쐐기(우) 하위 범주: 변종 부품 번호: 6564	
	명칭: 2×4 쐐기(좌) 하위 범주: 변종 부품 번호: 41768	2×3 쐐기 부품이 1994년에 도입된 반면 2×4 쐐기 부품은 2002년이 돼서야 생산되기 시작했습니다. 2×3 쐐기 부품과 함께 미묘한 각도로 형태를 만들 때 요긴하게 사용할 수 있습니다. [2002]
	명칭: 2×4 쐐기(우) 하위 범주: 변종 부품 번호: 41767	

■ 표 A-3 플레이트 범주에 속하는 대표적인 부품들

부품	명세	설명
	명칭: 1×1 하위 범주: 기본 부품 번호: 3024	한때는 레고 사가 플레이트를 '얇은 브릭'이라고 부르던 때도 있었습니다. 1×1 플레이트는 스터드의 크기보다 조금 클 뿐입니다. 레고 부품 중 가장 작은 부품 중 하나입니다. [1963]
	명칭: 1×2 하위 범주: 기본 부품 번호: 3023	레고 부품 중 다섯 번째로 흔한 부품입니다. 그만큼 쓸모가 많은 부품이기도 합니다. [1963]
	명칭: 1×3 하위 범주: 기본 부품 번호: 3623	1×3 브릭만큼이나 유용한 부품입니다. 스터드의 개수가 홀수인 부품은 생각보다 드뭅니다. [1977]
	명칭: 1×4 하위 범주: 기본 부품 번호: 3710	레고 부품 중 아홉 번째로 흔한 부품입니다. 작은 브릭이나 플레이트는 많으면 많을수록 좋습니다. 지금은 대단히 흔한 부품이지만 초창기 시절엔 없던 부품입니다. [1975]
	명칭: 1×6 하위 범주: 기본 부품 번호: 3666	1969년의 어떤 제품에 한 번 사용되었던 적이 있는 것 같습니다. 그러나 본격적으로 생산된 것은 1977년이 되어서입니다. [1977]
	명칭: 1×8 하위 범주: 기본 부품 번호: 3460	1×6 플레이트보다 일찍 탄생한 부품으로 1970년도 초반 실제 제품에 사용되었습니다. 현대적인 레고 제품이 출시된 이후 근 10년 이상 이 부품은 헬리콥터 날개의 단골 재료였습니다. [1972]
	명칭: 1×10 하위 범주: 기본 부품 번호: 4477	기본 플레이트 중 희귀한 축에 속합니다. [1983]
	명칭: 1×12 하위 범주: 기본 부품 번호: 60478	만약 1×N 플레이트의 길이가 이보다 더 길면 너무 쉽게 휘어질 것입니다. 이 부품은 몇몇 큰 제품에서나 볼 수 있는 비교적 최근에 도입된 부품입니다. [2008]

■ 표 A-3 플레이트 범주에 속하는 대표적인 부품들

부품	명세	설명
	명칭: 2×2 하위 범주: 기본 부품 번호: 3022	땅딸보 2×2 브릭의 스터드 버전입니다. 1960년대 초반 선보인 몇 안 되는 플레이트 중 하나입니다. [1963]
	명칭: 2×3 하위 범주: 기본 부품 번호: 3021	부품 길이가 홀수인 부품은 이 부품이 마지막입니다. 다른 홀수 스터드 부품과 마찬가지로 홀수 길이로 모델을 만들 때 무척 유용한 부품입니다. [1963]
	명칭: 2×4 하위 범주: 기본 부품 번호: 3020	2×4 브릭의 플레이트 버전입니다. 2,500개가 넘는 제품에 사용되었습니다. [1963]
	명칭: 2×6 하위 범주: 기본 부품 번호: 3795	2×6 브릭과 마찬가지로 중간 정도 길이의 부품으로서 다방면에 유용하게 사용할 수 있습니다. [1969]
	명칭: 2×8 하위 범주: 기본 부품 번호: 3034	1950년대 후반부터 1960년대 초반에는 이 부품만 따로 모아 놓은 제품도 있었습니다. [1958]
	명칭: 2×10 하위 범주: 기본 부품 번호: 3832	플레이트를 계단 쌓기 기법으로 쌓아서 완만한 경사의 지붕을 만들고 싶을 때 이 부품이 아주 유용할 것입니다. [1977]
	명칭: 2×12 하위 범주: 기본 부품 번호: 2445	2×10 플레이트와 마찬가지로 이 부품 역시 지붕을 만들 때 그 진가를 알 수 있습니다. [1987]
	명칭: 2×16 하위 범주: 기본 부품 번호: 4282	이 길이 이상으로 길면 너무 잘 휘고 쉽게 부러질 것이기 때문에 2×N 플레이트 범주에서는 이 플레이트가 아마도 계속해서 가장 긴 부품의 자리를 차지할 것입니다. [1984]

■ 표 A-3 플레이트 범주에 속하는 대표적인 부품들

부품	명세	설명
	명칭: 4×4 하위 범주: 기본 부품 번호: 3031	1969년도에 처음 도입되긴 했지만 레고 제품에 널리 사용되기 시작한 것은 1973년 이후입니다. [1969]
	명칭: 4×6 하위 범주: 기본 부품 번호: 3032	1970년대에 처음 제품에 사용되었습니다. [1970]
	명칭: 4×8 하위 범주: 기본 부품 번호: 3035	레고 초창기에는 오직 두 종류의 플레이트만 있었습니다. 하나는 이것이고 다른 하나는 6×8 플레이트입니다. [1958]
	명칭: 4×10 하위 범주: 기본 부품 번호: 3030	미니피겨 스케일 자동차를 만들 때 자주 사용하는 부품입니다. 여기에 바퀴만 달면 금방 택시가 됩니다. [1969]
	명칭: 4×12 하위 범주: 기본 부품 번호: 3029	버스나 비행기 날개를 만들 때 이 부품을 주로 사용합니다. 건물 바닥이나 천정을 만들 때도 유용합니다. [1967]
	명칭: 6×6 하위 범주: 기본 부품 번호: 3958	이 부품은 한동안 정사각형 모양 플레이트 중에서 크기가 가장 큰 부품이었습니다. [1978]
	명칭: 6×8 하위 범주: 기본 부품 번호: 3036	초창기 레고 모델에도 쓰인 커다란 플레이트입니다. [1958]
	명칭: 6×10 하위 범주: 기본 부품 번호: 3033	1960년대 후반부터 1970년대 초반에 걸친 5년여의 기간 동안 일련의 6×N 플레이트가 줄줄이 도입됩니다. 이것과 다음 네 개의 플레이트가 그때 만들어진 플레이트들입니다. [1971]

■ 표 A-3 플레이트 범주에 속하는 대표적인 부품들

부품	명세	설명
	명칭: 6×12 하위 범주: 기본 부품 번호: 3028	1967년과 1975년 사이에 도입된 6×N 플레이트 중 하나입니다. [1967]
	명칭: 6×14 하위 범주: 기본 부품 번호: 3456	특이하게도 1×14 브릭이나 2×14 플레이트는 없지만 6×14 플레이트는 있습니다. (2×14 플레이트는 2012년에 도입되었음: 옮긴이) 레고 사는 가끔 이렇게 예외적인 부품을 만들기도 합니다. [1972]
	명칭: 6×16 하위 범주: 기본 부품 번호: 3027	열차나 소방차를 만들 때 사용하면 좋습니다. 때로는 이 부품과 경첩 부품을 결합하여 열고 닫을 수 있는 지붕을 만들기도 합니다. [1967]
	명칭: 6×24 하위 범주: 기본 부품 번호: 3026	길고 넓은 부품의 특징을 활용하여 화물 트럭이나 열차 또는 비행기 날개를 만들 때 사용합니다. [1967]
	명칭: 8×8 하위 범주: 기본 부품 번호: 41539	정사각형 모양 플레이트 중 가장 큰 플레이트입니다. (2011년 이후 이보다 큰 16×16 플레이트가 생산되고 있음: 옮긴이) [2001]
	명칭: 2×2 ㄱ자 하위 범주: 변종 부품 번호: 2420	1×N 브릭으로 만든 벽 두 개를 직각으로 연결하거나 단순 쌓기 기법으로 쌓아올린 기둥을 벽과 연결할 때 이 부품을 사용합니다. [1987]
	명칭: 4×4 ㄱ자 하위 범주: 변종 부품 번호: 2639	2×2 ㄱ자 브릭보다 겨우 두 스터드 길 뿐이지만 9개나 더 많은 스터드를 갖고 있습니다. 그 덕분에 훨씬 더 넓은 면적을 덮을 수 있습니다. [1991]
	명칭: 2×3 고리 하위 범주: 변종 부품 번호: 3176	트레일러 따위를 연결하는 고리로 사용합니다. 구멍에는 테크닉 핀을 끼울 수 있습니다. 둥근 부분은 2×2 원통 브릭이나 2×2 원통 플레이트의 모양과 일치합니다. [1967]

■ 표 A-3 플레이트 범주에 속하는 대표적인 부품들

부품	명세	설명
	명칭: 3×3 4분할 하위 범주: 변종 부품 번호: 30357	날개, 자동차 흙받기 또는 지붕의 모서리를 둥글게 만드는데 사용합니다. [1999]
	명칭: 4×4 4분할 하위 범주: 변종 부품 번호: 30565	4분할 범주에 속하는 세 부품 중에서 이 부품만이 유일하게 부품 네 개를 둥글게 배열했을 때 완벽한 원을 만듭니다. [2001]
	명칭: 6×6 4분할 하위 범주: 변종 부품 번호: 6003	아파트 발코니처럼 둥근 모서리가 있는 커다란 구조물을 만들 때 사용합니다. [1992]
	명칭: 3×3 다이아몬드 분할 하위 범주: 변종 부품 번호: 2450	이 부품 네 개를 둥글게 배열하면 대충 다이아몬드 형태가 됩니다. [1988]
	명칭: 4×4 다이아몬드 분할 하위 범주: 변종 부품 번호: 30503	비행기 날개를 표현할 때 유용하게 사용할 수 있습니다. [2001]
	명칭: 6×6 다이아몬드 분할 하위 범주: 변종 부품 번호: 6106	다이아몬드 분할 부품 중 이 부품만이 뾰족한 부분의 스터드 개수가 두 개입니다. [1995]
	명칭: 8×8 다이아몬드 분할 하위 범주: 변종 부품 번호: 30504	커다랗고 멋진 부품입니다. 우주왕복선 날개를 만들 때 요긴할 것입니다. [2001]

■ 표 A-3 플레이트 범주에 속하는 대표적인 부품들

부품	명세	설명
	명칭: 2×4 하위 범주: 뱃머리 부품 번호: 51739	비행기 기수나 배의 이물(앞부분)을 만들 때 흔히 이 부품을 사용합니다. 하위 범주 이름도 그래서 '뱃머리'입니다. [2005]
	명칭: 3×4 하위 범주: 뱃머리 부품 번호: 4859	2×3 날개 플레이트(부품 번호 43722와 43723) 두 개를 합친 것과 똑같은 형태입니다. 비행기나 헬리콥터 등의 기수를 만들 때 사용합니다. [1985]
	명칭: 4×4 하위 범주: 뱃머리 부품 번호: 43719	4859와 마찬가지로 2×4 날개 플레이트(부품 번호 41770과 41769)를 두 개 합친 것과 똑같은 형태입니다. 부품 중앙의 2×2 크기의 빈 공간은 조종석이나 다른 부속 구조물을 만들어 넣을 공간으로 활용할 수 있습니다. [2003]
	명칭: 3×6 하위 범주: 뱃머리 부품 번호: 2419	작은 배의 이물이나 소형 우주선의 조그만 날개를 만들 때 사용하면 좋을 것 같습니다. [1987]
	명칭: 4×6 하위 범주: 뱃머리 부품 번호: 32059	배의 선수나 갑판을 만들 때 사용할 수 있을 것입니다. [1998]
	명칭: 6×7 하위 범주: 뱃머리 부품 번호: 2625	부품의 형태가 그야말로 뱃머리 모양입니다. [1991]
	명칭: 4×9 하위 범주: 뱃머리 부품 번호: 2413	이것을 뱃머리 부품이라고 해야 할까요, 아니면 날개 플레이트라고 해야 할까요? 날개 플레이트는 좌측 형과 우측 형으로 나뉘어 있기 마련인데 이 부품은 그렇지 않기 때문에 뱃머리 부품으로 분류하는 것이 맞을 것 같습니다. 그렇지만 길이가 너무 길어서 일반적인 뱃머리 형태가 아닌 것은 분명합니다. [1987]

■ 표 A-3 플레이트 범주에 속하는 대표적인 부품들

부품	명세	설명
	명칭: 2×3(좌) 하위 범주: 날개 부품 번호: 43723	날개 플레이트는 부품 각 모서리의 길이가 모두 다릅니다. 그리고 저마다 짝이 되는 부품이 있어서 그 둘을 사용하여 한 쌍의 비행기 날개를 구성할 수 있습니다. [2002]
	명칭: 2×3(우) 하위 범주: 날개 부품 번호: 43722	
	명칭: 2×4(좌) 하위 범주: 날개 부품 번호: 41770	43770과 41769를 쌍으로 이용하면 43719 뱃머리 부품을 대신할 수 있습니다. 하지만 좌우로 나뉜 두 부품을 한 개의 부품처럼 활용하려면 다른 부품으로 둘을 연결해 줘야 하는 번거로움은 감수해야 합니다. [2001]
	명칭: 2×4(우) 하위 범주: 날개 부품 번호: 41769	
	명칭: 4×4(좌) 하위 범주: 날개 부품 번호: 3936	뭉툭한 형태가 귀엽습니다. 비행기 날개를 만드는 데 제격일 것 같습니다. [1979]
	명칭: 4×4(우) 하위 범주: 날개 부품 번호: 3935	

■ 표 A-3 플레이트 범주에 속하는 대표적인 부품들

부품	명세	설명
	명칭: 3×6(좌) 하위 범주: 날개 부품 번호: 54384	또 하나의 날개 플레이트. 특이 사항은 없습니다. [2006]
	명칭: 3×6(우) 하위 범주: 날개 부품 번호: 54383	
	명칭: 3×8(좌) 하위 범주: 날개 부품 번호: 50305	우주 시리즈 제품이나 영화를 주제로 한 레고 제품에서 가끔 볼 수 있는 날개 플레이트입니다. [2005]
	명칭: 3×8(우) 하위 범주: 날개 부품 번호: 50304	
	명칭: 4×8(좌) 하위 범주: 날개 부품 번호: 3933	초기 우주 시리즈 제품에서 볼 수 있는 날개 플레이트입니다. 4×4 날개 플레이트보다 길이는 두 배 길지만 기본적으로는 같은 모양입니다. [1978]
	명칭: 4×8(우) 하위 범주: 날개 부품 번호: 3934	
	명칭: 3×12(좌) 하위 범주: 날개 부품 번호: 47397	6×12 날개 플레이트 보다 5년 늦게 등장했습니다. [2004]
	명칭: 3×12(우) 하위 범주: 날개 부품 번호: 47398	

■ 표 A-3 플레이트 범주에 속하는 대표적인 부품들

부품	명세	설명
	명칭: 6×12(좌) 하위 범주: 날개 부품 번호: 30355	최초의 날개 플레이트(부품 번호 3933과 3934)가 초기 우주 시리즈 제품에서 선보인 후 20년 지난 1999년에 가히 걸작이라고 부를 수 있는 이 한 쌍의 날개 플레이트가 등장했습니다. 미니피겨 스케일 비행기라면 날개는 이 부품 한 개 만으로도 충분합니다. [1999]
	명칭: 6×12(우) 하위 범주: 날개 부품 번호: 30356	

■ 표 A-4 경사 브릭 범주에 속하는 대표적인 부품들

부품	명세	설명
	명칭: 4×1 18도 하위 범주: 기본 부품 번호: 60477	완만한 경사를 갖고 있어서 이 부품으로 지붕을 만들면 33도나 45도 경사 브릭을 사용할 때와는 다른 느낌을 줄 수 있습니다. [2008]
	명칭: 4×2 18도 하위 범주: 기본 부품 번호: 30363	경사 브릭 중 가장 최근에 만들어진 부품 중 하나이며 완만한 경사를 갖고 있습니다. 4×1 경사 브릭과 함께 사용합니다. [1999]
	명칭: 4×4 18도 하위 범주: 바깥 모서리 부품 번호: 43708	2000년 중반에 출시된 제품 일부에서만 간간히 볼 수 있어서 무척 희귀합니다. 18도 각도의 경사 브릭들과 함께 사용하면 동양적인 느낌의 멋진 지붕을 만들 수 있습니다. [2004]

■ 표 A-4 경사 브릭 범주에 속하는 대표적인 부품들

부품	명세	설명
	명칭: 1×1 31도 하위 범주: 기본 부품 번호: 54200	'치즈 조각cheese slope'이란 애칭을 갖고 있는 한 스터드 크기의 경사 브릭입니다. 미묘한 각도의 조형물이나 미니피겨 스케일 자동차의 섬세한 디테일을 표현할 때 유용하게 사용할 수 있습니다. 약 500개 이상의 제품에서 이 부품을 발견할 수 있습니다. [2004]
	명칭: 1×2 31도 하위 범주: 기본 부품 번호: 85974	치즈가 더 필요합니까? 54200과 완벽하게 어울리는 1×2 경사 브릭입니다. [2009]
	명칭: 2×2 33도 하위 범주: 봉우리 부품 번호: 3300	1970년대 초반 33도 각도를 가진 완전히 새로운 종류의 경사 브릭들이 등장하였습니다. 이 봉우리 부품은 경사진 지붕의 꼭대기를 마감할 때 사용합니다. [1971]
	명칭: 2×4 33도 하위 범주: 봉우리 부품 번호: 3299	33도 각도를 가진 봉우리 부품은 2×2, 2×4 두 종류입니다. (33도 기울기를 경사 브릭 중에서 기본 경사 브릭은 1스터드나 3스터드처럼 홀수 크기로도 생산되고 있지만 봉우리 부품은 오직 짝수 크기만 있습니다.) [1971]
	명칭: 3×1 33도 하위 범주: 기본 부품 번호: 4286	1980년대 초반이 되어서야 33도 경사 브릭이 홀수 크기로도 생산되기 시작했습니다. 이 부품과 4161 덕분에 4스터드 크기의 전통적인 지붕 브릭(부품 번호 3297)의 활용도가 극적으로 높아졌습니다. 마침내 홀수 폭으로도 지붕을 만들 수 있게 된 것입니다. [1982]
	명칭: 3×1 33도 하위 범주: 역경사 부품 번호: 4287	대부분의 경사 브릭에는 이처럼 거꾸로 된 짝이 있습니다. 4286을 거울에 비춘 모습입니다. [1982]

■ 표 A-4 경사 브릭 범주에 속하는 대표적인 부품들

부품	명세	설명
	명칭: 3×2 33도 하위 범주: 기본 부품 번호: 3298	1970년대 초반 33도 경사 브릭이 몇 종류 소개되었는데 그 중에서도 이 부품은 특히 '지붕 브릭'이라는 별명이 있었습니다. [1971]
	명칭: 3×2 33도 하위 범주: 역경사 부품 번호: 3747	배나 비행기 등의 아랫부분 곡면을 만들 때 이와 같은 역경사 브릭이 크게 활약합니다. 3×1 경사 브릭은 기본형과 역경사형이 같은 해에 함께 소개되었지만 3×2 역경사 브릭은 기본형이 나온 뒤 8년이 지나서야 생산되기 시작했습니다. [1979]
	명칭: 3×3 33도 하위 범주: 기본 부품 번호: 4161	33도 경사로 홀수 크기의 지붕을 만들고 싶다면 이 부품을 사용해야 합니다. [1980]
	명칭: 3×3 33도 하위 범주: 바깥 모서리 부품 번호: 3675	소중한 경사 브릭 중 하나입니다. 완만한 기울기를 가진 동양풍의 지붕을 만들고자 한다면 이 부품이 꼭 있어야 합니다. [1980]
	명칭: 3×4 33도 하위 범주: 기본 부품 번호: 3297	전통적인 지붕 브릭. [1971]
	명칭: 2×1 45도 하위 범주: 봉우리 부품 번호: 3044	담장이나 성벽, 공룡의 등이나 45도 각도의 지붕 꼭대기를 마감할 때 이 부품을 사용합니다. [1976]

■ 표 A-4 경사 브릭 범주에 속하는 대표적인 부품들

부품	명세	설명
	명칭: 1×2 45도 하위 범주: 봉우리 마감 부품 번호: 3048	위의 3044와 완벽한 조합을 이룹니다. 봉우리 부품이 지붕을 마감하는 부품이라면 이 부품은 봉우리 부품을 마감하는 부품입니다. [1965]
	명칭: 1×2 45도 하위 범주: 봉우리 마감 부품 번호: 3049	봉우리 부품이 교차하는 부분이나 경사 지붕의 특정 부분에 장식적인 목적으로 사용합니다. 앞쪽으로 비죽 튀어나온 부분은 3043이나 기타 45도 경사 브릭의 경사면에 정확하게 들어맞습니다. [1969]
	명칭: 2×1 45도 하위 범주: 기본 부품 번호: 3040	역경사 형태보다 3년 늦게 소개되었습니다. 무척 흔한 부품입니다. [1979]
	명칭: 2×1 45도 하위 범주: 역경사 부품 번호: 3665	비행기 기체 아랫부분의 미묘한 각도를 표현하거나 미니랜드 피겨의 엉덩이를 만들 때 사용합니다. [1976]
	명칭: 6×1 45도 하위 범주: 역경사 부품 번호: 52501	비슷한 모양의 2×2 버전(부품 번호 4871)이 있습니다. 미니피겨 스케일로 배를 만들 때 바닥으로 사용하기 좋은 부품입니다. [2005]
	명칭: 2×2 45도 하위 범주: 봉우리 부품 번호: 3043	3044와 3048과 함께 사용하여 멋진 지붕을 만듭니다. [1965]
	명칭: 2×2 45도 하위 범주: 기본 부품 번호: 3039	최초의 경사 브릭 중 하나입니다. 1950년 말이나 1960년대 초반만 해도 경사 브릭 없이 기본 브릭을 계단 쌓기로 쌓아 지붕을 만들어야 했습니다. [1965]

■ 표 A-4 경사 브릭 범주에 속하는 대표적인 부품들

부품	명세	설명
	명칭: 2×2 45도 하위 범주: 역경사 부품 번호: 3660	3039의 역경사 짝. 부품 윗면 일부가 개방되어 있고 스터드 두 개는 마치 튜브처럼 속이 비어 있는 것을 볼 수 있습니다. [1975]
	명칭: 4×2 45도 하위 범주: 역경사 부품 번호: 4871	작은 보트나 헬리콥터의 바닥을 만들 때 사용하면 좋습니다. [1985]
	명칭: 2×2 45도 하위 범주: 바깥 모서리 부품 번호: 3045	이 우아한 경사 브릭은 경사면이 두 개인 복합 경사 브릭입니다. 지붕을 만들 때 모서리 부분에 주로 사용하기 때문에 바깥 모서리 부품이라고 부릅니다. [1965]
	명칭: 2×2 45도 하위 범주: 안쪽 모서리 부품 번호: 3046	두 경사 지붕이 만나는 부분에 사용합니다. 다른 각도의 경사 브릭에는 이러한 형태가 없습니다. [1965]
	명칭: 2×2 45도 하위 범주: 바깥 모서리 역경사 부품 번호: 3676	중세 성의 탑을 만들 때 사용하는 등 그 용도가 다양한 부품입니다. [1984]
	명칭: 2×3 45도 하위 범주: 기본 부품 번호: 3038	스터드 개수가 홀수인 부품은 항상 모자라기 때문에 무조건 많이 챙겨놓고 볼 일입니다. [1965]
	명칭: 2×3 45도 하위 범주: 봉우리 부품 번호: 3042	3스터드 길이를 가진 흔치 않은 봉우리 부품. [1965]

■ 표 A-4 경사 브릭 범주에 속하는 대표적인 부품들

부품	명세	설명
	명칭: 2×4 45도 하위 범주: 기본 부품 번호: 3037	경사 브릭으로 지붕을 만들 때 그 넓은 면적을 다 채우려면 이처럼 기다란 경사 브릭이 꼭 필요합니다. [1965]
	명칭: 2×8 45도 하위 범주: 기본 부품 번호: 4445	큰 지붕이나 기다란 지붕창을 만들 때 이 부품이 정말 유용합니다. 가장 긴 경사 브릭 중 하나입니다. [1983]
	명칭: 6×1×5 55도 하위 범주: 기본 부품 번호: 30249	딱 보면 작은 비행기의 꼬리날개로 사용하면 좋겠다는 생각이 들 것입니다. 55도 각도의 경사를 가진 부품은 이 부품이 현재로선 유일합니다. [1999]
	명칭: 2×1×2 65도 하위 범주: 기본 부품 번호: 60481	2×2×2 버전과 완벽한 조합을 이룹니다. 마이크로 스케일 비행기의 꼬리날개나 성벽을 만들 때 사용하면 좋습니다. [2008]
	명칭: 2×2×2 65도 하위 범주: 기본 부품 번호: 3678	초기에는 튜브가 없었지만 2003년 이후에 생산된 부품에는 튜브가 있습니다. 65도 각도를 가진 부품은 이 부품을 포함해서 단 두 종류뿐입니다. [1978]

■ 표 A-4 경사 브릭 범주에 속하는 대표적인 부품들

부품	명세	설명
	명칭: 2×2×2 75도 하위 범주: 봉우리 부품 번호: 3688	네모난 머리를 가진 사람들에게 '바보 모자 dunce cap'를 씌울 일은 없겠지만('네모난 머리'란 레고랜드 스타일의 피겨 머리를 말하는 것이고 '바보 모자'란 학교에서 공부를 못하거나 게으른 학생에게 벌로 씌우던 원추형 종이 모자를 말함: 옮긴이) 뾰족하게 생긴 이 봉우리 부품은 중세 성의 타워는 물론 산타의 모자를 만들 때에도 유용하게 쓰입니다. 다른 75도 경사 브릭은 모두 세 브릭 높이지만 이 부품만은 두 브릭 높이입니다. [1986]
	명칭: 2×1×3 75도 하위 범주: 기본 부품 번호: 4460	성벽을 만들 때 흔히 사용하는 부품 중 하나입니다. 구식 소방차의 뒷부분을 표현할 때에도 요긴하게 사용할 수 있습니다. [1984]
	명칭: 2×1×3 75도 하위 범주: 역경사 부품 번호: 2449	75도 각도를 가진 역경사 부품은 현재로서는 이 부품이 유일합니다. 경사면의 반대쪽 면은 브릭의 밑 부분과 같은 모양을 하고 있어서 다른 부품을 결합할 수 있습니다. [1988]
	명칭: 2×2×3 75도 하위 범주: 기본 부품 번호: 3684	중세 성을 비롯하여 튼튼한 기초가 필요한 모든 건물의 벽면에는 으레 이 부품을 사용합니다. [1977]

■ 표 A-4 경사 브릭 범주에 속하는 대표적인 부품들

부품	명세	설명
	명칭: 2×2×3 75도 하위 범주: 바깥 모서리 부품 번호: 3685	3684와 4460과 완벽한 조합을 이룹니다. 75도 경사 브릭을 사용하면 스키 샬레(ski chalet, 스키를 즐기는 사람들을 위해 지은 산간 지방의 지붕이 뾰족한 목조 주택: 옮긴이)와 같은 매우 가파른 지붕을 만들 수 있습니다. [1978]
	명칭: 3×1 하위 범주: 곡면 부품 번호: 50950	2000년도 중반에 처음 등장한 부품으로서 윗부분에 스터드가 없습니다. 미니피겨 자동차 앞부분의 곡면을 만들 때 대단히 유용합니다. [2005]
	명칭: 4×1 하위 범주: 곡면 부품 번호: 61678	날렵한 형태의 이 곡면 경사 부품을 잘 사용하면 복잡한 곡면이나 현대적인 느낌의 실루엣을 만들 수 있습니다. 3×1 버전과 마찬가지로 윗부분에 스터드가 없습니다. [2008]
	명칭: 1×3×2 하위 범주: 곡면 부품 번호: 33243	최근에 도입되어서 아직은 많은 제품에서 볼 수 없는 귀한 부품입니다. 1×3×2 반아치 부품(부품 번호 6005)과 곡면의 모양이 동일합니다. [2003]
	명칭: 3×2 주먹코 하위 범주: 곡면 부품 번호: 6215	독특한 형태의 경사 부품입니다. 모서리를 둥글게 마무리할 때 사용하면 좋습니다. [1995]

■ 표 A-4 경사 브릭 범주에 속하는 대표적인 부품들

부품	명세	설명
	명칭: 2×4 45에서 90도(좌) 하위 범주: 곡면 부품 번호: 43721	수많은 레고 부품 중에서도 유난히 눈에 띄는 독특한 형태의 부품입니다. 한쪽 끝의 각도는 90도이고 다른 쪽 끝의 각도는 45도여서 45도 경사 브릭과 기본 브릭을 이어주는 중간 다리 역할을 할 수 있습니다. 90도 각도에서 서서히 45도 각도로 바뀌며 45도 각도를 가진 부분의 폭은 2 스터드입니다. [2002]
	명칭: 2×4 45도에서 90도(우) 하위 범주: 곡면 부품 번호: 43720	
	명칭: 2×6(좌) 하위 범주: 복합 부품 번호: 41748	우주선이나 비행기 등을 좀 더 유선형으로 만들고 싶다면 이 부품을 사용합니다. 복합적인 형태(뾰족한 끝부분에서 스터드 부분으로 이어지는 곡면과 그 곡면을 따라 경사를 이루고 있는 옆면) 덕분에 탈것을 날렵하고 사실적인 형태로 만들 수 있습니다. [2002]
	명칭: 2×6(우) 하위 범주: 복합 부품 번호: 41747	
	명칭: 2×6(좌) 하위 범주: 역복합 부품 번호: 41765	배의 이물이나 갑판을 만들 때 이보다 유용한 부품은 없을 것입니다. 두 **부품**을 쌍으로 나란히 이용하거나 둘 사이에 6×1 곡면 역경사 부품(부품 번호 500)을 넣어서 폭을 넓힐 수도 있습니다. [2002]
	명칭: 2×6(우) 하위 범주: 역복합 부품 번호: 41764	

■ 표 A-4 경사 브릭 범주에 속하는 대표적인 부품들

부품	명세	설명
	명칭: 6×1 하위 범주: 곡면 부품 번호: 42022	평평한 경사면이 아닌 좀 더 부드럽고 둥근 경사를 원한다면 이 부품을 사용합니다. [2002]
	명칭: 6×1 하위 범주: 역곡면 부품 번호: 500	
	명칭: 6×2 하위 범주: 곡면 부품 번호: 44126	42022과 동일한 곡면을 갖고 있습니다. 노즈콘(로켓·항공기 등의 원추형 앞부분: 옮긴이)이나 날개 등 부드러운 곡면이 필요한 모든 부분에 유용하게 사용할 수 있습니다. [2003]
	명칭: 4×4 구형 하위 범주: 복합 부품 번호: 4858	6069보다 오래된 부품으로서 각이 진 형태를 하고 있습니다. [1985]
	명칭: 4×4 신형 하위 범주: 복합 부품 번호: 6069	4858를 어느 정도 대신할 수 있는 부품으로서 형태가 훨씬 날렵합니다. [1992]

■ 표 A-4 경사 브릭 범주에 속하는 대표적인 부품들

부품	명세	설명
	명칭: 4×4 하위 범주: 역복합 부품 번호: 4855	4858 복합 경사 브릭과 동시에 등장하였지만 형태적으로는 6069의 짝으로 보는 것이 더 맞을 것 같습니다. [1985]

■ 표 A-5 특수 부품 범주에 속하는 대표적인 부품들

부품	명세	설명
	명칭: 2×2 마카로니 하위 범주: 특이면 부품 번호: 3063	많은 사람들에게 사랑받는 부품입니다. 하지만 가격이 비싸서 많은 양을 구비하기가 쉽지 않습니다. [1958]
	명칭: 4×4 마카로니 하위 범주: 특이면 부품 번호: 48092	2×2 마카로니 부품의 자매 부품입니다. [2004]
	명칭: 1×1 헤드라이트 하위 범주: 접속 부품 번호: 4070	유명한 헤드라이트 부품입니다. 다른 부품과 다양한 방식으로 결합할 수 있습니다. 옆면 스터드에 투명한 1×1 원통 플레이트를 끼워서 자동차의 헤드라이트를 만들 수도 있고 일렬로 나란히 놓은 후 1×N 브릭을 뉘인 형태로 끼울 수도 있습니다. 부품 뒷면의 사각형 홈에는 스터드를 끼울 수 있습니다. [1979]
	명칭: 1×1 단면 스터드 하위 범주: 접속 부품 번호: 87087	오랫동안 많은 창작가들이 고대했던 부품입니다. 1×1 헤드라이트 부품(부품 번호 4070)의 장점을 한 단계 높은 수준으로 끌어올린 것으로 평가 받습니다. 스터드가 붙은 옆면이 4070과는 달리 일반 브릭의 옆면처럼 평평합니다. [2009]

■ 표 A-5 특수 부품 범주에 속하는 대표적인 부품들

부품	명세	설명
	명칭: 1×1 양면 스터드 하위 범주: 접속 부품 번호: 47905	87087보다 5년 앞서 소개되었습니다. 마주보는 두 면에 스터드가 붙어 있습니다. [2004]
	명칭: 1×1 사면 스터드 하위 범주: 접속 부품 번호: 4733	일명 '소화전 부품'이라고도 부릅니다. 디자인은 훌륭하지만 굳이 한 가지 단점이 꼽자면 네 개의 옆면 스터드 중 일부만 사용할 경우 나머지 스터드는 조립에 방해가 되는 경우가 있다는 것입니다. [1985]
	명칭: 1×2 양면 스터드 하위 범주: 접속 부품 번호: 52107	이 1×2 브릭은 총 6개의 스터드를 갖고 있습니다. [2005]
	명칭: 1×4 단면 스터드 하위 범주: 접속 부품 번호: 30414	비록 외형이 곱상하지는 않지만 기능적으로 이만큼 뛰어난 부품을 찾기는 어렵습니다. 크기가 작으면서도 다른 부품을 단단히 결합하기에 충분한 네 개의 스터드를 제공합니다. [2000]
	명칭: 2×4×2 양면 스터드 하위 범주: 접속 부품 번호: 2434	총 12개의 스터드가 제공하는 막대한 결합력으로 단단한 구조물을 만들 수 있습니다. [1990]
	명칭: 2×4×2 양면 튜브 하위 범주: 접속 부품 번호: 6061	'공업적인 느낌'이 물씬 풍기는 외형 때문에 '엔진 블록'이라는 별명이 붙어 있습니다. [1992]

■ 표 A-5 특수 부품 범주에 속하는 대표적인 부품들

부품	명세	설명
	명칭: 1×2 턱 플레이트 하위 범주: 접속 부품 번호: 3794	어떤 부품의 결합 위치를 반 스터드만큼 이동시켜서 작품의 형태와 느낌을 미묘하게 바꾸고 싶을 때 이 부품을 사용합니다. [1977]
	명칭: 2×2 턱 플레이트 하위 범주: 접속 부품 번호: 87580	3794와 마찬가지로 턱이진 형태를 만들 때 유용합니다. [2009]
	명칭: 1×4 2스터드 플레이트 하위 범주: 접속 부품 번호: 92593	스터드가 두 개 모자란 플레이트로 봐야 할까요, 아니면 스터드가 두 개 있는 타일로 봐야 할까요? 스터드의 위치는 일반 플레이트와 같지만 중앙에 스터드 없이 매끈한 부분이 있다는 점이 독특합니다. [2011]
	명칭: 1×1-1×1 브라켓 하위 범주: 접속 부품 번호: 554	협소한 공간에서 부품의 결합 방향을 바꾸고 싶을 때 이 부품을 사용합니다. 윗부분의 동그란 구멍의 지름은 스터드의 지름과 동일하고 구멍 주변부의 두께는 스터드의 높이와 같습니다. [2002]
	명칭: 1×2-2×2 브라켓 하위 범주: 접속 부품 번호: 44728	건물 벽에 브라켓의 1×2 부분을 집어넣고 벽 바깥으로 2×2 부분을 돌출시키면 거기에 액자 등의 다른 물건을 부착할 수 있습니다. [2002]
	명칭: 2×2-2×2 브라켓 하위 범주: 접속 부품 번호: 3956	스터드가 부품의 옆면에 부착된 최초의 부품 중 하나입니다. 이 보석 같은 부품은 1970년대의 초기 우주 시리즈 제품에 처음 등장하였습니다. [1978]
	명칭: 1×2-1×4 브라켓 하위 범주: 접속 부품 번호: 2436	44728과 비교해 볼 때 옆으로 돌출된 스터드 네 개가 2×2 방식이 아닌 1×4 방식으로 붙어있다는 점이 다릅니다. 44728과 마찬가지로 어떤 부품을 측면에 부착하고 싶을 때 요긴하게 사용합니다. [1987]

■ 표 A-5 특수 부품 범주에 속하는 대표적인 부품들

부품	명세	설명
	명칭: 1×2 통나무 하위 범주: 특이면 부품 번호: 30136	이 부품의 하위 범주를 '특이면'이라고 이름 붙인 것은 부품 옆면의 형태가 기본 브릭처럼 평평한 면이거나 접속 부품처럼 스터드가 붙은 것이 아닌 특이한 모습을 하고 있기 때문입니다. 통나무 부품이라는 명칭에서 알 수 있듯이 갈색 부품이 주로 많이 사용되며 회색 부품도 꽤 활용도가 높습니다. [1996]
	명칭: 1×4 통나무 하위 범주: 특이면 부품 번호: 30137	30316의 기다란 버전입니다. 현재로서는 1×1 통나무 브릭은 없지만 1×1 원통 브릭을 사용하면 아쉬운 대로 비슷한 느낌을 낼 수는 있습니다. [1996]
	명칭: 1×2 창살 하위 범주: 특이면 부품 번호: 2877	부품 앞뒤의 특이면 모양이 다른 독특한 부품입니다. 이 부품을 여러 개 함께 쓸 때 특이면의 모양을 동일하게 맞춰 쓰거나 또는 두 특이면을 혼용해서 색다른 효과를 만들어내기도 합니다. 특이면의 모양이 창살 모양인 것을 이용해서 기계 장치의 배기구를 만들거나 소방차의 셔터문 또는 물결 모양으로 골이 진 지붕이나 벽을 만들 때 사용합니다. [1986]
	명칭: 2×1 경사 창살 하위 범주: 특이면 부품 번호: 61409	이 부품은 경사 브릭이지만 일반적인 경사 브릭은 아닙니다. 이 부품을 사용하면 자동차나 기계 장치의 배기구를 굉장히 사실적으로 묘사할 수 있습니다. [2008]
	명칭: 1×2와 1×2 플레이트 하위 범주: 경첩 부품 번호: 2429/2430	본질적으로는 두 개의 부품이지만 대개는 하나의 부품으로 간주합니다. 4장에서 미니랜드 스케일 피겨의 팔을 만들 때 사용했습니다. [1987/1987]
	명칭: 1×2와 1×2 브릭 하위 범주: 경첩 부품 번호: 3830/3831	여닫을 수 있는 문을 만들거나 어떤 부분을 특정 각도로 고정하고 싶을 때 이 부품을 사용합니다. [1977/1977]

■ 표 A-5 특수 부품 범주에 속하는 대표적인 부품들

부품	명세	설명
	명칭: 1×2 브릭 하위 범주: 경첩 부품 번호: 3937/3938	우주선 조종석의 캐노피를 여닫을 수 있도록 할 때 사용합니다. 스터드 부분을 앞으로 향하도록 하여 건물 벽에 집어넣으면 브라켓 등의 접속 부품을 사용했을 때와 마찬가지로 액자 등의 물건을 결합할 수 있습니다. [1978/1978]
	명칭: 2×2 브릭 하위 범주: 경첩 부품 번호: 3937/6134	밑 부분은 위의 1×2 경첩 브릭과 똑같지만 윗부분의 크기가 두 배 커서 큰 지붕이나 문 등을 훨씬 견고하게 부착할 수 있습니다. [1978/1991]
	명칭: 2×5 플레이트 하위 범주: 경첩 부품 번호: 3149	고가 사다리를 소방차에 붙이거나 새의 날개를 몸통에 붙일 때 사용하는 역사가 깊은 부품입니다. [1967]
	명칭: 2×2 플레이트 하위 범주: 턴테이블 부품 번호: 3680	이 부품은 아래의 4×4 턴테이블의 축소판인데 크기가 작아서 눈에 띄지 않는 곳에 쉽게 숨길 수 있습니다. [1977]
	명칭: 4×4 브릭 하위 범주: 턴테이블 부품 번호: 3403	1963년도에 생산되었던 초기 4×4 턴테이블의 현대식 버전이라고 할 수 있습니다. 초기 버전은 지금처럼 사각형 밑판 없이 위아래 전부 원통형이었습니다. [1977]
	명칭: 1×2 레일 플레이트 하위 범주: 특이면 부품 번호: 32028	1×4 홈 브릭(부품 번호 2653)과 함께 사용하면 서랍이나 미닫이문처럼 미끄러지며 움직이는 구조물을 만들 수 있습니다. 1×8 크기로도 생산되고 있습니다. [1977]
	명칭: 1×2 홈 브릭 하위 범주: 특이면 부품 번호: 4216	단순 쌓기로 쌓아서 장식적 효과를 내는 데 흔히 사용합니다. [1981]

A 브리코피디아 217

■ 표 A-5 특수 부품 범주에 속하는 대표적인 부품들

부품	명세	설명
	명칭: 1×4 홈 브릭 하위 범주: 특이면 부품 번호: 2653	장식적인 목적으로 사용하거나 1×2 레일 플레이트(부품 번호 32028)과 함께 미끄러지며 움직이는 구조물을 만드는 데 사용합니다. [1991]
	명칭: 1×2 홀핀 하위 범주: 핀 부품 번호: 2458	1×4 홈 브릭과 레일 플레이트를 이용하여 서랍을 만들었다면 이 부품과 1×2 테크닉 부품을 사용하여 잠금 장치를 만들 수 있습니다. [1988]
	명칭: 1×2 겹핀 하위 범주: 핀 부품 번호: 30526	옆면에 붙은 핀 두 개를 다른 테크닉 브릭의 핀 구멍 두 개에 끼울 수 있습니다. 2458의 경우 핀이 윗면의 두 스터드 사이에 위치하고 있지만 이 부품은 핀과 스터드가 같은 선상에 있습니다. [2000]
	명칭: 2×2 홀핀 하위 범주: 핀 부품 번호: 4730	2×N 브릭으로 만든 건물 벽에 이 부품을 집어넣으면 견고한 핀 덕분에 무엇이든 안정적으로 부착할 수 있습니다. [1985]
	명칭: 2×2 윗핀 브릭 하위 범주: 핀 부품 번호: 4729	자주 사용하는 부품은 아니지만 막상 필요할 때 이것보다 고마운 부품은 없습니다. 유사한 형태의 플레이트 버전(부품 번호 2460)도 있습니다. [1995]
	명칭: 2×2 윗핀 플레이트 하위 범주: 핀 부품 번호: 2460	주로 헬리콥터 로터를 기체에 결합할 때 사용합니다. 윗핀은 테크닉 부품과 결합하고 아래의 플레이트는 스터드가 있는 부품과 결합하는 방식으로 활용합니다. [1988]
	명칭: 2×2 아랫핀 플레이트 하위 범주: 핀 부품 번호: 2476	2460과 2476을 나란히 하나의 1×4 테크닉 브릭에 끼울 수 있습니다. [1988]

■ 표 A-5 특수 부품 범주에 속하는 대표적인 부품들

부품	명세	설명
	명칭: 2×2 홀구멍 플레이트 하위 범주: 핀 부품 번호: 2444	이 부품들을 사용하면 브릭이나 플레이트 아랫부분에 테크닉 핀이나 축을 끼울 수 있습니다. 2444는 구멍이 한 개이고 2817은 두 개입니다. [1987/1989]
	명칭: 2×2 겹구멍 플레이트 하위 범주: 핀 부품 번호: 2817	
	명칭: 2×2 작은 바퀴/타이어 플레이트 하위 범주: 바퀴/타이어 부품 번호: 4600/4624/3641	작은 자동차에 사용할 수 있는 바퀴 부품입니다. 2×2 플레이트 양쪽으로 튀어나온 가느다란 축에 바퀴와 타이어가 결합되어 있습니다. [1985/1986/1985]
	명칭: 2×2 슬릭타이어 넓적 플레이트 하위 범주: 바퀴/타이어 부품 번호: 6157/6014/30028	경주용 자동차를 만들고 싶다면 슬릭타이어(주로 경주용 자동차에 사용하는 무늬가 없는 타이어: 옮긴이)로 멋을 내보는 것도 좋을 것입니다. 이 부품의 2×2 플레이트는 양쪽으로 조금 튀어나온 부분이 있어서 경주용 자동차의 느낌을 보다 잘 살릴 수 있습니다. [1994/1991/1996]
	명칭: 2×4 바퀴/타이어 플레이트 하위 범주: 바퀴/타이어 부품 번호: 30157/55981/30648	폭이 넓은 차량에 끼울 폭이 넓은 바퀴 부품이 필요하다면 이 부품을 사용합니다. 플레이트 대신 브릭을 사용한 부품도 있습니다(아래). [1998/2006/2001]
	명칭: 2×4 바퀴/타이어 브릭 하위 범주: 바퀴/타이어 부품 번호: 6249/6248/3483	이 부품에 사용된 스터드가 네 개 붙어 있는 바퀴를 이 바퀴가 포함되었던 제품의 이름을 따서 '프리스타일'이라고도 부릅니다. 2×4 브릭 양 옆으로 돌출된 축에 결합된 이 바퀴는 그야말로 '자유롭게' 돌아갑니다. [1995/1988/1985]

■ 표 A-5 특수 부품 범주에 속하는 대표적인 부품들

부품	명세	설명
	명칭: 축 구멍이 있는 중형 바퀴 하위 범주: 바퀴/타이어 부품 번호: 3482/3483	중앙에 축 구멍이 있는 이 바퀴는 다양한 용도로 활용됩니다. 테크닉 브릭이 결합된 모델이라면 어디에나 이 바퀴를 부착할 수 있습니다. [1984/1985]
	명칭: 구형 브릭 분해기 하위 범주: 없음 부품 번호: 6007	지금은 잘빠진 신형 브릭 분해기가 나왔지만 워낙 많이 생산되었던 까닭에 아직도 많은 사람들이 이 구형 브릭 분해기를 사용하고 있습니다. [1990]
	명칭: 신형 브릭 분해기 하위 범주: 없음 부품 번호: 630	신형 브릭 분해기는 구형보다 훨씬 날씬합니다. 손잡이의 날카로운 끝부분을 끌처럼 사용하여 타일 부품을 빼낼 수 있습니다. 윗부분에 붙어있는 테크닉 축 모양의 돌기는 테크닉 브릭이나 2×2 원통 브릭에 끼운 테크닉 축을 제거하는 용도입니다. [2011]

■ 표 A-6 아치 범주에 속하는 대표적인 부품들

부품	명세	설명
	명칭: 1×3 하위 범주: 기본 부품 번호: 4490	중세 성벽의 창문으로 사용하기에 그만인 부품입니다. 실용성과 우아함을 겸비한 초소형 아치 부품입니다. [1976]
	명칭: 1×4 하위 범주: 기본 부품 번호: 3659	중세 로마 양식의 반원형 아치입니다. 건물을 지을 때 여러모로 활용 가능합니다. [1976]

■ 표 A-6 아치 범주에 속하는 대표적인 부품들

부품	명세	설명
	명칭: 1×4×2 하위 범주: 기본 부품 번호: 6182	모양으로 보건대 중세 성을 주제로 한 제품에 이 부품이 많이 쓰이는 것은 당연해 보입니다. [1994]
	명칭: 1×6 하위 범주: 기본 부품 번호: 3455	호의 지름이 아래의 1×6×2 아치 부품(부품 번호 3307)보다 더 큽니다. [1972]
	명칭: 1×6×2 하위 범주: 기본 부품 번호: 3307	1×4 아치(부품 번호 3659)와 마찬가지의 중세 로마 양식의 반원형 아치입니다. 이 부품을 여러 개 사용하여 멋진 회랑을 만들 수 있습니다. [1971]
	명칭: 1×8×2 하위 범주: 기본 부품 번호: 3308	1×6 아치(부품 번호 3455)처럼 이 부품 또한 호의 지름이 커서 정확한 반원형 아치는 아닙니다. [1971]
	명칭: 2×8×3 하위 범주: 기본 부품 번호: 4742	저 연령대를 겨냥한 '바구니 제품'에서 많이 볼 수 있는 부품입니다. [1985]
	명칭: 1×12×3 하위 범주: 기본 부품 번호: 6108	거대한 크기를 자랑하는, 아치 중에서도 대장 격의 아치라고 할 수 있습니다. 기차 터널이나 소방서 등의 커다란 입구를 만들 때 사용하면 제격입니다. [1993]

■ 표 A-6 아치 범주에 속하는 대표적인 부품들

부품	명세	설명
	명칭: 1×2 하위 범주: 반아치 부품 번호: 6091	아래의 1×3×2 반아치(부품 번호 6005) 밑에 정확하게 들어맞기 때문에 두 부품을 같은 색상으로 또는 서로 다른 색상으로 함께 사용하여 독특한 무늬를 만들 수 있습니다. [1992]
	명칭: 1×3×2 하위 범주: 반아치 부품 번호: 6005	부품 아랫부분에 6091이 꼭 들어맞습니다. 외형상 플라잉 버트레스(flying buttress, 대형 건물 외벽을 떠받치는 반아치형 벽돌 또는 석조 구조물: 옮긴이) 형식의 아치입니다. [1995]
	명칭: 1×3×2 하위 범주: 역반아치 부품 번호: 88292	이 우아하고 귀여운 역아치 부품은 3장에서 기차역을 만들 때 1×2 역경사 브릭으로 만들었던 역아치와 비슷한 모습입니다. [2010]
	명칭: 1×5×4 하위 범주: 반아치 부품 번호: 2339	단독으로 사용할 경우 플라잉 버트레스 아치 형식의 거대한 아치를 만들 수 있고 두 개를 쌍으로 사용하면 1×10×4 아치가 됩니다. [1986]

■ 표 A-6 아치 범주에 속하는 대표적인 부품들

부품	명세	설명
	명칭: 1×5×4 하위 범주: 역반아치 부품 번호: 30099	기본형(부품 번호 2339)이 나온 뒤 10년 이상 지나서야 마침내 짝이 되는 역아치 부품이 나왔습니다. [1997]
	명칭: 1×6×2 하위 범주: 기본 부품 번호: 6183	도시락 손잡이 같습니다. 장식적인 용도로 사용하기에 아주 좋습니다. [1994]
	명칭: 1×6×3 하위 범주: 반아치 부품 번호: 6060	크기 면에서 볼 때 모든 아치 부품 중 플라잉 버트레스 용도로 사용하기에 가장 좋은 것이 이 부품입니다. 우아하기 그지없는 부품입니다. [1992]

■ 표 A-7 타일과 패널 범주에 속하는 대표적인 부품들

부품	명세	설명
	명칭: 1×1 타일 하위 범주: 기본 부품 번호: 3070B	1971년에도 유사한 부품이 생산된 적이 있지만 지금 버전은 밑동에 홈이 파여 있어서 부품을 떼어내기가 한결 쉽습니다. [1978]
	명칭: 1×2 타일 하위 범주: 기본 부품 번호: 3069A	1×1 타일과 마찬가지로 이 부품 역시 두 번째 버전입니다. 밑동에 홈이 없는 초기 버전은 1968년도에 처음 소개되었습니다. [1977]

A 브리코피디아 223

■ 표 A-7 타일과 패널 범주에 속하는 대표적인 부품들

부품	명세	설명
	명칭: 1×3 타일 하위 범주: 기본 부품 번호: 63864	2010년에는 두 종류의 새로운 타일이 등장합니다. 바로 이 1×3 타일과 아래의 2×4 타일(부품 번호 87079)입니다. [2010]
	명칭: 1×4 타일 하위 범주: 기본 부품 번호: 2431	검정 타일로 바닥을 덮은 후 중앙에 흰색 타일을 띄엄띄엄 끼워주는 식으로 도로와 차선을 표현할 수 있습니다. [1987]
	명칭: 1×6 타일 하위 범주: 기본 부품 번호: 6636	6장에서 마이크로 스케일 화물선을 만들 때 선체 가장자리를 이 타일로 덮었었습니다. [1995]
	명칭: 1×8 타일 하위 범주: 기본 부품 번호: 4162	조그만 헬리콥터를 만들 때 이 부품을 로터로 사용하면 좋을 것 같습니다. [1980]
	명칭: 2×2 타일 하위 범주: 기본 부품 번호: 3068B	보도블록을 2×2 타일로 표현하는 것은 2×2 타일의 여러 가지 용도 중 하나일 뿐입니다. 1×N 타일과 함께 혼용해서 거리나 주차장의 바닥을 다채롭게 표현할 수 있습니다. [1976]
	명칭: 2×4 타일 하위 범주: 기본 부품 번호: 87079	넓은 면적을 타일로 덮고 싶을 때 이 부품을 사용하면 한꺼번에 8개의 스터드를 덮을 수 있습니다. [2010]
	명칭: 2×2 원통 하위 범주: 기본 부품 번호: 4150	맨홀 뚜껑입니다. 다른 타일과 마찬가지로 이 부품도 밑동에 홈이 있어서 떼어내기가 쉽습니다. [1983]
	명칭: 2×2 원통 하위 범주: 역타일 부품 번호: 2654	엄밀하게는 거꾸로 된 타일은 아닙니다. 왜냐하면 타일은 표면이 평평하기 마련인데 이 부품의 바닥면이 둥글기 때문입니다. 이 부품을 흔히 '보트 플레이트'라고도 부르는데 보트 바닥에 이 부품을 몇 개 끼워주면 카펫 위에서도 잘 미끄러져서 가지고 놀기 좋습니다. [1991]

■ 표 A-7 타일과 패널 범주에 속하는 대표적인 부품들

부품	명세	설명
	명칭: 1×1×1 패널 하위 범주: 기본 부품 번호: 6231	작은 홈을 만드는 데 사용하면 좋습니다. 아래의 4865와 함께 조합하여 사용합니다. [1995]
	명칭: 1×2×1 패널 하위 범주: 기본 부품 번호: 4865	마이크로 스케일 의자나 자동차 옆의 발판을 만들 때 또는 밋밋한 표면에 작은 포인트를 주고 싶을 때 사용합니다. [1985]
	명칭: 1×4×1 패널 하위 범주: 기본 부품 번호: 30413	4865의 기다란 버전입니다. [2000]
	명칭: 1×2×2 패널 하위 범주: 기본 부품 번호: 4864	모델의 벽을 만들 때 이 부품을 사용하면 작동 장치나 기타 부속 모델을 위한 내부 공간을 좀 더 확보할 수 있습니다. [1997]
	명칭: 1×2×3 패널 하위 범주: 기본 부품 번호: 2362	패널 부품은 앞뒤 어느 방향으로 사용하든 나름의 장점이 있습니다. 벽을 쌓을 때 패널의 빈 공간이 있는 부분을 앞으로 보이도록 사용하면 벽에 움푹 들어간 부분이 만들어져서 단조로운 벽에 변화를 줄 수 있습니다. 반면 패널의 평평한 면이 전면에 드러나도록 사용하면 일반 브릭을 사용한 것처럼 평평한 벽을 만들 수 있습니다. [1998]

■ 표 A-7 타일과 패널 범주에 속하는 대표적인 부품들

부품	명세	설명
	명칭: 3×2×6 패널 하위 범주: 기본 부품 번호: 2466	모든 패널이 평평한 것은 아닙니다. 몇몇 패널은 지금 이 부품처럼 색다른 모양을 하고 있기도 합니다. [1988]
	명칭: 1×4×3 패널 하위 범주: 기본 부품 번호: 4215A	레고의 투명 부품은 무색 투명, 투명 노랑, 투명 파랑 등 여러 가지 색상이 있습니다. 이 패널의 경우에도 몇 가지 투명 색상으로 생산되었는데 특히 미니피겨 스케일로 대형 빌딩을 지을 때 무색 투명 부품을 창문으로 사용하면 채광에 유리합니다. [1994]

■ 표 A-8 원통 및 원뿔형 부품 범주에 속하는 대표적인 부품들

부품	명세	설명
	명칭: 1×1 원통 플레이트 하위 범주: 기본 부품 번호: 4073	레고 부품 중 아마도 가장 작은 부품일 것입니다. 가운데 부분은 스터드보다 약간 크고 아랫부분은 다른 부품의 튜브만한 크기입니다. 투명 빨강 1×1 원통 플레이트와 헤드라이트 브릭을 결합하면 미니피겨 스케일 자동차의 정지등을 만들 수 있습니다. [1980]
	명칭: 2×2 원통 플레이트 하위 범주: 기본 부품 번호: 4032	중앙에 십자가 형태로 뚫린 구멍은 2×2 원통 브릭에서도 볼 수 있는 특징입니다. [1980]
	명칭: 4×4 원통 플레이트 하위 범주: 기본 부품 번호: 60474	우주선의 출입문이나 마차의 바퀴로 사용하면 좋을 것 같습니다. [2008]
	명칭: 1×1 원뿔 브릭 하위 범주: 기본 부품 번호: 4589	작은 로켓의 노즈콘으로 사용할 수 있습니다. 원뿔의 끝부분은 스터드 크기와 같으므로 다른 부품에 자유롭게 결합할 수 있습니다. [1985]
	명칭: 1×1 원통 브릭 하위 범주: 기본 부품 번호: 3062B	1958년에 생산된 초기 버전을 개량한 부품입니다. 초기의 원통 브릭은 스터드가 막혀 있었습니다. [1977]
	명칭: 2×2×2 원뿔 브릭 하위 범주: 기본 부품 번호: 3942	이 부품은 초기 버전을 개량한 것입니다. 초기의 2×2×2 원뿔 브릭의 스터드는 막혀 있었습니다. [1984]
	명칭: 2×2 원통 브릭 하위 범주: 기본 부품 번호: 3941	작은 깡통처럼 생긴 부품입니다. 중앙의 구멍에는 테크닉 축을 끼울 수 있습니다. [1978]

■ 표 A-8 원통 및 원뿔형 부품 범주에 속하는 대표적인 부품들

부품	명세	설명
	명칭: 3×3×2 원뿔 브릭 하위 범주: 기본 부품 번호: 6233	로켓이나 우주왕복선의 엔진을 만들 때 자주 사용합니다. [1995]
	명칭: 4×4×2 원뿔 브릭 하위 범주: 기본 부품 번호: 3943	전등갓처럼 생긴 이 부품은 우주선의 엔진을 만들 때 또는 2×2 원통 부품과 4×4 원통 부품을 이어주는 용도로 사용합니다. [1982]
	명칭: 4×4 원통 브릭 하위 범주: 기본 부품 번호: 6222	옆구리에 뚫린 구멍에는 테크닉 핀이나 축 또는 스터드를 끼울 수 있습니다. 한 가지 문제가 있다면 이 부품을 여러 개 쌓아놓으면 구멍이 숭숭 뚫린 스위스 치즈 같아 보인다는 점입니다. [1995]
	명칭: 4×4 4분할 원통 브릭 하위 범주: 변종 부품 번호: 2577	이 부품 두 개를 합치면 '로미오와 줄리엣 풍'의 발코니를 만들 수 있습니다. 네 개를 합치면 동그란 형태의 작은 로켓 발사대가 됩니다. [1990]

■ 표 A-9 베이스 플레이트 범주에 속하는 대표적인 부품들

부품	명세	설명
	명칭: 8×16 하위 범주: 기본 부품 번호: 4204	이 부품은 비슷한 형태의 구형 부품(부품 번호 700)을 개량한 것입니다. 부품 바닥에 추가로 버팀대를 대서어 구형 부품에 비해 잘 휘지 않고 훨씬 단단합니다. [1985]
	명칭: 8×16 하위 범주: 와플 부품 번호: 3865	미니피겨 스케일로 주유소나 버스 정거장 같은 작은 건물을 만들 때 사용하면 좋습니다. [1971]
	명칭: 10×20 하위 범주: 기본 부품 번호: 700	이 부품이 닳고 닳도록 셀 수 없이 많은 집이나 공장을 지었다 부순 기억이 있습니다. 그렇게 지은 건물에는 으레 화재가 한 번 나기 마련이고 그때마다 마을의 소방차가 긴급하게 출동하곤 했습니다. [1965]
	명칭: 16×16 하위 범주: 와플 부품 번호: 3867	커다란 베이스 플레이트는 16×16 외에도 32×320이나 48×48 크기로도 생산되고 있습니다. 48×48 크기의 베이스 플레이트는 아마도 레고에서 가장 커다란 부품 중 하나일 것입니다. 건물이나 마을을 만들 때 항상 요긴하게 사용하는 부품입니다. [1978]

■ 표 A-10 장식용 부품 범주에 속하는 대표적인 부품들

부품	명세	설명
	명칭: 1×4 격자 하위 범주: 울타리, 철로, 사다리 부품 번호: 3633	작은 정원 울타리나 마이크로 스케일 배의 난간을 만들 때 사용합니다. [1976]
	명칭: 1×4×2 격자 하위 범주: 울타리, 철로, 사다리 부품 번호: 3185	벽에 환기구를 낼 때 사용합니다. [1967]

A 브리코피디아 229

■ 표 A-10 장식용 부품 범주에 속하는 대표적인 부품들

부품	명세	설명
	명칭: 1×2 사다리 플레이트 하위 범주: 울타리, 철로, 사다리 부품 번호: 4175	이 부품의 1×2 플레이트 부분을 다른 모델에 결합하는 것은 어렵지 않습니다. 그렇게 결합하면 사다리 부분만 모델 밖으로 드러나게 됩니다. 이러한 방식으로 모델에 사다리나 배기구 따위를 만들어 넣을 수 있습니다. [1980]
	명칭: 1×2 창살 플레이트 하위 범주: 울타리, 철로, 사다리 부품 번호: 2412B	1987년에 초기 버전이 나온 후 1990년대 중반 밑동에 홈을 판 형태로 개량되었습니다. 밑동의 홈 덕분에 부품을 떼어내기가 훨씬 수월해졌습니다. 이 부품을 색상이 대비되는 다른 부품 위에 결합하면 창살 사이로 아래에 놓인 부품의 색상이 투과되어 보입니다. [1987/1995]
	명칭: 1×6 난간 하위 범주: 울타리, 철로, 사다리 부품 번호: 6583	잘생긴 부품입니다. 주로 기차를 만들 때 사용하지만 작은 교량이나 배의 난간으로도 활용할 수 있습니다. [1996]
	명칭: 1×8×2 하위 범주: 울타리, 철로, 사다리 부품 번호: 2486	주차장이나 여객선 갑판의 난간으로 사용하면 좋을 것 같습니다. 물론 공원의 자전거 거치대로도 쓸 수 있습니다. [1988]
	명칭: 4브릭 높이 기본형 막대기 하위 범주: 막대기 부품 번호: 30374	광선검? 야구 방망이? 난간? 모두 이 부품으로 만들 수 있는 것들입니다. 막대기는 미니피겨의 손이나 다음 쪽의 집게 부품들에 끼울 수 있습니다. [1999]

■ 표 A-10 장식용 부품 범주에 속하는 대표적인 부품들

부품	명세	설명
	명칭: 4브릭 높이 기본형 안테나 하위 범주: 막대기 부품 번호: 3957	스터드를 끼울 수 있는 부분이 있어서 다른 부품에 쉽게 결합할 수 있는 막대기를 안테나라고 합니다. 막대기 부분의 지름은 위의 기본형 막대기 부품(부품 번호 30374)과 동일합니다. [1977]
	명칭: 1×1 수직형 집게 플레이트 하위 범주: 집게 부품 번호: 4085C	계속 개량에 개량을 거듭하는 부품이 있습니다. 이 부품은 세 번의 개량을 거쳤습니다. 손잡이 부품이나 막대기 부품을 끼울 수 있는 집게가 달려 있습니다. [1979/1987/1993]
	명칭: 1×1 수평형 집게 플레이트 하위 범주: 집게 부품 번호: 6019	집게에는 30374와 같은 막대기 부품뿐만 아니라 25401이나 30326과 같은 손잡이 부품 역시 끼울 수 있습니다. [1990]
	명칭: 1×2 쌍집게 플레이트 하위 범주: 집게 부품 번호: 60470	위의 6019보다 폭이 2배 넓은 이 부품은 집게가 2개이고 플레이트 크기도 커서 6019보다 훨씬 안정적이고 강하게 부착물을 고정할 수 있습니다. [2008]
	명칭: 1×2 수평형 집게 플레이트 하위 범주: 집게 부품 번호: 63868	6019에 비해 플레이트의 크기가 커서 다른 부품에 견고하게 부착할 수 있습니다. 덕분에 움직이는 패널이나 여닫이문을 좀 더 안정적으로 고정할 수 있습니다. [2009]
	명칭: 1×1 스터드 하위 범주: 집게 부품 번호: 4081B	1980년에 처음 생산된 이 부품은 1988년에 한 번 개량되었습니다. 부품의 둥근 부분에는 두 개의 스터드가 붙어 있어서 다양한 부품을 부착할 수 있습니다. 스터드에 뚫린 구멍에는 막대기 부품을 끼울 수 있습니다. [1980/1988]

■ 표 A-10 장식용 부품 범주에 속하는 대표적인 부품들

부품	명세	설명
	명칭: 1×1 윗집게 하위 범주: 집게 부품 번호: 2555	미니피겨 스케일 보트의 난간을 만들거나 벽 상단을 장식할 때 사용할 수 있습니다. 이 부품 두 개를 기본형 막대기 부품(부품 번호 30374)의 양 끝에 끼우면 바로 난간이 됩니다. [1989]
	명칭: 1×2 윗집게 및 홀 스터드 하위 범주: 집게 부품 번호: 92280	윗면에 집게와 스터드가 동시에 있는 독특한 부품입니다. [2011]
	명칭: 1×1 손잡이 브릭 하위 범주: 손잡이 부품 번호: 2921	손잡이 대신 집게가 달린 브릭도 있습니다. [1992]
	명칭: 1×2 손잡이 플레이트 하위 범주: 손잡이 부품 번호: 2540	손잡이에 어떤 부품을 결합하느냐 따라 장식적인 용도로도 기능적인 용도로도 사용할 수 있습니다. 브릭 버전이라고 할 수 있는 30326에 비해 크기가 작아서 활용도가 훨씬 높습니다. [1989]
	명칭: 1×2 손잡이 브릭 하위 범주: 손잡이 부품 번호: 30236	손잡이의 모양이 2540과 동일합니다. 이 부품을 일렬로 나열하여 건물이나 자동차를 멋지게 장식할 수 있습니다. [1999]
	명칭: 1×2 윗손잡이 플레이트 하위 범주: 손잡이 부품 번호: 2432	흔히 '1×2 손잡이 타일'이라고도 부릅니다. [1987]
	명칭: 1×2 손잡이 플레이트 하위 범주: 손잡이 부품 번호: 48336	손잡이의 형태가 위의 1×2 윗손잡이 플레이트(부품 번호 2432)와 비슷합니다. 작은 여닫이문을 만들 때 경첩으로 사용하면 좋습니다. [2004]

■ 표 A-10 장식용 부품 범주에 속하는 대표적인 부품들

부품	명세	설명
	명칭: 1×2 손잡이 플레이트 하위 범주: 손잡이 부품 번호: 60478	1×2 플레이트의 좁은 쪽 끝에 1스터드 폭의 손잡이가 붙어 있습니다. [2008]
	명칭: 1×2 쌍손잡이 플레이트 하위 범주: 손잡이 부품 번호: 3839B	1970년대 후반 처음 소개되었습니다. 몇 년 뒤에 손잡이와 플레이트 간의 연결을 좀 더 견고하게하기 위해 한 번의 개량을 거쳐 지금에 이르고 있습니다. [1981]
	명칭: 덤불 하위 범주: 식물 부품 번호: 6064	아담한 정원이나 황량한 서부의 사막 또는 산악 철도를 꾸밀 때 이 뾰족뾰족한 모양의 귀여운 덤불을 자주 사용합니다. [1992]
	명칭: 과일나무 하위 범주: 식물 부품 번호: 3470	사과 과수원을 만들거나 우아한 맨션 옆에 단정한 관목림을 꾸미고 싶다면 과일나무를 추천합니다. [1977]

A 브리코피디아

■ 표 A-10 장식용 부품 범주에 속하는 대표적인 부품들

부품	명세	설명
	명칭: 소나무(소형) 하위 범주: 식물 부품 번호: 2435	선보인지 사반세기를 훌쩍 넘긴 이 작은 소나무는 오직 기본 녹색 한 색상으로만 생산되고 있습니다. [1976]
	명칭: 소나무(대형) 하위 범주: 식물 부품 번호: 3471	이 대형 소나무 부품은 40년 넘게 오직 녹색 한 가지 색상으로만 생산되고 있습니다. 대형 소나무와 소형 소나무를 적절히 섞어 사용하면 사실적인 풍경을 만들 수 있습니다. [1973]
	명칭: 3×5 줄기 하위 범주: 식물 부품 번호: 2423	이 부품 몇 개를 사용하여 도서관이나 오래된 집 담벼락에 담쟁이 넝쿨을 만들 수 있습니다. [1987]

■ 표 A-10 장식용 부품 범주에 속하는 대표적인 부품들

부품	명세	설명
	명칭: 해초 하위 범주: 식물 부품 번호: 30093	이름처럼 해초로도 사용할 수 있겠지만 미지의 별의 으스스한 숲 속, 이름 모를 선인장을 만든다 해도 뭐라 할 사람은 없을 것입니다. [1977]
	명칭: 기본형 깃발 하위 범주: 장식 부품 번호: 4495	중세 성이나 놀이 기구 또는 퍼레이드 행렬에는 바람에 펄럭이는 화려한 색상의 깃발이 필수적입니다. 단순하면서도 효과 만점인 이 장식용 부품은 주로 4브릭 높이 기본형 안테나(부품 번호 39570)에 끼워서 사용합니다. [1984]
	명칭: 사자머리 조각 하위 범주: 장식 부품 번호: 30274	장식용 부품의 세련미를 새로운 수준으로 한 단계 끌어올린 부품입니다. 고전적인 건물과 환상적인 궁합을 보여줍니다. [2000]
	명칭: 1×2×2 창문 하위 범주: 창문 부품 번호: 7026	창문 부품은 레고 초창기 시절부터 레고 제품에서 중요한 자리를 차지하고 있습니다. 이 부품을 단독으로 사용하여 초소형 주택의 개성 넘치는 창문을 만들 수도 있고 여러 개를 묶음으로 사용하여 사무용 빌딩의 커다란 창을 만들 수도 있습니다. [1958]

A 브리코피디아 235

■ 표 A-10 장식용 부품 범주에 속하는 대표적인 부품들

부품	명세	설명
	명칭: 1×4×3 기차 창문 하위 범주: 창문 부품 번호: 6556/4034	이 부품은 초기 기차 창문을 개량한 것입니다. 기차뿐만 아니라 버스나 우주선의 창문으로도 사용할 수 있습니다. [1993/1980]
	명칭: 1×2×2 창문 하위 범주: 창문 부품 번호: 2377	보통 '비행기 창문'이라고 부르지만 기차나 소방차, 배나 헬리콥터 등에도 물론 사용할 수 있습니다. 투명 창을 끼우든 끼우지 않든 활용도가 높은 부품입니다. [1987]
	명칭: 1×4×2 창문 하위 범주: 창문 부품 번호: 4863	비행기 창문(부품 번호 2377)을 두 개 붙인 형태입니다. 2377과 마찬가지로 다양한 탈것에 사용할 수 있습니다. 구멍이 뚫린 패널 부품이라고도 볼 수 있습니다. [1985]
	명칭: 1×2×2⅔ 창문 하위 범주: 창문 부품 번호: 30044/30046	성에 채광창을 내야한다면 이 부품을 추천합니다. 1×4 아치 부품을 창문 윗부분에 결합하면 완벽하게 벽의 일부로 만들 수 있습니다. [1996/1996]

■ 표 A-10 장식용 부품 범주에 속하는 대표적인 부품들

부품	명세	설명
	명칭: 1×4×3 하위 범주: 창문 부품 번호: 3853	역사가 깊은 1×4×3 기본형 창문입니다. 창유리처럼 보이는 부품을 두 개 끼워서 열고 닫을 수 있습니다. [1977]
	명칭: 1×4×5 격자창이 있는 문 하위 범주: 출입문 부품 번호: 3861	미니피겨 스케일 건물에는 미니피겨가 드나들 수 있도록 반드시 출입문 한 개쯤은 만들어 놓아야 합니다. 이 부품은 상당히 자주 사용하는 부품이지만 왼쪽에서 오른쪽으로 여는 방식만 존재합니다. [1977]
	명칭: 1×4×5 유리문 하위 범주: 출입문 부품 번호: 73436	현대적인 느낌의 이 출입문은 왼쪽에서 여는 형식은 물론 오른쪽에서 여는 형식으로도 생산되고 있습니다. 사무용 건물이나 학교, 은행 또는 다른 도시적인 건물을 만들 때 무척 요긴하게 사용할 수 있습니다. [1982]

B
디자인 격자:
계획을 잘 세우면 결과물도 좋다

조립에 앞서 계획을 미리 세우면 시행착오를 많이 줄일 수 있습니다. 이번 부록에서 소개할 디자인 격자를 잘 활용하면 브릭을 손에 들고 어떻게 조립을 해야 할지 몰라 갈팡질팡하는 일은 없을 것입니다. 디자인 격자란 레고 부품 크기에 맞추어진 모눈종이입니다. 실제 브릭을 가지고 조립하기 전에 디자인 격자를 이용하여 미리 이런 저런 조합을 다양하게 실험해 보는 것이 좋습니다.

디자인 격자로는 커다란 모델의 작은 일부분은 물론 모델 전체를 설계할 수도 있습니다. 디자인 격자를 어떻게, 얼마나 잘 활용하는가는 여러분 몫이지만 여기서는 디자인 격자에 대한 일반적인 사용법 몇 가지를 간단히 짚어보도록 하겠습니다.

디자인 격자 다운로드

디자인 격자를 다운로드하여 출력합니다. 한 장 출력해봐서 모눈의 크기가 정확한지 확인한 후 필요한 만큼 여러 장 뽑습니다. 디자인 격자는 http://nostarch.com/legobuilder2/에서 다운로드 할 수 있습니다.

디자인 격자의 종류

디자인 격자마다 용도가 다릅니다. 모델을 위에서 바라보며 설계할 때에는 디자인 격자 #1 또는 #2를 사용하고 모델을 옆에서 바라보며 설계할 때에는 디자인 격자 #3 또는 #4를 사용합니다.

디자인 격자 #1

디자인 격자 #1은 모델의 위쪽에서 스터드를 내려다보는 시점을 제공합니다. 그림 B-1처럼 각각의 모눈은 정사각형으로서 1×1 브릭 윗면의 크기와 같습니다.

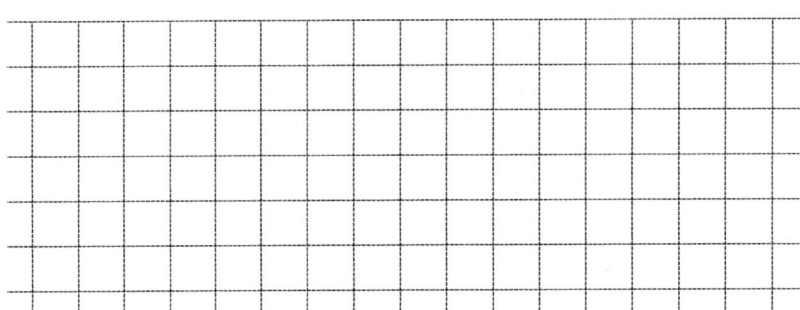

■ 그림 B-1 디자인 격자 #1의 정사각형 모눈은 1×1 브릭의 윗면과 모양과 크기가 똑같습니다.

디자인 격자 #2

다른 디자인 격자와는 달리 디자인 격자 #2의 각 모눈은 실제 레고 부품의 크기와 일치하지 않습니다. 대신 32×32 스터드의 공간을 한 장에 담아놓았기 때문에 32×32 와플형 베이스 플레이트로 모자이크 작품을 만들 때 사용하면 아주 편리합니다.

또한 그림 B-2처럼 모눈의 위와 옆에 숫자와 알파벳으로 좌표가 적혀 있어서 모눈의 정확한 위치를 찾기가 무척 쉽습니다. 예를 들어 그림 B-3을 보면 디자인 격자에 ×자가 몇 개 그려져 있습니다. 이 × 표시들의 위치를 숫자와 알파

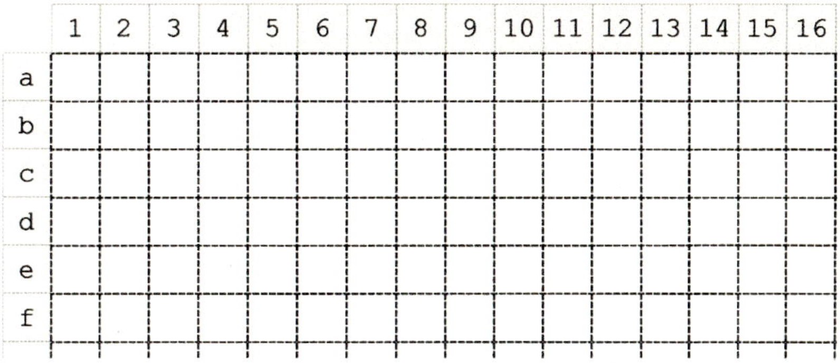

■ 그림 B-2 디자인 격자의 위와 옆의 숫자와 알파벳을 통해 정확히 어느 곳에 브릭을 꽂아야 하는지 쉽게 파악할 수 있습니다.

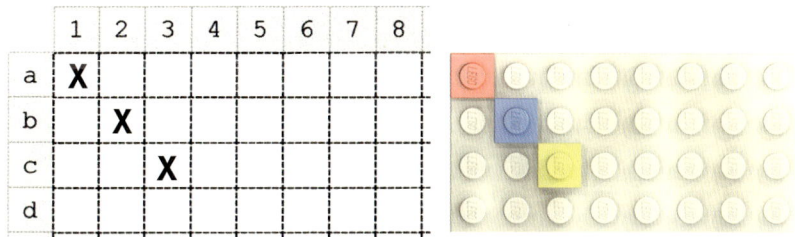

■ 그림 B-3 디자인 격자의 표시를 실제 모델로 옮기는 방법을 보여주고 있습니다.

벳 좌표로 표현할 수가 있습니다.

　이 좌표는 디자인 격자에 그린 모자이크 계획을 실제 브릭으로 옮길 때 무척 유용합니다. 예를 들어 그림 B-3의 경우 디자인 격자의 × 표시들은 브릭을 꽂을 위치를 의미합니다. 디자인 격자 오른쪽의 사진을 보면 레고 부품들이 베이스 플레이트의 해당 위치에 정확히 꽂혀 있는 것을 확인할 수 있습니다. 빨간색 1×1 플레이트의 좌표는 A1, 파란색은 B2 그리고 노란색은 C3입니다.

디자인 격자 #3

디자인 격자 #3은 모델을 옆에서 바라보며 설계할 때 사용합니다. 그림 B-4는 디자인 격자 #3의 한 부분입니다. 모눈의 높이가 디자인 격자 #2보다 많이 낮은 것을 알 수 있습니다. 실제로 디자인 격자 #3의 모눈은 1×1 플레이트 옆면과 모양과 크기가 동일합니다. 이러한 모눈 배열을 '플레이트 시점plate view'이

Design Grid #3 – 1:1 Scale
[Plate View – Portrait Orientation]

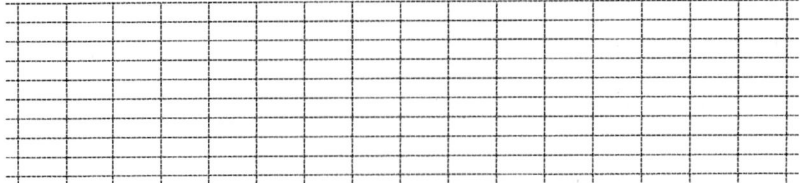

■ **그림 B-4** 디자인 격자 #3의 플레이트 시점 모눈 배열

Design Grid #3 – 1:1 Scale
[Plate View – Portrait Orientation]
Description
Date

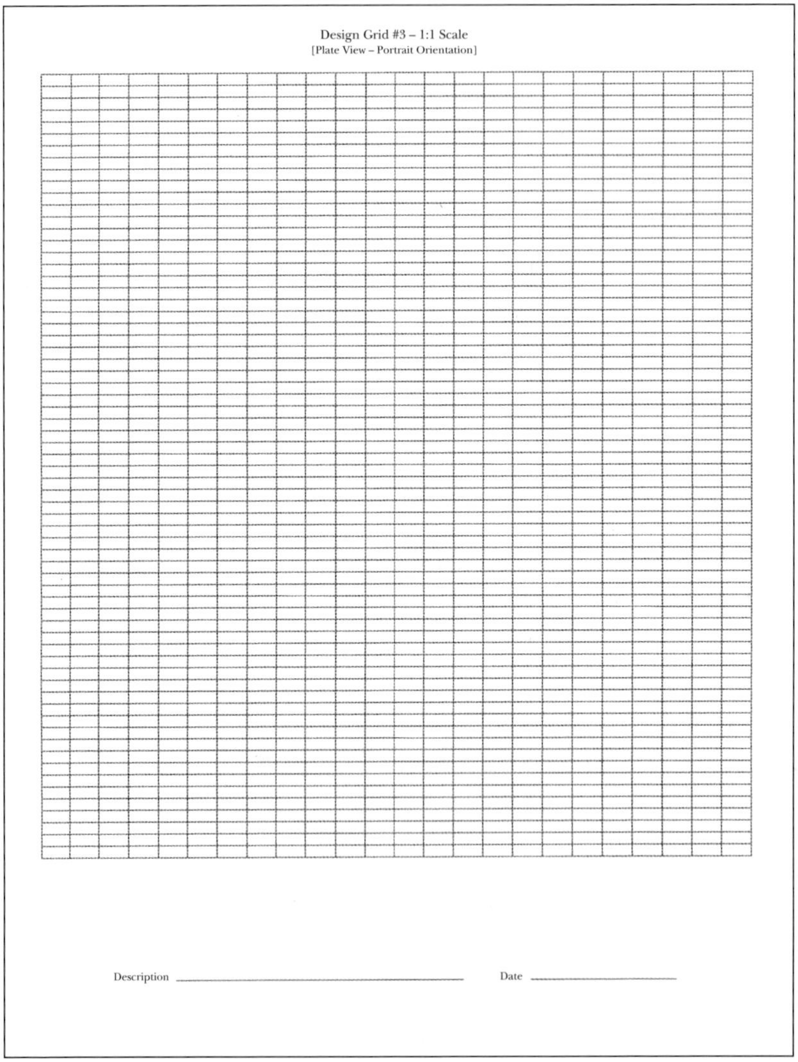

■ **그림 B-5** 디자인 격자 #3을 실제로 출력하면 이러한 모습입니다.

라고 부릅니다.

실제 플레이트가 그렇듯이 디자인 격자 #3의 모눈을 세 개 합치면 1×1 브릭의 크기가 됩니다. 디자인 격자 용지는 그림 B-5처럼 세로로 긴 모습입니다. 용지가 이렇게 세로로 긴 것을 '세로 방향portrait orientation'이라고 합니다.

디자인 격자 #4

디자인 격자 #4의 경우 모눈의 모양과 크기는 디자인 격자 #3과 같지만 용지의 방향이 가로로 긴 모습을 하고 있습니다. 용지가 이렇게 가로로 긴 것을 '가로 방향landscape orientation'이라고 합니다. 그림 B-6의 모눈이 그림 B-5보다 작아 보이는 것은 가로로 긴 디자인 격자 #4의 전체 모습을 보여주기 위해 사진을 조금 축소했기 때문입니다. 실제 둘의 모눈의 크기는 같습니다.

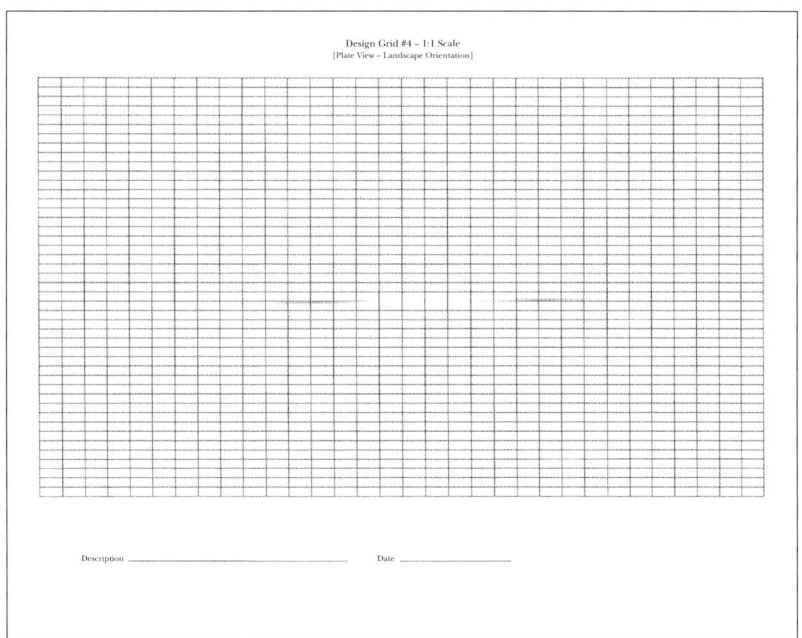

■ **그림 B-6** 디자인 격자 #4는 옆으로 길쭉한 모델을 설계할 때 적합합니다.

디자인 격자를 효과적으로 사용하는 방법

앞서 말한 것과 같이 디자인 격자는 크게 두 가지 종류가 있습니다. 디자인 격자 #1은 건물의 바닥이나 비행기의 날개 또는 성곽의 배치를 계획할 때 유용합니다. 디자인 격자 #2는 스터드아웃 방식의 소형 모자이크 설계에 적합합니다. 디자인 격자 #3과 #4는 모델의 높이를 정하거나 플레이트나 경사 브릭을 이용하여 옆모습을 디자인할 때 효과적입니다. 또한 스터드업 방식 모자이크나 역경사 브릭을 이용하여 아치를 설계할 때에도 디자인 격자 #3과 #4를 사용할 수 있습니다.

　어떤 모델을 만드느냐에 따라 그에 알맞은 디자인 격자를 선택하도록 합니다. 모델의 크기가 커서 디자인 격자 한 장에 다 그릴 수 없을 때에는 모델을 부분부분 나누어 설계하거나 디자인 격자 여러 장을 테이프로 이어 붙여서 충분한 크기로 만들어 사용합니다.

　모델 하나를 만들 때 둘, 셋 또는 모든 종류의 디자인 격자가 다 필요할 수도 있습니다. 예를 들어 3장의 기차역을 설계할 경우 건물 벽과 매표소 그리고 출입문의 위치를 정하기 위해서는 디자인 격자 #1을 사용해야 하고 특정 부품의 대용을 찾기 위해 부품을 실험적으로 조합해 봐야 할 경우엔 디자인 격자 #3이 필요할 것입니다. 그리고 창문이나 벤치 등을 포함한 건물의 정면 모습을 설계하려면 디자인 격자 #4를 이용해야 합니다.

　모눈의 크기가 실제 부품의 크기와 정확히 일치하기 때문에 디자인 격자에 번거롭게 그림을 그릴 필요도 없이 실제 부품을 직접 디자인 격자 모눈 위에 대보면서 요리조리 맞춰볼 수도 있습니다.

색 입히기

모델의 형태뿐만 아니라 색상을 결정할 때에도 디자인 격자를 활용합니다. 모델의 윤곽을 디자인 격자에 그린 후 색연필이나 크레용 또는 싸인펜 등으로 각각의 부품을 색칠합니다. 이러한 방식으로 다양한 색상 조합을 실험해 볼 수 있습니다.

제목과 날짜 적기

디자인 격자 아래를 보면 그림 B-7처럼 제목과 날짜를 적을 수 있는 칸이 마련되어 있습니다.

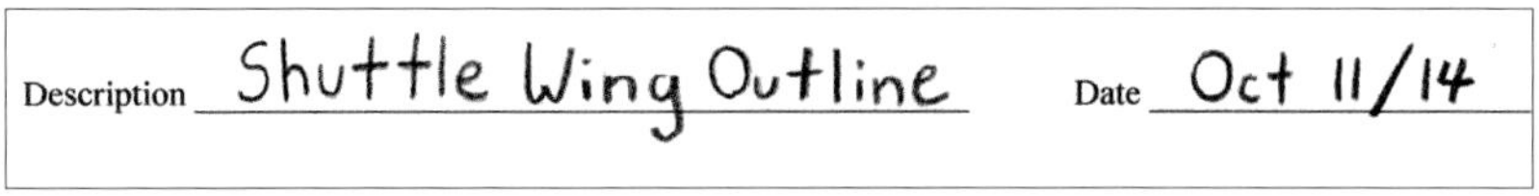

Description Shuttle Wing Outline   Date Oct 11/14

▪ 그림 B-7 제목을 멋지게 정하기 위해 심각하게 고민할 필요는 없습니다. 무엇을 그린 것인지 나중에 떠올릴 수 있는 정도면 충분합니다.

나중에 다른 모델을 설계할 때 참고할 수 있도록 작성한 디자인 격자를 잘 철하여 보관하도록 합니다.

디자인 격자 #1 사용법

앞서 살펴본 것처럼 디자인 격자 #1에는 모델을 위에서 바라보았을 때의 모습을 그려야 합니다. 이 시점으로 오직 모델의 윗부분만을 볼 수 있습니다. 예를 들어 6장의 마이크로 스케일 엠파이어스테이트 빌딩을 디자인 격자 #1에 그린다면 그림 B-8과 비슷한 모습일 것입니다.

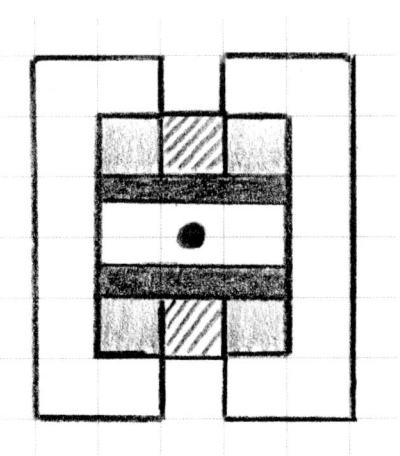

▪ 그림 B-8 마이크로 스케일 엠파이어스테이트 빌딩을 위에서 바라본 모습

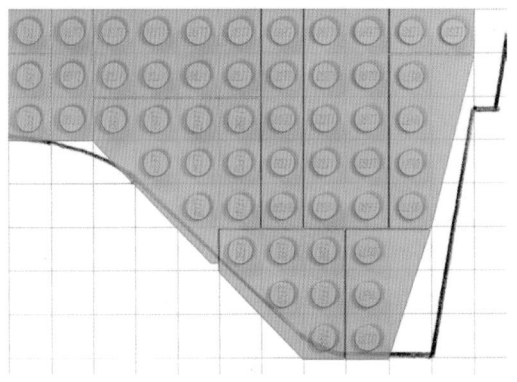
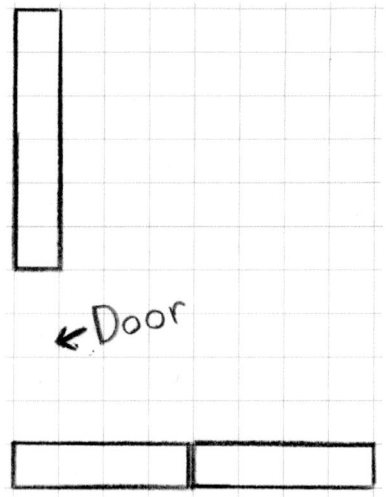

- 그림 B-9 디자인 격자에 모델의 윤곽을 그린 후 실제 레고 부품을 올려서 적절한 조합을 찾습니다(왼쪽).
- 그림 B-10 특이 사항이 있을 경우 메모해두면 나중에 쉽게 알아볼 수 있습니다(오른쪽).

높이에 따라 색을 다르게 칠해주는 식으로 모델 각 부분의 높이를 나타낼 수 있습니다. 예를 들어 그림 B-8의 경우 옅은 회색과 짙은 회색 그리고 사선으로 칠한 부분과 아무 칠도 하지 않은 부분으로 빌딩 각 부분의 서로 다른 높이를 구별하였습니다. 디자인 격자는 비록 평면적인 매체이지만 모눈에 칠한 색상 덕분에 각 부분의 높이를 머릿속에 입체적으로 그려볼 수 있습니다.

디자인 격자 #1은 9장에서 우주왕복선의 날개를 설계할 때처럼 모델이나 모델 일부분의 윤곽을 잡을 때 또는 3장의 기차역을 만들 때처럼 각각의 벽과 벽 사이의 거리를 설정할 때나 건물과 건물 사이의 간격을 정할 때 유용합니다.

디자인 격자 #1로 모델의 윤곽을 잡을 때에는 먼저 모델의 형태를 그린 후 그 안에 브릭을 적절하게 채워 넣습니다. 그림 B-9는 그와 같은 방법으로 9장에서 우주왕복선 날개를 설계한 모습입니다.

건물을 만들 때에는 디자인 격자 위에서 벽과 출입문 그리고 창문의 위치를 정할 수 있습니다. 그림 B-10은 3장의 기차역 벽을 일부 그려본 것입니다.

또한 디자인 격자 #1로 스터드아웃 방식 모자이크를 설계할 수도 있습니다. 스터드아웃 모자이크는 스터드업 방식의 모자이크보다는 섬세함이 조금 떨어지지만 만들어보면 나름대로 무척 재미있습니다(그림 B-11).

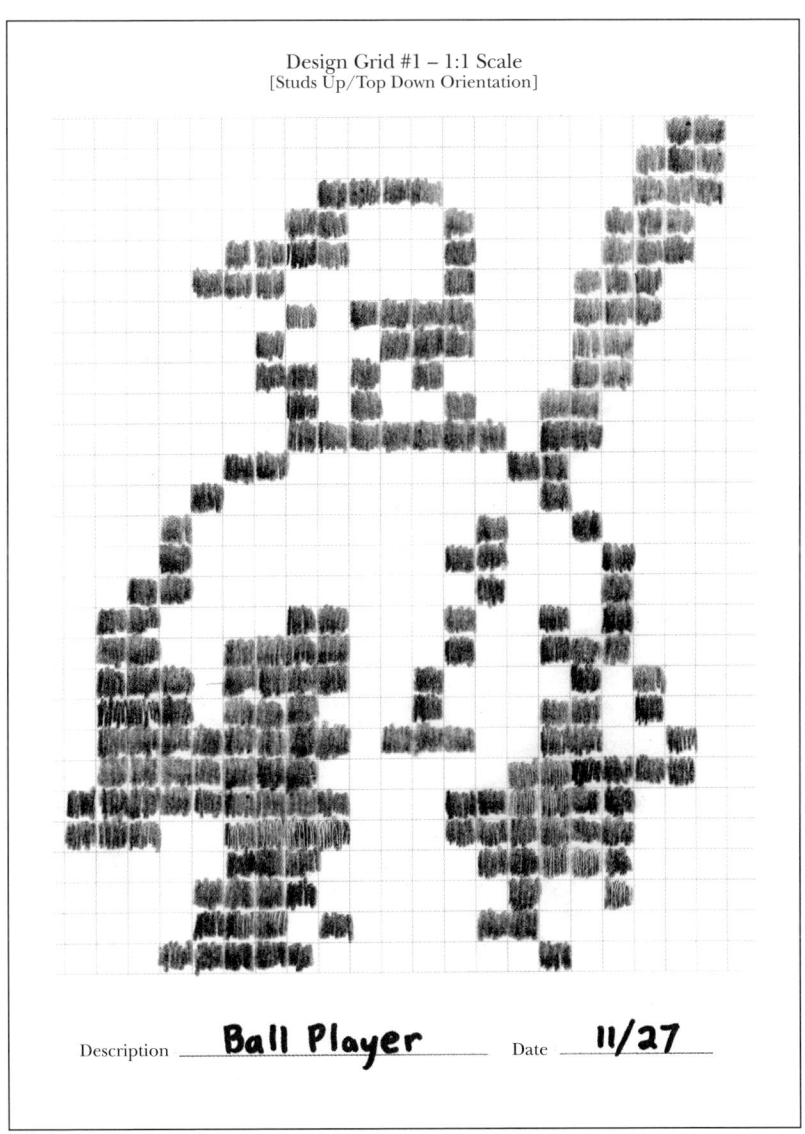

■ 그림 B-11 스터드아웃 모자이크의 주제는 간단한 것이 좋습니다.

스터드아웃 모자이크를 설계할 때에는 디자인 격자 아래에 원본 사진을 받쳐 두고 따라 그려야 할 경우가 많은데 그림 B-12처럼 밝은 곳에 대고 보면 원본 사진이 잘 비쳐 보여서 원본 사진을 쉽게 디자인 격자로 옮길 수 있습니다.

■ 그림 B-12 밝은 곳에 대고 보면 원본 사진이 디자인 격자에 훨씬 잘 비쳐 보입니다.

디자인 격자 #2 사용법

컴퓨터 소프트웨어의 도움 없이 원본 사진을 32×32 모자이크로 만들고 싶은 경우 그림 B-12와 같은 트레이싱 기법을 사용할 수 있습니다. (8장의 '사진을 모자이크로' 절을 참고하길 바랍니다.) 이 방법으로 모자이크를 만들려면 먼저 디자인 격자 #2와 원본 사진을 프린터로 출력합니다. 원본 사진을 출력할 때에는 디자인 격자 #2의 크기에 맞춰서 가로세로 6.5인치(16.5센티미터) 이하로 출력해야 합니다. 그런 다음 출력한 원본 사진 위에 디자인 격자를 올려놓고 디자인 격자 용지에 비치는 원본 사진을 보며 윤곽을 따라 그립니다.

디자인 격자 #3 사용법

디자인 격자 #3을 사용하면 모델을 옆에서 바라보는 시점에서 작업할 수 있습니다. 디자인 격자 #3에 1×1 플레이트를 그린다면 그림 B-13과 같습니다. 1×1 브릭은 그림 B-14와 같을 것입니다.

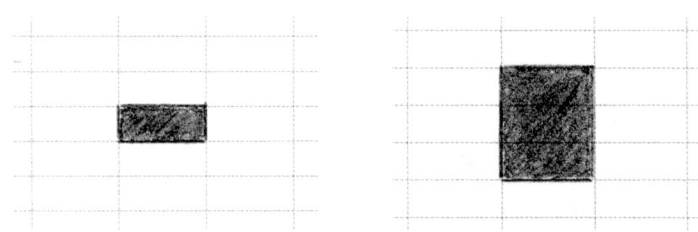

- 그림 B-13 이보다 더 단순할 수는 없습니다. 디자인 격자 #3에 그린 1×1 플레이트입니다.(왼쪽).
- 그림 B-14 1×1 플레이트를 세 개 포개면 1×1 브릭의 높이와 같습니다.(오른쪽).

그림에서 보는 바와 같이 1×1 브릭을 그리고 싶다면 모눈 세 개 주변으로 선을 그립니다. 1×N 브릭처럼 기다란 부품을 그리고 싶다면 위아래의 선을 부품 길이만큼 수평으로 연장합니다.

  기본 브릭이나 플레이트뿐만 아니라 다른 부품들 역시 어렵지 않게 그릴 수 있습니다. 그림 B-15는 1×4 아치 부품을 디자인 격자 #3에 그린 모습입니다.

  그림 B-16처럼 적절하게 대각선을 사용하면 경사 부품 역시 표현할 수 있습니다.

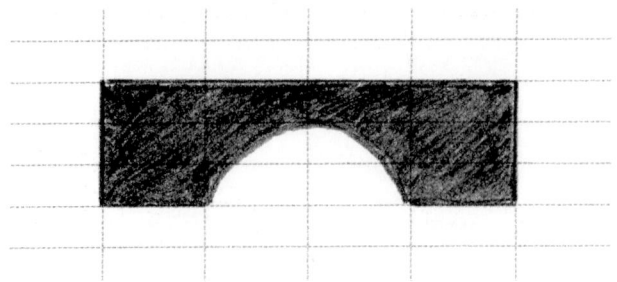

■ 그림 B-15 아치처럼 모양이 복잡한 부품을 그리는 것도 별로 어렵지 않습니다.

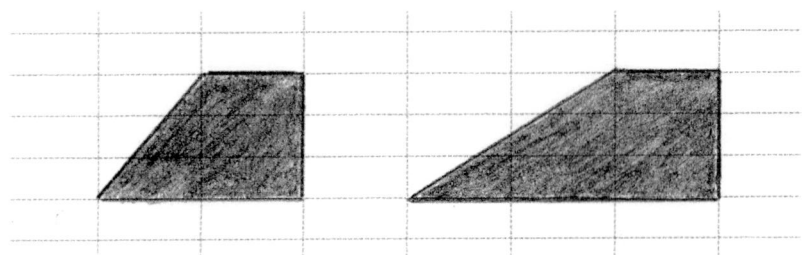

■ 그림 B-16 실제 부품의 모양을 참고하면 누구나 정확한 형태로 그릴 수 있습니다.

예를 들어 그림 B-16은 2×1 45도 경사 브릭과 3×1 33도 경사 브릭을 그린 것입니다. 대각선이 모눈을 가로질러 그려져 있습니다. 대각선을 어떠한 방식으로 그려야 정확한지 확신이 들지 않는다면 실제 경사 브릭을 가져와서 경사면이 어떠한 식으로 되어 있는지 확인하도록 합니다. 디자인 격자에 부품을 그릴 때에는 스터드는 그리지 않는다는 것도 잊지 말아야 할 부분입니다.

디자인 격자 #4 사용법

디자인 격자 #4의 사용법은 디자인 격자 #3과 다르지 않습니다. 디자인 격자 #3과 #4의 차이점은 용지의 방향이 다르다는 것뿐입니다. 디자인 격자 #3은 용지가 세로 방향인데 반해 디자인 격자 #4는 가로 방향입니다. 따라서 디자인 격자 #3은 세로로 긴 모델을 설계할 때 유용하고 디자인 격자 #4는 가로로 긴 모델을 설계할 때 유용합니다.

그림 B-17은 실제 부품 없이 다자인 격자에 그림을 그리는 것만으로 설계를 테스트 해보는 모습입니다. 완벽한 그림은 아니지만 구조물의 골자를 파악하

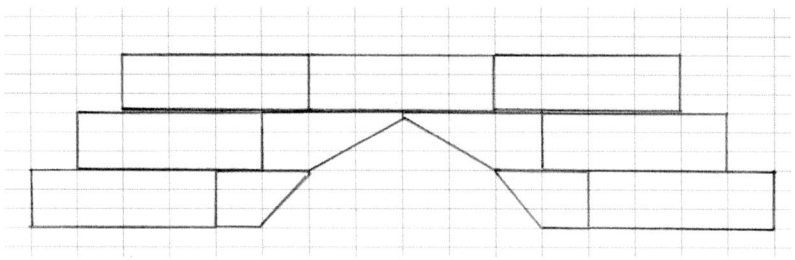

■ 그림 B-17 역경사 브릭을 그리는 것 역시 경사 브릭만큼 쉽습니다. 3장의 그림 3-24의 경우처럼 역경사 브릭들로 아치 부품을 대응하는 방법을 디자인 격자에 그려보았습니다.

기엔 충분합니다.

마무리: 모눈을 브릭으로 옮기기

디자인 격자로 모델을 설계할 때에는 모델의 내구성까지는 충분히 고려하지 못하는 경우가 많습니다. 그래서 실제 부품으로 모델을 조립하는 과정에서 구조가 약한 부분을 발견하고 보완해야합니다. 디자인 격자에 그린 그림은 일종의 가이드일 뿐이므로 곧이곧대로 따를 필요는 없습니다. 디자인 격자에 간단하게 스케치를 완성했다면 바로 실제 부품으로 조립에 들어가는 것이 좋습니다. 조립하는 과정에서 바꿀 것이 있으면 바꾸고 고칠 것이 있으면 고쳐가다 보면 마침내 여러분만의 예술 작품이 하나 완성될 것입니다.

일러스트레이터
에릭 "블랙버드" 알브레히트로부터

이 책의 이미지 대부분은 레고 커뮤니티 사용자들이 제작한 무료 컴퓨터 소프트웨어로 제작되었습니다. 핵심 소프트웨어는 1995년에 제임스 제시만James Jessiman이 도스 기반으로 개발한 엘드로LDraw입니다. 엘드로 파일 형식은 사용자들이 모델링한 방대한 규모의 라이브러리를 유지하기 위해 오늘날까지 여전히 사용되고 있습니다. 이 책에 수록된 가상 모델을 조립하는 데에는 마이클 라흐만Michael Lachmann의 엠엘캐드MLCad를 사용하였습니다. 그런 다음 트래비스 콥스Travis Cobbs의 엘디뷰LDView로 가상 모델의 시점을 조절하고 오픈 소스 3-D 랜더링 소프트웨어인 포브레이POV-Ray에서 읽을 수 있는 파일로 변환하였습니다. 포브레이를 통해 조명과 색상 그리고 반사도를 조절하여 이 책에서 볼 수 있는 것과 같은 사실적인 이미지를 랜더링 하였습니다. 랜더링 시 라디오시티 기법과 HDR 조명 기법과 같은 고급 기술을 적용하였습니다. 랜더링은 요새 컴퓨터 기준으로 이미지 한 장당 평균 20분이 걸렸습니다. 포그나 포칼블러, 모션 블러 등의 고급 기술까지 사용하면 훨씬 정교하고 세련된 랜더링도 가능한데 그럴 경우 랜더링 시간은 몇 시간 또는 며칠이 더 걸립니다.

위에서 언급한 모든 소프트웨어들은 http://www.ldraw.org에서 다운로드 할 수 있습니다. 저의 브릭셀프 폴더인 http://www.brickshelf.com/cgi-bin/gallery.cgi?f=353519/에 가보면 더 많은 레고 랜더링 이미지들을 볼 수 있습니다.

찾아보기

1×1 브릭 모형 (점보 버전) 87
1×1 브릭, 치수의 기준 2
1×2 플레이트 모형 (점보 버전) 91–92
1×N 4
2×2 45도 경사 브릭 모형 (점보 버전) 91, 93
2×4 브릭 모형 (점보 버전) 87–88
2×4 브릭을 조합하는 방법 21
4× 스케일 87–88, 92–93, 95
4배 확대 스케일 → 4× 스케일
5:6 비율 14–15
6× 스케일 96
6배 확대 스케일 → 6× 스케일
10× 스케일 85–86, 96–98
10배 확대 스케일 → 10× 스케일
12× 스케일 96
12배 확대 스케일 → 12× 스케일

ㄱ

가로 방향 디자인 격자 243
게임 → 체스, 사목
결합 방식 22 (참고 단순 쌓기, 포개 쌓기, 계단 쌓기)
경사 브릭
   역경사 8
   정의 8
   종류 203–213
경첩 부품 216–217
계단 쌓기
   정의 22, 26
   활용 예 16, 26, 64–65, 116–122, 168
구 모형
   꼭대기와 옆면 비교하기 122–123
   반구 만들기 115
   부품 목록 115
   조립 순서 115–122
   회전 단계 118
구조적 결합 34
굴뚝 모양 기둥 36, 37
근사치로 만들기
   정의 97–98
   활용 예 97, 102
기둥
   벽에 연결하는 방법 82–83
   정의 35
   종류 35–38
   활용 예 51, 82
기자의 대 스핑크스 모형 → 스핑크스 모형
기차역 모형
   기차역의 용도 45
   벽의 대용 61
   부품 목록 47
   아치의 대용 61–62
   조립 순서 48–60
   지붕 부속 모델 57–60
   지붕의 대용 63–66
   창문의 대용 62–63
기하학적 무늬 134–136
기하학적 특징
   5:6 비율 14–15
   브릭과 플레이트 15–17
   튜브와 스터드 15–16

ㄷ

단순 기둥 35, 37
단순 보 33
단순 쌓기
   정의 22–23

주의할 점 23
활용 예 16, 23, 48, 51, 108
대용
　미니랜드 피겨 75-77
　벽 61, 83
　브릭 분해기 40-41
　색상 → 색상
　아치 61
　정의 61
　지붕 63-66
　창문 62-63
　활용 예 46-48, 92
둥근 벽 29-31
등대 모형 18-19
디자인 격자
　가로 방향 243
　근사치로 만들 때 97-98, 103
　다운로드 239
　모자이크를 만들 때 134-135, 137-138, 146
　모형을 설계할 때 155-159
　범례 139
　사용법 244-251
　세로 방향 243
　위에서 보는 시점 240
　종류 240-243
　좌표 활용법 240-241
　플레이트 시점 146, 241-242
디자인의 구성 요소 163-166

ㄹ-ㅁ

레고 사 14
레고랜드 67-68
마이크로 스케일
　기법 102, 107-108
　마이크로 스케일의 기준 102
　바퀴 107-108
　스케일 환산 102
　엠파이어 스테이트 빌딩 모형 102-106
　전원 주택 모형 109-111
　정의 101
　주요 소재 112
　창문 108
매크로 스케일, 정의 86 (참고 점보 브릭)
모자이크
　4분의 1 구획법 142-143

글자 만들기 145-146
기하학적 무늬 134-136
디자인 격자 사용법 137-141
모자이크 삽입하기 146-149
베이스 플레이트 사용법 134
사진을 모자이크로 137, 141-144
스터드아웃 → 스터드아웃 모자이크
스터드업 → 스터드업 모자이크
정의 131
컴퓨터로 청사진 만들기 141
트레이싱 기법 137-141
형식 131-133
활용 133
모자이크 필터 141
모형 설계 (참고 디자인의 구성 요소, 디자인 격자)
　나만의 모형 제작 151-155
　대상의 특징 찾기 102, 108, 155-156
　색상 선택 → 색상
　스케일 정하기 161
　주제 정하기 112, 124, 154
　표현 범위 정하기 152
미니랜드 67-68
미니랜드 스케일 68
미니랜드 피겨
　기본 형태 69
　다리 75
　동작 표현 77-78
　머리카락과 모자 73
　미니피겨와의 비교 68-69
　셔츠와 치마 74-75
　유용한 부품 70
　조립 설명서 71-72
　팔과 액세서리 76
미니피겨 스케일
　기차역 모형 45-56
　스케일 환산 43-45
미니피겨 43

ㅂ

바퀴
　마이크로 스케일 107-108
　종류 219-220
반복 163, 165-166
반복적인 무늬 134, 136
버팀대

정의 31
활용 예 32, 82-83
범례 (모자이크) 139
베이스 플레이트
  정의 12
  종류 229
  크기 비교 133-134
벽
  대용 61
  둥근 벽 29-31
  쌓는 요령 24, 27-29
  포개 쌓기 24-25, 27-29
변형 플레이트 9
보
  잘못 쌓은 보 34
  정의 33
  제대로 쌓은 보 34
  종류 33
  합성보 33
  활용 예 32, 34, 83
복합 기둥 35
부속 구조물 → 부속 모델
부속 모델
  기차역 지붕 부속 모델 57-60
  정의 33, 57
부품
  부품의 크기 2-3
  정의 1
  종류 5-13
부품 목록
  구 모형 115
  기차역 모형 47
  우주왕복선 모형 167
  전원 주택 모형 109
  정의 46-48
부품 분해하기 → 브릭 분해기
부품 정밀도의 중요성 13-14
부품의 크기 2-3
분해기 → 브릭 분해기
브리코피디아
  구분
    경사 브릭 203-213
    베이스 플레이트 229
    브릭 191-194
    아치 220-223
    원통 및 원뿔형 부품 227-228
    장식용 부품 229-237
    타일과 패널 223-226
    특수 부품 213-220
    플레이트 195-203
  범주와 하위 범주 189-190
  보는 방법 188
  정의 187
브릭
  쓰임새 5-6
  정의 5
  종류 191-194
브릭 분해기
  구하는 방법 39
  대용 40-41
  사용법 39-41
  정의 39
  종류 220
브릭플레이트 → 베이스 플레이트
비율 163, 164-165

ㅅ

사목
  게임 규칙 183-186
  말판과 말 182-183
사진 자료의 활용 123, 128, 154-155
사진을 이용한 모자이크 제작 137, 141
사탕 지팡이 모형 19
색상
  디자인 요소로서의 색상 162-163, 164
  레고의 색상 17
  색상 선택 요령 17-19
기차역 모형 55
마이크로 스케일 모형 108
미니랜드 피겨 73
엠파이어 스테이트 빌딩 모형 105-106
우주왕복선 모형 162-163, 164
점보 브릭 모형 86
  색상 선택의 예 17-19, 73-75, 113, 124, 159-160
  원하는 색상의 부품을 모으는 방법 19
  원하는 색상의 부품이 없을 때 18, 55, 61-63
세로 방향 디자인 격자 243
소프트웨어 → 컴퓨터 소프트웨어
수정하기 174
스케일 (참고 점보 브릭, 마이크로 스케일)
  계산법 43-45, 68

마이크로 스케일 → 마이크로 스케일
매크로 스케일 → 점보 브릭
미니랜드 스케일 67, 68
미니피겨 스케일 43-45
스케일 값 86, 87, 90
스케일 결정하기 161-162
스케일 비교 85, 86, 96
스케일에 따른 모형의 크기 비교 69, 85, 86, 94, 96
정의 43
스케일 값 86, 87, 89
스터드
  위치 88-89
  점보 브릭의 스터드 88-89, 97-98
  정의 4
스터드아웃 모자이크
  설계 과정 134-135, 137-141
  정의 131-132
스터드업 모자이크
  설계 과정 145-149
  정의 132
스핑크스 모형
  귀 126
  기울기 묘사 124
  머리 124
  머리쓰개 127
  몸통 128
  발 127
  코 125-126
식물 233-235

ㅇ

아치
  구조 61-62
  대용 61-62
  종류 220-223
아치의 높이 61
아치의 폭 61
알파벳 N의 사용법 4
에인절피시 (모자이크) 137-140
엠파이어 스테이트 빌딩 모형
  실제 부품으로 만들기 105-106
  청사진 제작 102-104
역 → 기차역 모형
역경사 브릭 8-9, 62, 63, 70, 81
열쇠 구멍 모양 기둥 36, 37

와플형 플레이트 → 베이스 플레이트
왕복선 → 우주왕복선 모형
우주왕복선 모형
  부품 목록 167
  설계 과정 154-163
  이름 정하기 155
  조립 순서 166-174
  주제로 정한 이유 154
원뿔 브릭
  정의 11
  종류 227-228
원통 브릭
  정의 11
  종류 227-228
원통 플레이트
  정의 12
  종류 227
위에서 내려다 보는 시점의 디자인 격자 240-241
인물 → 미니랜드 피겨

ㅈ

장식용 부품
  정의 13
  종류 229-237
전원 주택 모형 (마이크로 스케일) 109-111
점보 브릭
  1×1 브릭 모형 87
  1×2 플레이트 모형 91-92
  2×2 45도 경사 브릭 모형 91, 93
  2×4 브릭 모형 87-89
  4× 스케일 87-88, 92-93, 95
  10× 스케일 85-86, 96-98
  브릭 옆면 만들기 89-90
  스터드 만들기 97-98
  점보 브릭으로 만들기 94
  정의 85
  최적의 스케일 95-96
점퍼 플레이트 9
조립 설명서
  제작 방법 177-180
  책에 수록된 모형들의 조립 설명서 → 조립 설명서 모음
조립 설명서 모음
  구 115-122
  기차역 46-56
  미니랜드 피겨 71-72

우주왕복선 166-174
전원 주택 109-111
점보 1×1 브릭 87
점보 1×2 플레이트 92
점보 2×2 45도 경사 브릭 91, 93
점보 2×4 브릭 87-88
조립 원칙 41-42, 95, 151-154
조형물
   구 → 구 모형
   스핑크스 → 스핑크스 모형
   정의 113
   주제 정하기 123
지붕 브릭 8, 53 (참고 경사 브릭)
지붕, 기차역 지붕의 대용 63-66

ㅊ-ㅎ

창문
   기차역 창문의 대용 62-63
   마이크로 스케일 105, 108
   종류 235-237
체스 181-182
출입문 237
층 27-29, 36
컴퓨터 소프트웨어
   모자이크 청사진 제작 141
   모형 설계 179-180
   조립 설명서 제작 179-180
타일
   정의 10
   종류 223-224
턱 플레이트 9
턴테이블 217
테스트 모형 91
튜브, 정의 4
트레이싱 기법 137-141
트리톤 → 우주왕복선 모형
특수 부품
   정의 9
   종류 213-220
파사드 모형 78
패널
   정의 10-11
   종류 225-226
포개 쌓기
   경사 브릭을 쌓을 때 55, 58

브릭을 쌓을 때 27-29, 48, 52, 88
정의 24-25
플레이트를 쌓을 때 23, 33, 69, 159
표현 범위 112, 152-153
플레이트
   브릭과의 상관성 15-17
   쓰임새 7-8
   원통 플레이트 12
   정의 7
   종류 195-203
   턱 플레이트 9
플레이트 시점 146, 160
핀 또는 핀 구멍이 있는 부품 218-219
하이브리드 기둥 36, 37-38
합성보 33
형태 163-164
화물선 모형 101
회전 단계 118